JN057640

世界はチャレンジにあふれている

高齢者ケアをめぐるヨーロッパ＆中国紀行

山崎摩耶 著

日本医療企画

2020年、新しい年明けは清々しかった。

令和の新天皇を迎えて祝賀ムードであったし、東京オリンピック・パラリンピックで活況の年になるはずで、前年に多発した自然災害の被災地にも希望の光が射しつつあった。

年明けの挨拶で私は「2020年は政治も社会の姿も転換点の年にしたい」と書いた。

そして、「転換点」は突然やってきた。

1月末になると、新型コロナウイルス感染症によるパンデミックが世界中を襲った。日々、多くの感染者と死者の数字が更新され、治療薬もワクチンもない手探りの中で、国民生活と経済は不安の中で様々に停止され、全世界の医療や介護現場は戦場と化し、崩壊の危機の厳しい状況に陥った。

4年に1回のうるう年、2月29日には世界の感染者数は8万5千人を超え、死者は3千人に迫っていた。そして、すでに全世界で感染者数は6,200万人を超え、死者も145万人を数える。

「Stay Home Save Lives」が世界中の合言葉となり、政府による緊急事態宣言で誰もが禁足状態となり、浮き彫りになったのは暮らしや経済、社会保障や政治の歪みだった。

――Stay Home で突然、手にした貴重な時間。それを無駄にはできない。

ならばこの際にと、これまで毎年、ヨーロッパや中国に出かけ、各国の高齢者ケアと医療や看護介護、認知症ケアや看取りを在宅ケアや高齢者施設の現場や政府機関などで視察してきた成果をまとめ、未来を考えることにした。

本書は2014年～2019年まで毎年、訪れた国々のチャレンジあふれ

る高齢者ケアの様々な政策と現場のシーンを紹介している。

　福祉の原点を学んだコミュニティ・ケア老舗の国デンマーク、国民保健サービスと公衆衛生、看護の伝統国イギリス、介護保険では先輩の社会保険の国ドイツの進化、自由・平等・連帯、芸術とエスプリの国フランスの在宅ケア、福祉国家から参加型社会に変化するオランダ、幸福度No 1 とIT先進国のフィンランド、そしてリトアニア。さらに巨大人口の高齢化を迎える隣国中国のITシステム。

　どの国も認知症ケア・終末期ケア・そして住民参加の地域包括ケア・ITテクノロジーが充実してきている。

　──世界はチャレンジにあふれている。

　「ゆりかごから墓場まで」、人々の幸福やWell-beingに寄与する制度を国家と国民がどのように選択してきているのか?

　高齢者ケアの先駆的なチャレンジの成功要因も継続課題も、新たなアジェンダもそれぞれに教訓と示唆に満ちていた。

　期せずして時宜を得た情報発信になったかと思う。

　ウィズコロナ、ポストコロナの"新しい様式"の世界を描くことは早計かもしれない。けれど未来は変わる。

　人生100年時代の私たちの生活も、医療も介護もケアの文化も変わるだろう。病院や施設依存ではなく人々の暮らしの中で、ITテクノロジーを駆使した「Hospital at Home」の新しい在宅医療・在宅ケアも充実することだろう。

　そして専門家依存から「わたしの事は私が決める」という自立心あふれるありよう、さらに「一人でいても孤独ではない」連帯。互いに「利他の精神」で支え合う共生社会が生まれることを願う。

　──Think globally act locally

　この旅の記録が高齢社会に暮らす多くの皆様、医療や介護現場の皆様、行政の皆様、研究者の皆様、そして未来を担う学生の皆様が、それぞれの立場で高齢者ケアの"これから"を考えるヒントになるとしたら望外の喜びである。

オランダ編 ……………………………………………… 217

フィンランド編 ………………………………………… 245

各キーワードごとに掲載ページを示した目次です。

施設ケア ／ 高齢者住宅 ／ CCRC

緩和ケアと看取り ／ 終末期医療の法制化 ／ ホスピス

ケアラー支援 ／ 介護専門職養成の進化

デンマーク
編

Danmark

I 高齢者ケアのパラダイムシフト
―最新の高齢者住宅「フェレルゴーン」と認知症ケア―

1 デンマークの横顔から

　デンマークは人口578万人で高齢化率19.81％（2018年）の小国だが、「ノーマライゼーション」発祥の国で高水準・高負担の福祉国家の歴史も長い。

　デンマーク発の高齢者ケアの三原則である「自己決定」、「残存能力の活用」、「生活の継続性」は、いまや高齢者ケアに携わるもので知らない人はいないと思うが、70年代終わりに日本に紹介された当時は、福祉や医療界に衝撃を与えたものだ。それは日本の福祉にコペルニクス的展開を迫った哲学だったからである。

　筆者は1980年頃から定点観測をしているが、デンマークには多くの友人がおり、行くたびにいつも新しい発見をしてきた。

　さて、アンデルセンや人魚姫だけでない、私の見たデンマークの横顔を紹介しよう。

　一般の家庭を覗かせてもらって驚くのは、小学生から家の食卓で親と社会や政治に関する話をするような子どもたちの姿だ。18歳になれば自立して家から出て一人住まいをし、親に依存しない親子関係と家族のありよう。自己決定と自立を子ども時代から教育される。

　私がかつてホームステイしたコペンハーゲン市内の家も、大学生になって家を出た息子の部屋を貸していたものだった。

　街に出れば、王室のプリンセスが街なかで買い物をしていたり、国会議員がラフな服装で自転車で国会に通勤？する姿とすれ違う。王室も政治も身近な日常にフラットにあるデンマーク人。

　「デンマークでは高齢者の介護を家族には押し付けません！」と長年の友人がいう。だから私がドイツの介護保険を視察に行くとい

うと、彼女は「家族介護を主流にしてそれを補填するようなドイツの介護保険のやりかたのどこがいいのかしら？」と、両手を広げて肩をすくめる。

看護職の彼女は90代の母親が元気で田舎で一人暮らしをしていたが、いよいよ介護が必要になった時、母親がどのように自己決定するか、見守った。100歳近くになり、ようやくケア付き住宅（プライエボーリ）に入ることを自己決定してくれたので肩の荷が下りたと、ある時、嘆息していた。

デンマークでは高齢の親の施設入所を子どもが勝手に決定するなど考えられないし、また日本人のように娘の自分が仕事を辞めて介護したり、田舎から離れた都会に引き取るなどはしないのだ。

またある時、高齢者施設や地域のアクティビティセンターを訪ねると、きまって合唱クラブやサークルで皆さんが熱心に歌っている場面に遭遇した。高齢者にとって歌を歌うのは楽しいだけでなく、呼吸器のリハになり心肺機能にも良いので盛んなのかと、単純に考えていると、「それもそうだが、実はね…」という話になった。

「戦時中、ドイツに占領されていた地域では、閉塞の時代で集会は禁止され、互いが互いを監視するような状況だったが、庶民にできる抵抗の一つとしてよく歌を歌ったのです。デンマーク語のわからない彼ら（ドイツ人）に秘かに歌でレジスタンスして、団結していたのです」と言われてハッとし、胸が詰まったことを覚えている。

さて、2014年と2015年の訪問から、新しい高齢者住宅と認知症ケアを中心に、デンマークのパラダイムシフトをレポートしよう。

② 老人ホーム廃止から高齢者住宅に

デンマークでは老人ホーム（特養・プライエム）を解体して、高齢者住宅（プライエボーリ・ケア付き住宅）とコンセプトを変え、「住まいとケアの分離」をして四半世紀を超えた。

1988年にはプライエムの新設を禁止し、1996年以降にはプライエボーリが本格的に普及してきた。

　最近は新しい住宅法で「一人暮らしでも2部屋」を居住環境の基準にしたという。したがって高齢者用住宅の基準は、「1LDKバストイレ付・30〜40㎡」が最低基準で「60㎡〜70㎡」のものもあり、居室は広く、住み慣れた住居から持参した家具や思い出の品で飾られた個性あるしつらえが美しい。各部屋にバルコニーがあるのも特徴だ。

　また、古い高齢者施設の建て替えでは「多世代が居住する住宅に」というポリシー転換で、敷地内に若い子育て世代が入居する棟や学生寮などを併設するものもある。

　さらにデンマークは自然エネルギー、再生エネルギーなどを推進して「脱炭素社会」が政府目標で強力に進められているので、高齢者住宅もそれに沿った建築設計（太陽光発電・断熱材・雨水利用・屋上芝生・バルコニーなど）で、環境と暮らしにやさしいエコな建物が志向されている。

　また、運営には地域のボランティアや住民力の活用も見逃せない特徴である。

③ 最先端をいく「フェレルゴーン」の特徴

　コペンハーゲン市内で2013年1月オープンの高齢者住宅「フェレルゴーン」を視察した。2014年に訪問した時は新設1年目の最新の施設だったが、2015年の訪問ではさらに落ち着いた雰囲気の中に新しい取り組みも進められていた。

　視察の案内はケア責任者のアンネさん。

　「フェレルゴーン」は2つの旧施設を解体し、新しいコンセプトで建設した最新のモダンな構造の住宅で住宅供給協会KABが運営し、市と提携している。運営方針は市の政策ポリシーに基づいている。

　「フェレルゴーン（Felledgåden）」とは「The Farm on the commons＝地域のファーム（ガーデン）」という意味で、市民になじみの大きな公園に隣接している。

「エコロジー建築です。美しい建物、暮らして楽しい施設です」と自慢する責任者のアンネさん。

　たしかに建物はガラス張りの外見や広い中庭を中心にした構造で、デンマーク建築の粋のような素敵なデザインが目を引く。

　レストランのテラス席もある中庭は、車いすでも散歩できる回廊のようになっていて、庭師の手による四季の花が花壇に美しい。

　注目は車いすのまま乗れる台座のついた4人が座れるブランコ様の遊具などが置かれている。

　「高齢者施設の遊具は最近、デンマークではちょっとしたブームです」とアンネさん。

　環境面でも、太陽光発電で年間34,000KW、断熱材使用、屋根に芝生の植栽、雨水もドレーンで流し貯水するなど、「2020年までにカーボンニュートラルに」という政府方針にそっている。またゴミの減量、LED電球、食事の有機食材の使用率、自転車の活用なども。そして施設内は全面禁煙だ。

　各個室は採光に留意し、バルコニーからは外気を入れられる。

　各フロアはそれぞれ特徴的で、随所にデンマークらしいヒュッゲな雰囲気が漂う。高齢者が青春時代を過ごした1950年代スタイルがあるかと思えば、モダンなデザインのカラフルな現代家具もあり、デザイナーによる異なる空間の演出は楽しい。

　1階にあるオープンカフェ、レストランは地域に開放しているの

フェレルゴーンの全景

で、町のレストラン同様のビュッフェスタイルになっている。視察後はここでスモーブロー（デンマーク伝統のオープンサンド）を頂いたが、黒パンにエビやニシン、ハム、野菜などがのった美味しいランチだった。

④ 入居者の特徴と費用

　フェレルゴーンは規模的には大きい施設となる。入居者は193人が入居定員。1階の玄関には個人の郵便ボックスがあり、普通のアパートメント同様。

　1部屋は30〜40㎡で、リビング＋ベッドルーム＋シャワーとトイレとなっており、入居費用（賃貸料）は共有部分を案分した16㎡をプラスして60㎡分を支払う仕組みで、月に7,500〜9,000クローネ（約14万円〜17万円・2014年）だが、市からの補助金が3,500〜5,000クローネ（6万5千円〜9万5千円）ある。

　入居者の健康状態は、パーキンソン病や呼吸器疾患など、皆が何らかの疾患をもっているが、60%くらいの人に認知症があり、マンツーマンのケアの必要な人もいる。地域で一人暮らしをしていて限界となり入居する人もいる。

レストランのスモーブロー

皆、ここに入居したいと望んでいる高齢者だという（望まない人を強制的にいれることはしない）。

⑤ 脱施設化のビジョンと「デモクラシー」

職員は230人（フルタイム換算で172人）が働いている。介護士、看護師、アシスタント、PT、心理士、足治療士、教育担当、アドミニストレーター、厨房スタッフ、清掃クリーニングのスタッフなどである。

珍しいのは「ペタゴー」という専門職がいたことだ。

ペタゴーとは教育者・教師という意味で、大卒の資格で主に保育や子ども、青年の心身の発達を支援、手助けする生活支援・発達支援の専門職だが、大人の精神障がいやアルコール依存症まで各フィールドで仕事をしているという。ここでは認知症フロアに配置されていた。

「限られた予算で最高のサービスを目指しています。そして"受け身からアクティブに（From passive to active）"をポリシーに高齢者の生活を支えています」とアンネさん。

入居者には、"自分のための生活の確保"をしてほしいのだという。

「ハイ・アカデミック・スタンダードに基づいて日々の生活や雰囲気を大事にした最高レベルのケアを提供している。特に認知症ケアでは尊厳の確保が基本になる」

そのためには「高齢者にとってもスタッフにとっても心身に良い環境が大事で、まず環境に気を配る」、スタッフの職業的安全と健康の保持は優先事項でもある。

「デモクラシーが重要で、誰でも自分の人生は自分で決めたいという自己決定権や自立性、意味ある行動をしたいと思っている」ので、「毎日の生活の小さな場面でもデモクラシーを大切にしている」という。

ここには入居者理事会があり、各フロアから代表が出て毎週火曜

日にミーティングをもっている。施設の運営に生活者の意見を反映する。この仕組みは、1999年に政府が倫理審議会で、認知症でも個人の意見を反映するということを決めたという。これは高齢者施設の「脱施設化」とともに国民の意識を変えることになったという。

　日本人があまり使わない「デモクラシー」という言葉が心に響く。

❻ 認知症ユニットと「認知症センター」の役割

　入居エリアは5フロアで、その1つが認知症専用のユニットとなっていて、認知症の最新ケアの粋を集めたようなフロアに30人が入居している。

　また1階には、「認知症センター」として、在宅の認知症の人のデイケアやリハビリ室も併設し、在宅で介護する家族支援も行っており、カウンセリングや疲れを癒す家族支援用の静かな部屋もある。

　そのデイケアをラウンドしている時、ある高齢男性から声をかけられた。

　ジャケットを着たきちんとした身なりで話もスムーズなので認知症の参加者本人だとは思わなかった。自己紹介で外国航路の客船に長く従事していたと言い、日本にも行ったことがあると、私を離さずにしばらく話に興じていた。

　だんだん話が繰り返しばかりで長くなった頃合いを見て、アンネさんが「もうそろそろいいかしら？」とさりげなく「ではまたね！」とハグして終わりにしながら、本人の自尊心を傷つけない対応をしていた。

　さて、デンマークでは認知症の状態にある人の人生にフォーカスをあて、まずは自己決定権を尊重するケアが法に定められている。また栄養の保持と良きケアもスタッフのやらなければならない業務である。

7 「スヌーズレン療法」

　認知症ユニットに特別にしつらえられた「スヌーズレンルーム（SNOEZEL ROOM）」をご紹介しよう。

　スヌーズレン療法の「スヌーズレン」とはSmellとSleepを意味するオランダ語の造語で、オランダ発の「感覚を刺激しインテグレートする療法」である。

　まず、「人間は３つの基本的な感覚（センス）をもっている」ととらえる。

　①タッチ＝触覚、タクティール。皮膚を通して感じる感覚。

　②バランスの感覚＝私たちの身体はバランスを保つことができる。

　③受動性の感覚＝聴覚、味覚、視覚、嗅覚などから身体がそれ自身を方向付ける。しかし、認知症の人はこれらの感覚がインテグレートされずに、いろいろな刺激が許容できない。

　「SNOEZEL ROOM」は、これら３つの感覚を刺激し、感覚をインテグレートする部屋で、様々な「Snoezelen®グッズ」が置かれて

SNOEZEL ROOMの様子

いる。

　いろいろな刺激を許容できない認知症の人に、このスヌーズレン療法は心地よい安楽で安心の空間を提供し、落ち着きを取り戻すとともにBPSDにも効果的だという。

　「認知症の人にとって感覚がいかに大事か、どのようにケアするかを考え、約300万円かけて作りました」とアンナさん。

　室内には、安楽椅子をカーテンのようにとりまく光ファイバーの色が刻々変わっていくものや、色の変わるバブルの立ち上る振動が心地よく伝わる円柱。ウォーターベッドには、ゴルフボール大の木の玉が入っている適度な重さのかけ布団（これは他でも使われていた）が、添い寝のように体を落ち着かせてくれ、大きなスクリーンに映された映像と音楽に連動したウォーターマットの緩い振動が、心地よく眠りに誘ってくれる。

　体をすっぽり包む大きなハンモック。部屋のライトを消すとミラーボールの明かりが感覚を刺激する幻想的な癒しの空間でもあった。

　認知症コンサルタントの資格ももつアンネさんは、「新しいケア方法論でのスキルアップと機器の利用、そして専門看護師等の役割が大切ですね」と認知症ケアへの挑戦を、熱い言葉で語ってくれた。

　さて、最先端をいくフェレルゴーンからの示唆は、日本の高齢者施設が構造的にもケアの理念においても、もっと近代化して欲しいと願うものだ。

II ドラワー（Drgør）市にみる地域包括ケアシステム —小さな町の大きな実践—

1 「成熟した民主主義」の国

　デンマークは、「成熟した民主主義」の国といわれている。医療も福祉も無料で受けられる高福祉だが、高負担の国でもある。

　2019年6月の総選挙では保守の自由党に変わり、社会民主党が勝利し（ヨーロッパで唯一！）、フレデリクセン党首が41歳で最年少の女性首相についた。財政逼迫で福祉予算を削ってきた自由党に対して「福祉予算を充実する」ことを公約に勝利したのだった（移民問題もあったが）。

　デンマークでは、数年前までは住民が福祉を権利的に要求していたが、現在は経済状況と高福祉の維持に関して、権利の享受とともに、一市民として社会にどのように貢献できるかという意識の方向転換が見られる。たとえば、健康でいること、介護予防も社会貢献の一つでもある、というようなことである。

　また、地方行政改革がドラスティックに進んでいて、2007年以降、自治体数は3分の1に減り、県は5つのリージョンになり、「医療」を所管、コミューン（自治体・市町村）は「福祉」を所管しているが、リージョンは徐々に「医療」も市町村に予算を要請してきているのが大きな変化で、それに対応して全国自治体連合では、「予防対策」に力を入れてきている。入院や重度者が減れば自治体の医療費の持ち出し分が減るというわけである。

　折からわが国は共生社会を目指す地域包括ケアで "市町村の時代" でもある。

　「Good Active Senior Life」をキーワードに改革を進める市町村の実際を探ろうと、2014年と2015年の夏にコペンハーゲン市の隣、

ドラワー市市役所

ドラワー（Drgør）市の高齢者ケアと地域包括ケアシステムの全体
像を視察した（データの数字は当時のもの）。

② 「市民の活性化」を目指すドラワー市

　豊かな田園と港の美しい町ドラワー市は、コペンハーゲン市内か
ら車で約30分、対岸に見えるのはスウェーデンの街である。
　昔は海に面した農村だったが、今はコペンハーゲンのベッドタウ
ンの様相もある静かな港町である。夏にはイワシ祭りでにぎわう。
　ドラワー市は人口14,000人で67歳以上の高齢者は2,600人、高齢化
は18.6％となっている。
　まずはドラワー市市役所を訪問した。
　「小さな町なので大抵は
顔見知りで、きめ細かい支
援ができ、行政内の他の部
署との協力も良く、行政と
市民の協働も進んでいる。
大都会では難しいこともこ
こでは可能になる」とは市
の高齢福祉課長のサラさん

港の風景

（当時）。

　彼女はソーシャルワーカーで公共政策のMBAをもっている。コペンハーゲン市の行政で16年働き、民間企業のコンサルタントもしていたが、小規模の自治体で仕事をしたいとドラワー市に就職。

　高齢者分野（保健と高齢者介護）と市民サービスセンターを所掌している。

　「高学歴・高所得の住民も多く、コペンハーゲン市と合併せずに"市民の活性化"をスローガンに自立してアクティブに暮らせる町づくりを目指している」と説明される。市の総予算の約3分の1が高齢者関係予算だという。

　市民サービスセンターは行政の窓口で、これまで部分的にデジタル化してきたが、2014年11月から行政は完全デジタル化（電子行政）をするのでその支援もしている。特にICTの利用は高齢者への負担が大きいので、ネットやモバイルの使用等の支援を最優先にしているという。

　「また子育て支援から高齢者まで、多様な施策の活用を家族への支援として行います」

　「しかし財源は限られているので、効率化も求められます」、人口14,000人の小さい町なので、地域密着で包括的にシステムづくりができるのが魅力だという。

③ ドラワー市の目指す「全世代型サービス」

　「高齢化率は上がる一方で労働人口は減り、経済状況も横ばいです。そのギャップをどう埋めるか、行政の大きな課題ですね。特に子どものいる家庭に暖かい政策が必要で、保育時間の延長や、子ども手当の増額、育児休暇を減らして女性の社会復帰を早めるなどで、出生率の向上も図っている」と"家庭政策"は車の両輪だと強調するサラさん。

　まさに高齢化対応は「全世代型社会保障」ということになる。

　高齢者施策では次の点を目標に重要施策としている。

①よりアクティブに活動的な生活を目指す。65歳以上の年金生活者には健康増進をし、介護予防をする。

②高齢者はできる限り在宅（自宅）で生活を継続する。地域のアクティビティセンターの活用も進める。

③高齢者住宅に在宅ケア拠点やリハビリセンター、認知症ケアユニットなどを併設し、「介護拠点センター」にし、地域密着型の地域包括ケアを進める。

④福祉テクノロジー（福祉機器）の有効活用を進める。

④ 「健康づくりと予防」「在宅24時間ケア」「高齢者住宅」が３つの柱

　ドラワー市では３つのレベルでケアシステムを展開しているが、特徴は行政と市民の協働が進んでいること＝住民参加で、そのメリットが大きいという。

　「たとえば、高齢者宅をニーズ判定員が家庭訪問して面接、判定会議でサービス決定をするが、都会では本人に会ったこともない人が判定してサービスが提供されたり、行政も縦割りだったりする。ドラワー市は皆、顔見知りで小規模な街のメリットがある」とサラさん。

①第一の柱は「健康増進・介護予防」。日常生活における運動やリハビリでHelp self-helpからアクティブな毎日へ。

　「ビタゴーン（Wiedergården）」がアクティビティセンター、在宅ケア部門、保健センターの拠点となっている。

②第二の柱は「在宅24時間ケア」で約500人をケアしている。

　これまで在宅ケアは訪問看護師、ホームヘルパー、リハビリ職の各職種がそれぞれ個別に計画し、事務室も別で訪問業務を行っていたが、2014年９月からはチームでの業務に転換、チームで地区を担当制にした。

③第三の柱は高齢者住宅を「介護拠点センター」とした。

　介護拠点センター「インゴーン（Enggården）」は、高齢者住宅（ケア付き住宅・プライエボーリ）、認知症ユニット、リハビリセンター、デイセンター、ショートステイ、デイホーム、配食サービスなどが敷地内にある複合施設となっている。

　さて、ドラワー市の高齢者は2,600人、高齢者住宅は160戸（高齢者人口比約7％）、在宅24時間ケア利用者は500人で、ニーズは充足しているという。わが国の同規模の町村と比較しても、サービス規模もスタッフも充実しているのがわかる。

　しかし、同席してくれた市会議員のピーターさんによると、

　「市議会では高齢人口の増加に比例して、自動的に予算を増加させることへの是非も議論になっており、ICTなどデジタル行政が進行中で革新的に、民営化と市民参加の施策を考えている」と、今後の方向性が明確だった。

　この点は医療や介護現場でのIT化が後れを取っているわが国には大いに示唆を与えてくれる。

保健センターのビタゴーン

アクティビティセンター内のジムや工房

⑤ 保健センター・在宅ケア部門・ アクティビティセンターの「ビタゴーン」

　「ビタゴーン」は、市の保健センターと在宅ケア部門、そしてアクティビティセンター（デイセンター）が同居している。

　また敷地の裏手には高齢者と障がい者向け住宅、若い家族向けの公営住宅がある。

　職員は全体で130人（含パートタイマー）。訪問看護師18人・社会保健アシスタント（医療処置のできるヘルパー）８人・ホームヘルパー100人・作業療法士３人・理学療法士２人・栄養士１人。

１）市民保健センター

　市民保健センターでは健康づくり、予防、生活習慣病予防などを業務としている。

　介護予防と健康づくりは「KRAM」と呼ばれ、食事（Kost）、喫煙（Rygning）、飲酒（Alkohl）、運動（Motion）のデンマーク語の頭文字を取ったキャンペーン。

　また認知症についても、「認知症ケアコーディネーター」を市町村に採用することが義務づけられているので、認知症の人と家族支援を行っている。

２）在宅ケア部門・在宅24時間ケアチーム

　現在、在宅ケアの利用者は約500人、124人の訪問看護・訪問介護・訪問リハのスタッフが支えていると聞いて、我が国の在宅ケア従事者の数と比較してため息が出る。

　24時間７日間の訪問なので３シフトで対応しているが、１日に複数回訪問の人から週に数回まで多様で、また訪問期間も短期・長期とニーズによる。支援内容はニーズ判定委員会で決定する。

　2014年９月からは、これまで各職種が個別計画で訪問していたのを、訪問看護師・社会保健アシスタント・ヘルパー・PT/OTでチームを構成し、ケアプランを共有、市内を３つに地区割りして担当するようにした。

　チーム制に転換したケアの特徴の一つが、機能回復・機能維持を目標にした"リハビリ前置主義"である。

　「最近では、早期退院患者が増加して在宅ケアは重度化、ニーズも変化しているので、スタッフ教育が課題。スタッフもフルタイムが減ってパートタイムが増える傾向にある」と悩みも語られる。

アクティビティセンター運営委員会の
ピーター・レーシュさん

在宅チームの訪問看護師と
ヘルパー

3）アクティビティセンター

　65歳以上の年金生活者と18歳以上の障害年金受給の人などが利用でき、高齢者3,278人のうち1,100人が登録している。毎日150人が利用しているが、特に人気のジムは朝8時には埋まるという。

　65種類もの多様なプログラムがあり、4人の職員と70人のボランティアが運営している。

　「全部、ボランティアで運営しているのですか？」と聞くと、「ボランティアは利用料がただになり、自分も楽しめるのが対価です」と利用者委員会リーダーのピーターさん。

　若い時からの職業や趣味を活かして各プログラムを担当するボランティアは、年間の利用料430クローネ/年（約8,600円）が無料になる。

　センターのカフェレストランも素敵だ。地域の高齢者に人気で、安価に利用することができる。「ランチ友だち」という食事会を週に1回行うという。

　「利用者にチャレンジ精神やインスピレーションが湧き、体験が広がる。互いにサポートしたりされたりで、交流ネットワークが広がり、健康増進にもなる」とピーターさん。

　またデンマークは電子政府が加速しているので、高齢者向けのIT教室もにぎわっていた。

IT教室の様子

視察時、ちょうどiPad教室をやっていて、自分のiPadを持参した皆さんがネットのつなぎ方を教わってメールを始めていたところだった。その講師役もコペンハーゲンのIBMに長く勤め、リタイアしたエンジニアの方だった。高齢者層には人生の達人が多いのだ。

　また、健康な高齢者が、訪問サービスをボランティアで行っている。この地域の一人暮らし高齢者への「訪問サービス」は32人の元気高齢者が、孤独の解消やヘルパーの業務とは言えないようなちょっとした日常生活のサポートや外出支援などをしている。

　こうした住民参加型の地域サービスは包括ケアシステムを支える要諦でもある。

　わが国の介護保険が、高齢者の日常生活の支援を訪問介護の保険給付から外し、市町村の総合事業に移行したことを思い起こすが、その先のサービスの手当ても確保せずに給付から外すことに市民の反発が大きかった。

　市民のボランティアが根付いていないわが国では課題となっている。

⑥ 介護拠点センター・ケア付き高齢者住宅「インゴーン」

Ｉ）多機能型居住施設は地域ケアの拠点

　広い敷地にある「インゴーン」は、高齢者住宅（ケア付き住宅）・認知症ユニット・デイセンター・リハビリセンター・ショートステイ・デイホーム・配食サービスなどが併設されている地域密着型の地域包括ケアの拠点でもある。

　案内してくれた施設長のマイさんと副施設長さんは二人ともベテラン看護師である。住まいは公営住宅の扱いで管理主体は住宅会社になるが、ケアの運営主体は市なのでスタッフは市の職員となる。

　スタッフは150人で管理部門に30人、ケア専門職（看護師・社会保健アシスタント・ヘルパー・PT・OT・栄養士等）は約100人。厨房に16人、設備に４人が配置されている。

介護拠点センター・インゴーン

インゴーン施設長のマイさん

　運営費は年間約10億円でその８割が人件費だという。

　高齢者住宅は５ユニット117戸（120人入居）で古い施設を増改装し個室の居室を広くした。

　入居費用は１LDK＋キッチン・バストイレ付の広さ60〜70㎡で月5,652クローネ（約11万３千円）。入居時デポジットとして18,733クローネ（約40万円）を支払う（１クローネ＝19円・2014年当時）。

　デイホームは50人キャパで年間7,000人が利用する。

在宅で24時間ケアを受けていて無理な状態になれば、ここに入居して終末期ケアを迎える人もいる。

また、地域への配食サービスも、毎日155人に暖かいランチ（希望者には夕食も）を届ける。太陽光発電の電気自動車で年間78,000食を届けていると、にこやかに説明された。

それぞれの居室は広く（30〜60㎡）、玄関部分とキッチン、リビングとベッドルーム、バスルーム（シャワーとトイレ）となっている。皆さん、個性ある家具やインテリアで飾ったとても印象的な部屋ばかりである。

2）高齢者住宅での最近のトレンドとケアの充実

最近の傾向とケアの課題について、施設長のマイさんが次のように指摘する。

「ケア付き住宅の最近の特徴は、長寿化・高齢化で入居者が重度化している。複数の疾患をもち、服薬が必要、リハビリも必要。認知症も併発しているので、スタッフにはより深い専門知識とスキルが求められている。看護師を増員しようと考えている」という。

「政府の方針もあって、介護にテクノロジーの活用が進んでいる。天井走行のリフトや特殊入浴器、シャワーロボットや掃除ロボットも必要かと。認知症のペット、made in Japanのパロも使っている」という。

さらに「医療ニーズも増えているので、遠隔医療（テレメデシン）も利用しており、コペンハーゲンのベスピア病院の創傷センターと遠隔医療をつないでいる。心疾患や肺疾患も専門医療機関とつなぎたいと思ってい

インゴーン・高齢者住宅の居室

る。隣の市ではすでに実施中です」。

　高齢者福祉施設と高度専門病院を遠隔医療でつなぐという話には驚かされる。日本では医療連携や病診連携ですら、遠隔医療は足踏みしているからだ。

　これからはモバイル時代。医療現場と福祉現場、入院と在宅、在宅事業者間連携など、遠隔医療（テレメデシン）・オンライン医療・クラウドなどは佳境に入る時代だ。

　また、「ここは個人の家であり、スタッフにとっては職場でもある。入居の個人の尊厳を守るケアと、職場環境を良好に保つことの両立が求められる。国の職場環境法に見合ったレイアウトや業務負担にも留意しています。スタッフが精神的にも良い気分で仕事ができ、身体的にも負担がないような配置で、入居者に良いケアを提供できることが重要ですね」と、スタッフにも入居者にもメリットのある環境整備に力を入れているのは、どこの施設も同様だった。

　「昨今ではケアの質評価も求められるが、インゴーンでは褥瘡のある人はいない。つまり寝たきりにさせない」と、ケアの質の高さを誇る。

　ケアの質に関しては、各自治体は保健法と社会サービス法に基づいて高齢者サービスを実施しているが、国の監査、自治体の監査も定期的にある。

　最近、IKAS（保健分野における質評価機関/保健省所管）が、「Danish Quality Model」を出しており、いくつかの自治体で取り入れ始めている。

　これによると、①管理・執行部門では、ⅰ）組織のストラクチャー、ⅱ）一般的ケア、ⅲ）Specificな基準、ⅳ）クオリティ、ⅴ）リスクマネジメント、ⅵ）記録物・電子カルテなどの項目、②栄養・食事・運動・リハビリ・福祉機器等について、③看護・投薬・褥瘡・疼痛・緩和ケア・テレメデシン・認知症ケアなどが決められている。それに沿ってマニュアルを作成しているという。

　「認知症ケアについては、政府は"パーソン・センタード・ケア（Person Centered Care）"を土台に"ケアのプロセス・プログラム"

をスタンダードに沿って作成するよう自治体・家庭医・病院に求めている。また認知症の高齢者は、心疾患、肺疾患など慢性疾患も併せ持っているので医療的ケアも必要。身体拘束はもちろん、向精神薬での拘束もしない。当然、本人の診断がわからない段階での認知症の投薬はしない」

　認知症ケアコーディネーターを採用して専門的かかわりを強化しているという。「入居者の看取りはどのようにしていますか？」と聞くと、「アドバンス・ケアプランや事前指示書を書いてもらうようにしている。最期の看取りには家庭医が往診する。市民の最終ステージがよいものであるよう努めています」と施設長のマイさん。

ドラワー市の地域包括ケアからの示唆

　「健康増進・予防」「在宅24時間ケア」「介護拠点センター・ケア付き高齢者住宅」の三本柱で地域包括ケアを進めているドラワー市のシステムからは大いに示唆を得た。

　これまで見てきたように市全体で高齢者住宅は約160戸（高齢人口比約7％）、在宅24時間ケア利用者は約500人で、わが国の同規模（人口14,000人・67歳以上2,600人）の町村と比較して、サービスシステムもスタッフもICTデジタルも充実しているのがよくわかる。

　しかし、高福祉のデンマークといえども国家財政や経済状況の厳しさなど高齢者ケアを取り巻く環境は先進国共通であり、高齢者の増加と労働人口の減少の中、限られた財源でいかに効率化するかは、政策の最大ミッションでもある。高齢者の人口増加に比例して、予算を自動的に増加させることの是非も議論になっている。

　また、病院の入院日数短縮化で重度なリハビリの必要な患者が地域に増えており、その充実が課題となっているが、対策として地域のリハビリセンターの機能強化、看護師等専門職の配置、テレメデシンで高齢者に多い創傷ケアや心疾患、呼吸器疾患などの対応に高齢者施設と専門病院を遠隔医療でつなぐなど、先進的取り組みが展開されていた。

　ドラワー市に見る"市民の権利"を享受しながら、自分も社会貢献をするという義務感や住民の主体的な参加、行政の中立的でバランスある予算の使い方、議会や議員と医療・介護現場の近い関係など、福祉国家ならではのありようは、まさに成熟社会だった。

　視察後、対岸のスウエーデンを望む美しい港に面した「カフェ・ムンク夫人」でお茶を頂きながら、市役所やインゴーン、ビタゴーンのリーダーたちとの会話は尽きることがなかった。それも女性たちで。

ドラワー市の担当課長、在宅チームのリーダー、高齢者住宅の施設長と

デンマーク編

III 認知症の地域包括ケア
—コペンハーゲン・アマー地区での
経験—

① デンマークの認知症国家戦略と認知症ケア専門職の養成

I) デンマークの認知症国家戦略

デンマークでも認知症の人は増加していて、高齢者の6〜7％と言われているが、2030年にはさらに倍増すると予測されている。

政府は2011年に認知症国家戦略を打ち出し、認知症アクションプラン（行動計画）で認知症の地域ケアに動きだしたが、この間の現場の認知症ケアの質の向上とケアスタッフの確保、本人や家族のQOLには大いに示唆を得る。

認知症の国家戦略の基本理念は、ⅰ）認知症をもつ人を一人の人として尊重する、ⅱ）専門性に基づいた支援を行う、ⅲ）責任の所在を明らかにすることとされている。

認知症施策の柱をみてみると、

① 「認知症の早期診断」は、家庭医のGPが紹介して、病院の老年精神科の専門医による認知症の診断と必要な投薬や治療が決定される。

② 「協働疾病マネジメントプログラム」で、自治体の担当課、GP、認知症クリニック、認知症コーディネーターが緊密に連携して、一次医療、二次医療、民間サービス、行政福祉サービスなどすべてを一体的にコーディネートし、提供する。いわば認知症における地域包括ケアシステムで、マネジャー役の認知症コーディネーターの役割が大きい。

③ 「在宅での認知症の人と介護家族の支援」も強化されている。元々、家族内で配偶者による介護はあまり存在しないデンマー

クだが、認知症の場合、外部サービスの訪問介護、デイケア、レスパイトケア等を取り入れていても、在宅で同居する配偶者の支援も必要になるので強化した。

　ここで政策上のわが国との大きな違いについて触れないわけにはいかない。

　それは【在宅でのサービスは入所の認知症ユニットと同レベルの質と量が求められる。それは配偶者が同居していても同様である】ということだ。

２）認知症コーディネーター等の養成

　また、政府方針で、看護・介護や福祉職など認知症にかかわる専門職の教育や研修を強化し、「認知症コーディネーター、認知症コンサルタント、認知症アドバイザー」などが地域で働き、「認知症スペシャルコンサルタント」を自治体は入居施設に１人は配置するなどを進めてきた。

　地域でこれら専門教育を受けたスタッフが重層的に働いているのは、認知症ケアの質の高さを示すもので、大変羨ましく、わが国でも現場の認知症の専門教育がさらに急がれる。

①認知症コーディネーター

　認知症コーディネーターの資格は古く、すでに1992年に誕生しており、100時間（３週間）の研修後、試験を受けて資格を取得する。

　2002年の社会サービス法ではすべての自治体に認知症コーディネーターを配置しなければならないとされている。認知症コーディネーターには看護師や作業療法士、チームのリーダー的立場の人が多いという。

　2013年には認知症国家戦略を受けて「認知症診断治療のための国家ガイドライン」が発出され、グッド・プラクティスのために「ABC DEMENS」というオンラインでのe-ラーニングもスタートしている。

　認知症と診断された人は、病気の理解と対応に専門的知識をもったスタッフによるケアサービスの提供が望ましいので、現場の職員

の現任教育のプログラムが強化されている（汲田千賀子 2015年）。

②現任教育「DEMENS 1・2・3」

　「DEMENS 1・2・3」の三段階の研修で現任教育が行われ、各自治体で全職員に受講を義務付けするなどして進められているという。

- ・「DEMENS 1」は、職種に関係なく高齢者ケアに携わる全スタッフに研修。認知症の基本的な理解や知識を学ぶもので、まずトム・キットウッドの理論「パーソン・センタード・ケア」を学ぶ（37時間）。
- ・「DEMENS 2」は、認知症ユニットなどで働くスタッフの研修で、社会保健アシスタントが主に受ける。BPSDや認知症の特徴、病気や身体ケア論等の他、憲法や行政法、患者権利法、社会サービス法、後見法なども幅広く学ぶ（37時間）。
- ・「DEMENS 3」は、「DEMENS 2」の修了者でさらに認知症の人の全体を考えた支援計画の立案とそれを実行する専門技能を学ぶ。相談職として、また組織におけるマネジメントや変化や定着など組織論も学ぶ（37時間/5日）。

② コペンハーゲン市アマー地区にみる認知症ケア

1) アマー地区の特徴

　2015年夏、首都コペンハーゲンのアマー地区で在宅ケア部門を訪問し、認知症ケアの専門職の活動を中心に視察した。

　アマー地区は市内南東部に位置していて、デンマークとスウェーデンを結ぶ交通のオーレスン・リンクのデンマーク側の海底トンネルの入り口がある。

　筆者が80年代半ばにアマー地区を訪問看護の視察で訪れた時には、このトンネルはなくスウェーデンと結ぶのはフェリーだけで、そのフェリーで対岸のマルメと往復したのをとても懐かしく思い出していた。

　在宅部門のリーダーのカミラさんが、地区の状況を説明してくれ

る。看護師で管理者資格をもつ認知症専門看護師である。

　アマー地区はかつては低所得者も多い労働者の町だったので、健康状態の悪い人やアルコール問題を抱えるような高齢者の問題も増加しているという。

　一方で、新しい住民の集合住宅が増え、海岸沿いには高級住宅もある地域である。

　コペンハーゲン市（121万人）では５つの地区割りで在宅ケアを行っているが、その一つアマー地区は人口18万人で高齢者が16,000人（8.8％）の地域である。

　「高齢化とともに認知症の増加が大きな課題として目前に迫っているという問題意識をもっている」という。

　アマー地区の在宅ケア組織は、スタッフ総数400人、サービスを受けている住民は2,100人。訪問看護・介護部門は５つのベーシックグループに分かれて在宅ケアをしている。

　ケアサービスの必要な住民は市の判定委員会に申請し、介護度やサービス判定を受けて在宅サービスにつながる。判定委員会には看護師・PT・OTが属している。

2）在宅ケアチーム

　デンマークでは在宅の看護・介護ケアチームは、「看護師」と「社会保健アシスタント」「ホームヘルパー」で構成されている。

　看護師は３年９か月の看護基礎教育の後、上級専門看護師等のコースなどがある。ナースプラクティショナーなども養成されている。

　社会保健アシスタントは１年８か月の養成期間で資格が取れ、身体介護と痰の吸引や血糖値の測定、カテーテルの交換、インスリン注射、酸素吸入、褥瘡処置などができる。医療職の教育はラダーシステムとなっているので、看護師や理学療法士、作業療法士などのコースに進学が可能となっている。

　またホームヘルパーは１年２か月の養成で資格が取れる。日本のホームヘルパー同様、利用者の身の回りの世話や環境整備など家事援助を行う。社会保健アシスタントへの進学も可能となっている。

アマー地区では「訪問看護センター」が2か所、「訪問介護のベーシックグループ」が5グループで、社会保健アシスタントとヘルパーが1グループ25人から45人で地区担当をしている。

　「夜間ケアチーム」は1か所で5グループ全域をカバーする。

　地区全体は「管理部門」が統括する。

3）在宅ケアで活躍する認知症ケアの専門職たち

①認知症コーディネーター・認知症専門看護師のマリーネさんの場合

　アマー地区には認知症専門看護師が3人働いているが、その一人マリーネさんは修士課程の卒業で、認知症コーディネーターとして一般看護師とともにチームで働いている。

　主な業務はスタッフのアドバイスや家族指導、市民にコンタクトしての啓発教育などを業務にしている。また認知症コーディネーターのネットワーク構築も仕事の一つという。

　認知症の人への個別のケアでは、診断後の服薬の状態を観察し、アセスメントしたり、訪問看護師やヘルパーからの情報で実際に家庭訪問もする。

　補助器具の導入もするが、一人暮らしの認知症やMCI（軽度認知症）の人に、「いま何時か声で教えてくれる時計」や「脱水予防の飲水を時間毎に娘の声で教えてくれる機器」などもあり、デンマークのテクノロジーは本当に先進的だ。

　「コペンハーゲン市では認知症ケアを市の重点にしており、早期発見、慢性疾患のコントロール、認知症のテスト（MMST）、血液検査などを行う。たとえば老年精神科などに入院して検査した場合は、結果が市に連絡が来るので、それを受けて地域のサービスをコーディネートするのが私の役割。GPや訪問看護師、ヘルパーにつないだりする。実際の日々のケアは在宅チームが行うので、私は半年に1回程度、家庭訪問して、本人と家族を専門的見地から経過を追う」とマリーネさん。

　家族にアルツハイマー協会などへの加入や情報なども提供するが、

何よりも本人たちの"自己決定や納得"を重視しているという。

②認知症専門アドバイザー・OTのマリアナさんの場合

　作業療法士10年キャリアのマリアナさんは認知症専門アドバイザーとしてアマー地区の在宅チームを担当している。

　市内には５か所の認知症のアドバイザーセンターがあり、彼女はここで仕事をしているが、他に５か所のプライエボーリ（ケア付き高齢者住宅）も担当し、アドバイザーとして施設でのミーティングやネットワークに参加し、認知症の入居者とスタッフ、双方の支援をしている。

　マリアナさんのところに紹介されてくるケースは、問題行動や暴力、手が付けられないケースなど、支援困難なケースが多い。

　認知症の人の暴力的な行動に対処する時もある。時には夜間に緊急な連絡がきて出動することもあるという。

　また本人を強制的に措置しなければならない場合もあり、その時は記録に記入して法律事務所に送り、連携することもある。認知症の人へのリーガルな介入にもルールがある。

　「アドバイザーとしては、家族への研修や家族会とのかかわり、成年後見の問題、文化の異なる移民の人への対応、町の商店の人への対応のアドバイスなど、多岐にわたっています」と地域での広範な仕事ぶりを披露してくれる。

　特に移民への対応は、10か国語のパンフなどのツールを用意しなければならないのが日常だというが、彼らの国とデンマークとの文化の違いも大きいのだという。たとえばトルコやアラブ系の人たちは、家族が高齢者の世話をするのが当然だという文化があり、公的な在宅サービスを利用せずに昼間、家人が仕事で不在の時は、カギをかけて認知症の高齢者を閉じ込めてい

アマー地区の在宅チームのリーダーたち

ることもある。

　また「自国にいる親戚から『外国（デンマーク）で自分の親を施設に入れるなんてことはするな』と固く禁じられている人もいるのです。デンマークのプライエボーリがどんな（良い）ところか知らずに刑務所にでも入れるように禁じている」と語られた。本人の処遇で苦慮する話だ。

　「日本でも遠く離れた親戚からのアクションで、同じように、直接介護している人が苦慮することがありますよ」と互いに頷き合った。

③認知症アドバイザー・社会保健アシスタントのヘーレさんの場合

　ベテラン社会保健アシスタントのヘーレさんも認知症の研修を受けてアドバイザーをしている。

　ヘルパーとして33年間、地域で訪問介護の仕事をしてきた。いまはチームメンバー30〜34人を統括するグループリーダーでもあり、認知症の人へのケアサービスやアドバイスをしている。

　「基礎的な認知症の研修の他に5日間の特別研修を受けたが、トム・キットウッドの理論を学んだのが一番役に立っている」という。デンマーク政府はトム・キットウッドの理論を推奨している。

　「高齢者になると外に出られなくなり、社会から孤立しがちになる。大事なのはインクルージョン・包摂ですね。自分は一人だと思わないように、自分はどこかに属しているという感覚が大事」であると、フラワーモデルはその人の尊厳を示している。

　「認知症の人は何もできなくなるととらえるのではなく、その人がいま、できることは何か？と援助する。たとえば、長く主婦だった人には洗濯物を畳むことだって立派な仕事になるわけです」

　またアイデンティティの問題も重要になる。

　「その人の長い人生のライフヒストリーを周囲の人間が理解することです」。重要なのはそれをとらえる時の「社会教育学的観点」だという。社会教育の専門職、ペダゴー（paedagog）がここでもスタッフにいた。

　そのライフヒストリーのチームでの共有や、一人の認知症の人の

ケアにソーシャルネットワークを作ったり、様々な情報を共有するが、ICTの活用が功を奏しており、効率を高めている。デンマークのデジタル社会は在宅ケアも効果的にしている。

 ## ３ 認知症の人の徘徊とGPS

デンマークでも、認知症の人の徘徊や行方不明は少ないけれど、社会問題になることがあるというのでGPSについて聞いてみた。

「デンマークでは新しい法律でGPSを認知症の人に付けることを容認している。認知症と診断されてプライエボーリに入所している高齢者の場合、徘徊があり家族の許可があれば、施設で決定してGPS（腕輪やネックレスタイプ）を付けるのが一般的です」と説明された。

また頻繁に徘徊があり片時も目の離せない場合は、家族の承諾がなくともスタッフがGPSを付ける決定ができるという。

しかし「自宅で生活をしている認知症の人にGPSを使う場合は裁判所の許可が必要なので、市の法律部門に判断をしてもらうことになる」。

デンマークは「身体拘束をしない国」なので、GPSを付けるのは、ある種の身体拘束とも言えるのでリーガルな介入が必要となるということのようだ。

参考引用文献

・汲田千賀子，デンマークの認知症国家戦略と福祉・介護人材，特集「認知症対策の国際比較」，海外社会保障研究，Spring 2015, No190, p39-p51.

Ｉ　コペンハーゲンは美味しい

　酪農王国デンマーク、そして北海の魚が美味しい国。太く大きなウナギのクリーム煮にはちょっと驚きでしたが。

　やはりお勧めは「スモーブロー」、ライ麦黒パンのオープンサンドです。

　スモークサーモン、エビ、チーズ、ハム、ローストビーフ、ニシンの酢漬け、野菜などを彩りよく、クリームチーズと一緒にパンにてんこ盛りにのせてあります。

　オーガニックなヒュッゲな料理は、シンプルそのもの。

　また、新鮮な分厚いサーモンのバターソテーや、ハンバーグにルバーブのジャムなどは、ビールのツボルグ（ツボ！と言って注文する）にぴったり！

　街を歩いているとコペンでも和食ブームで、カリフォルニアロール（巻き寿司）が「キャタピラ」とか、回転ずしが「ランニングSushi」とか、不思議なネーミングには笑えます。

　さて、予約の取れない超有名ノルデイックレストランNomaは、一度はトライしてみたいですね。

イギリス
編

United Kingdom

イギリス編

I イギリスの認知症国家戦略と地域包括ケアシステム

1 イギリスを訪ねて

　公衆衛生や国民保健制度、地域看護などの社会保障発祥の福祉国家イギリスを初めて訪れたのは1980年のこと。ロンドンとエジンバラが最初に訪れた街になる。

　日本にはまだ制度化されていなかった訪問看護を学びに行った。

　当時、アタッチメント方式と呼ばれていた家庭医（GP）とヘルスセンターの保健師・訪問看護師が協働のチーム医療で、高齢者や障がい者の在宅・地域ケアを行っていたのを学んで、訪問看護の専門性とともにわが国のこれからの在宅ケアの方向づけを得たのが私の原点になった。

　帰国して、日本にも訪問看護が必要だと厚生省（当時）や看護界に言い続けて、ようやく制度化されたのが1992年の老人訪問看護制度だ。

　新型コロナウイルスのパンデミックで想起するのは、イギリスの公衆衛生法がすでに19世紀の1848年に立法化されていることだ。産業革命で生み出された労働者階級の生活——悲惨な労働条件と都市

ロンドン・トラファルガー広場のナイチンゲール像

36

の不衛生がもたらした伝染病に対する唯一の策であり、イギリスの社会福祉や地域医療の始まりでもあった。

　——日曜日の昼下がり、ロンドンのトラファルガー広場でベンチに寛いでナイチンゲール像と21世紀の会話をしたのも楽しい時間だった。彼女は女性一人、英雄たちの銅像の間に立っているが、彼女がセント・トーマス病院で築いた近代看護と地域保健改革も同時期の19世紀のことだ。

　そして戦後の1945年には国民扶助法を、ベバリッジ報告を受けて1948年にはいち早く国民保健サービス（National Health Service：NHS）のスタートに至る。国民は、国民保健サービス（NHS）で医療を無料で受けられる。

　最近は高齢化を受けて、認知症の地域ケアにもNHSで新しいサービスが地域で展開されており、大変興味深い。

　2014年と2015年にイギリスの医療・介護・地域ケアの現場を視察した。

② イギリスの2009年認知症国家戦略

　人口6,680万人のイギリスは、65歳以上の高齢化率は18％（2018年）となっている。

　イギリスでも現在約80万人の認知症の人が、近い将来100万人を超すといわれており、2038年には140万人の認知症高齢者に500億ポンドのコストがかかると予測されている。

　2009年に英国政府はOECD諸国に先駆けて「認知症国家戦略＝認知症とともに良き生活を送る（Living well with Dementia／National Dementia Strategy）」を首相のリーダーシップで推進した。

　この戦略では、3つの基本理念が設定された。

①医療、介護等に携わる専門職、並びに一般市民の双方への認知症に対する正しい知識の普及
②適切な診断を早期に受けられ、その後の質の高い包括的な支

援が受けられるようなサービスモデルの整備
③当事者とケアラーのニーズに基づいた幅広いサービスの実現

また、施策の中でも5つの重点目標が定められている。

①早期診断、早期支援
②総合病院での認知症対応の改善
③介護施設での認知症対応の改善
④ケアラー（家族などの介護者）支援の強化
⑤向精神薬の低減

そして、これら重点目標の下に2014年までの5年間を当初の集中改革期間とした。

③ サウスロンドン・モーズリーNHSファンデーション・トラストでの認知症地域ケアの全貌

テムーズ川を渡ったロンドン市南部の地域で認知症ケアの全体像

ロンドンキングス・カレッジ病院

Drダニエル・ハーウッド／コンサルタント精神科医

サウスロンドン・モーズリーＮＨＳファンデーション・トラスト
の認知症の臨床研究グループCAGの皆さんと

を視察した。

　この日の視察では、私たちのために時間を割いてくれたのはイギ
リスにおける認知症ケア領域で著名なDrダニエル・ハーウッド氏。

　彼は、ロンドン市の認知症ロンドン戦略クリニカル・ネットワー
クの臨床局長でコンサルタント精神科医。

　そして臨床専門看護師（Clinical Nurse Specialist）でリーダーの
スウ・ハードウィックさん、この地区のメモリーサービスマネジャ
ーのロズ・パックさん、ホームトリートメントチームのエバさん、
ランベス区で活動する専門看護師のダニエルさん、そして夫の介護
をしたケアラーのドリーンさん。皆さんが揃ってプレゼンテーショ
ンをしてくれた。

１）認知症のクリニカル・アカデミック・グループ（Clinical Academic Group:CAG）とは

　「キングスヘルスパートナーズ（Kings Health Partners）」の「高
齢者のメンタルヘルスと認知症の臨床研究グループ（クリニック・
アカデミック・グループ：CAG）」は、大学の研究機関と病院が連
携した組織で、ロンドン大学キングス・カレッジとセント・トーマ

ス病院、キングス・カレッジ病院、サウスロンドン＆モーズリー病院（精神科専門病院）で構成されている。

　イギリス国内有数の卓越した高い能力を発揮している各病院や研究機関が集結し、臨床と研究機関がリンクして地域に実際のサービスを提供しながら、教育、リサーチ、新たなプログラム開発を行い、費用対効果も検証しながら認知症の政策提言等を行っているということだ。

　イギリス最先端の研究と現場での認知症ケアの実際を聞くことができた。

　CAGでリーダーシップをとる専門看護師のスウさんがサービス支援の全体像と連携についてレクをしてくれた。

　「クリニカル・アカデミック・グループは言葉のとおりで、実際に地域でサービスを提供しながら、アカデミックにデータを収集し検証するチームです。たとえば、認知症のケアパスウェイなどが最良のエビデンスに基づいて作られていくのです」

　「何のためにこのようなパートナーシップを取っているかと言えば、認知症のケアサービスとリサーチ、教育を、イギリスのすべてのところで素晴らしい成果を、患者さんのためにしてあげられるようにするというのが目的です」とスウさん。

　「もちろん、世界標準でなければいけません」と誇る。

　たとえば日本でも多く使用されたドネベジル（アリセプト）も病期や処方方法によって効果が違うことを検証して政府に推奨したり、ガイドラインの参考資料にしたりした。

２）豊富なサービスチーム

　担当するこの地区の人口は12万人で、そのうち6,000人の高齢者がCAGのサービスを受けている。

　この地域で提供されているサービスを見ると、

①メモリーアセスメント（認知症のアセスメント訪問）が３チ

ーム

②コミュニティチームが４つ

③入所アセスメント病棟が３か所：ホームトリートメントチームが、リスクが高いとした高齢者を入所させてアセスメントする病棟

④継続ケアユニットが２つ：精神疾患のある人でナーシングホームやケアホームで無理な人を入所させる

⑤リエゾンサービスが４チーム：医師、看護師が入院中の患者を訪問

⑥在宅トリートメントチームが２つ：救急時対応する

⑦ケアホームサポートチームが２つ：新しいサービスで入居施設全体を支援する活動をしている。

　これら認知症や精神のケアの多様で多機能な資源チームは、何ともきめ細かく、システマティックだ。各サービスが連携して地域全体の包括ケアをしている。本当に羨ましい。

　ここでは日本にはないサービスの「コミュニティ・メンタルヘルス・チーム」、「在宅トリートメントチーム」、そして本場の「メモリーサービス」を紹介しておこう。

３）コミュニティ・メンタルヘルス・チーム（地域精神保健チーム）

　イギリスの地域精神保健は歴史もあり、つとに有名だが、認知症などメンタルヘルスの困難さをかかえる高齢者の包括的なサービスを提供している。

　臨床専門看護師のダニエルさんがチームの業務を紹介してくれる。ランベス区での活動だ。

　「大変重要なサービスです」という。

　担当する４つの地区の人口は31万人、60歳以上は25％と比較的高い高齢化率で、移民や社会的問題の多い地区でもある。

　いろいろなサービスを統合する役割もあるので、このチームメンバーは精神科医師、心理士、ケースワーカー、専門看護師、OT、

チームマネジャーがいるが、看護師とOTがケアコーディネーションをする。

「認知症などのメンタルヘルスのケアでは、可能な限り在宅で生活できるよう支援することです」

対象は65歳以上の高齢者だが、65歳以下ではうつ、不安、妄想、自傷、精神に問題のある人を対象にしている。

紹介があれば、トリアージをし、認知行動療法や心理療法、グループセラピー、作業療法などを本人に行い、家族ケアラーの支援、必要時の入院ケアを行う。効果ある支援を目指して、提供されたケアの評価まで行っている。

4）「在宅トリートメントチーム」

「レスキューチームです」と紹介される。

モーズリー病院の精神科病棟の中にあるチームで、在宅の認知症の人や精神疾患の人に問題が起きた時、緊急の依頼があり家に訪問して治療やケアにあたる。

「チームの使命は入院を回避するための支援です」

家に訪問して服薬管理や介護者支援をする。

「24時間7日間活動します」

月曜日から金曜日は朝9時から夜9時まで、週末は朝10時から夜6時まで勤務時間としていて、スタッフは2交代で勤務する。

「夜間は病院の入院病棟のスタッフが対応するので24時間体制です」

通常は1日に1回の訪問だが、時には日に2回訪問することもあるという。

日本の精神科病院にも、訪問看護の充実にこのような緊急訪問チームがあるとよいと実感する。

5）「メモリーサービス」

日本流に言えば「認知症初期集中支援チーム」となる。

認知症の人の早期診断のメモリーサービスは、それまでも実践さ

れていたが、2009年の認知症国家戦略で制度化した。

　「認知症の意識向上や早期診断、認知症の人のQOLに大いに貢献している」と説明するのは、ロズさんだ。

　有名なクロイドン・メモリーサービスを視察したので、支援の実際については後述する（P48）。

 認知症の夫を介護したケアラー・ドリーンさんのストーリー

　80代のドリーンさんが自分の介護体験を話してくれる。

　ドリーンさんは、コミュニティチームが実際にサポートしたケアラー（家族介護者）だが、夫亡き後はモーズリー病院のボランティアとしてチームとともに働いているという。

　「夫のジョンがアルツハイマーと診断されて、在宅介護をしてきました。24時間7日間の介護です。介護が楽でないのはおわかりだと思います。それに夫の人格が変わっていくのを見るのは辛いことでした。私たちの愛に満ちた生活を継続していくのはとても困難でした」という。

認知症の介護体験を話すドリーンさん

　当事者は混乱し、恐怖心もあり、フラストレーションもある。安心したいと思っている。そんな時、ここのモーズリー病院のサービスに出会った。

　「診断後、ドクターがとても良いアドバイスをくれました。ケアチームに紹介してくれ、チームの皆さんのサービスにたどり着いたのです。その時、最期までサービスを使いなさいよ、と言われたのがうれしかったです」

　しかし、夫の介護は自分がするものだと思っていたし、夫も他人にケアされるのを嫌がったという。

　「ですので、体に触れるケアというよりは最初に頼んだのは、失禁用のパンツ・おむつの支給とおむつの回収サービスだけでした」

　失禁が一番の手のかかることだった。しかし夫のこれまでの人生を考えると自尊心を損なうことはさせたくなかったので、他のサービスは受けなかった。

　徐々に週に2回デイセンターに通うようになったが、「同じ色のスーツを6着、用意しました」という。

　失禁で汚れても上下、同じ色の服ならすぐに着替えさせて周囲に気が付かれない。痛いほどその気持ちがわかる。ドリーンさんの素晴らしい工夫だと思った。

　「夫がデイケアに行っている間はゆっくり休ませてもらいました」サービスを使うことを実感したという。

　その後、症状の進行とともにサービス導入が増えて、OTとOTの実習生に車いすやバスルーム、ベッド、福祉機器などを調整してもらい使うようになった。またアートセラピーや様々なプログラムにも参加し、効率的にサービスが提供された。

　「ケアコーディネーションがうまくいったのです」とこのチームの各種サービスを評価する。

　「今はケアラー支援のボランティアで仕事をしていますが、私が皆さんに一番先に言っていることは、最初からフルでサービスを受けなさいよ！ということです」と締めくくる。

　この時、ドリーンさん宅で訪問実習したOTの学生はいま、その

出会いと学びが動機になり、このコミュニティヘルスチームで働いているという。

5 認知症の診断率向上の政府のミッション 「ロンドンプラン」

　Drダニエル・ハーウッドが、政府のミッションをレクしてくれる。
　「まず、認知症の診断率を上げるのが重要ミッションでした」
　「2012年のキャメロン首相の〈認知症へのチャレンジ〉で2015年をターゲットに、GP（家庭医）の認知症診断率を67％に引き上げる政策を打ち出したのです」、国内の各地域にリージョナルエリアチームを立ち上げた。
　「目指すのは、データの正確さの向上を図り、より良い診断、より良いケア。サービスの向上を目指すことにしたのです」
　「『ロンドンプラン（The London Plan）』を紹介しましょう」
　「認知症診療と診断のアドバイスをし、ガイダンスを示し、またアイディアを互いにシェアして、GPにも広く理解を得て、体制整備に入ったのです」
　「目標はロンドンの診断率を６か月で12％引き上げることでした」
　2014年の９月には55％の診断率だったのが、その後半年でロンドン平均では65.8％となり、67％を目指した。
　しかしナーシングホームの多い地区では診断率が低いのが悩みで、「ナーシングホームに入っている高齢者は７〜８割が認知症だと思うのですが、驚くことに診断率は低い」、ナーシングホームには認知症の専門職がいないのだという。
　「何によって診断率の改善が可能になったのですか？」
　「GPごとに登録と記録を取ったわけです。それを他のサービス提供者でデータを共有したことも良かった。他のプロジェクトと連動させて活動するところもあった」
　「とても良かったのは診断率が上がったという結果を見て、GPの

ドクターたちが自信をもって認知症の診断と治療にあたるようになったことですね」

「診断率向上にはGPには何かインセンティブはあったのですか?」との問いには「診療報酬で55ポンドを付けました」との答えが返ってきた。

「また認知症ケアパスウェイを見直して、早期に直接メモリーサービスを受けられるように、流れをシンプルにしたことも良かった」

これまではGPがメモリーサービスに患者を送っても、トラストを経由したり、精神科医に回ったりしてその後診断が下りるなど複雑で時間もかかったという。システムをスリムにするのは重要だ。

⑥ 認知症ケアの将来展望＝認知症に優しい社会に

「NHSからは今後5か年計画が示されています」

"2020年に向けた首相（官邸）チャレンジ（2020 Prime Minister Challenge)" である。その計画では次の点が強調された。

---

①パーソンセンタードケア：トム・キットウッドの提唱した認知症の人の尊厳あるケアの普及
②フレイル：認知症の背景にある高齢者の虚弱や身体の衰弱など、栄養問題も含めフレイルに焦点
③地域ケア充実：在宅・地域で長く暮らし続けられるサービスの充実、ケアホームなども
④第1次医療のGPと専門医療の連携と協働

「将来はサービスの連携で、診断後、エキスパートに出会い、地域のサービスケアプランがスムーズにいく、地域包括ケアのアルツハイマーソサエティができると思う」

また今後、重要になるのが、プロアクティブな予防的介入で、クライシスを避けたり、ケアラーのストレスを解消したり、緊急入院を避けることだという。

まさに〈認知症に優しい社会〉づくりだ。

　「国家戦略は成功していますか？」と問うと、

　「Yes！成功していると思う。国民の認識が高まりました。地域のニーズも高まった。今後はさらに多様な、ダイバースな住民のニーズが課題になる」と、しめくくった。

Ⅱ 認知症ケアの入り口「メモリーサービス」

1 「メモリーサービス」とは

「メモリーサービス（Memory Services）」とはわが国流に言えば、「認知症の初期診断集中支援チーム」で、多職種によるアウトリーチが特徴である。

イギリスでは2009年の認知症国家戦略でスタートして以来、実績を積み重ね、認知症の早期診断やQOL向上に大いに寄与している。予算的にも伸びているサービスである。

政府はメモリーサービスを人口４万人に１チームの設置目標で推進している。

メモリーサービスの対象は18歳以上で、認知症の診断を受けていない人にアセスメントや検査、診断、初期治療を実施する。平均６か月間フォローし、それ以降は地域の家庭医や訪問看護等に連携する。

メモリーサービスのスタッフは専門看護師、心理士、OT、精神科医などだが、認知症の初期の診断やケアプランに係る教育研修を大病院や大学等の教育機関で受ける。

またMSAというメモリーサービスの認証機関があり、２年毎に監査、更新をしたり、ベンチマークをしている。

メモリーサービスの設置者は多様なので、全英でみるとメモリーサービスの質にばらつきがないわけではない。もし、認証機関の評価レベルが低ければその地区のNHSのCCGsから契約を打ち切られることになる。

② 「サウス・エセックス・パートナーシップ大学 NHSトラストのメモリーサービス」／サウスエンド

　ロンドン中心部から約1時間余りのサウスエンドに、サウス・エセックス・パートナーシップ大学NHSトラストのメモリーサービスを視察したのは2014年秋のこと。

　サウスエンドはロンドンから日帰りで海水浴ができるロケーションで観光客も多い街。ロンドンに比べて温暖な海岸地域なのでロンドンっ子がリタイアしたら住みたいという地域だという。

　丘の上にあるNHSのヘルスセンターに隣接してメモリークリニックがあった。

　サウス・エセックス・パートナーシップ大学NHSトラストは、国内でも最も成功していると言われる財団トラストで、特にメンタルヘルス、学習障がい、ヘルスケア、コミュニティサービスを提供している。

　管内の人口18万人の地域で4つのメモリークリニックチームが活動している。

　「国内で唯一、RCPから優良賞を受けた」と自慢するチームだ。

　チームは精神科医1名、ジュニアドクター2名、メモリーナース2名、アシスタントナース2名、心理士1名、アシスタント心理士1名、PT、OTで構成されているが、ここでも看護職がリーダーシップをとっていた。

　地域のGP（かかりつけの家庭医）や本人、家族、在宅サービスのスタッフなどから「認知症ではないか？」との相談や依頼を受けると、3日以内に2名で家庭訪問して、初回アセスメントをする。

　その後、診断—治療—モニタリング—地域のサービスとの連携などで、6か月間はこのメモリーサービスが支援し、その認知症の人と家族がこれでやっていけるとなれば、紹介のあったかかりつけのGPに戻し、地域の訪問看護や在宅サービスが継続するしくみである。

サウス・エセックス・パートナーシップ大学NHSトラストのメモ
リーサービスのあるヘルスセンター（サウスエンド）

　「平均すると16週くらいで終わることも多い」とはサービスマネ
ジャーの男性看護師ギョグさん。
　「依頼から３日程度で家庭訪問なんてスピードが速いですね」と
いうと、
　「認知症の人は困って連絡してくるのですから待たせません。い
つも80人くらいをかかえているので忙しいです」と笑う。
　もう一人のメモリーナースのシェニーさんは時計を見ながら急い
でレクをすると、サッと訪問に出かけていった。
　「治療については、向精神薬は使わずに認知行動療法やカウンセ
リングが主で、家族支援やアルツハイマー協会との連携、在宅のサ
ービスの導入などで症状も落ち着く」と。
　サウスエンドは、高齢化率も高く、現在1,867人の認知症の人が
いるがその半数は診断がついていないという。
　この「半数が未診断」という診断率は全英平均だが、これは政府
目標で70％に診断率を上げる方策が進められている。
　イギリスでもわが国同様、一般的な家庭医は必ずしも認知症に理
解が深いとは言えず、診断・治療に困難があることから、この「メ
モリーサービス」が従来の地域精神保健チームとは別に専門性を高
めてスタートしたという経緯はうなずけた。

サービスマネジャーの男性看護師ギョグさんとメモリーナースの
シェニーさん

③ 「クロイドン・メモリーサービス」

　ロンドン市内の「クロイドン・メモリーサービス」は2003年に開
業したメモリーサービスのパイオニアで有名なところである。

　ようやく叶った訪問だったので大いに期待して向かったのは2015
年夏のこと。

　クロイドン地域の高齢者総合センターのような建物にメモリーサ
ービスはあった。裏手側には瀟洒な高齢者住宅がある。

　このセンターには、デイセンターや高齢者コミュニティチーム、
地区のヘルスセンター、そしてアルツハイマー協会も入っている。

　対応してくれたのは認知症クリニカルナーススペシャリスト（専
門看護師）で副所長のクリス・ニューマンさん、臨床心理士のハナ
さん、コンサルタント作業療法士のバーバラさんなどのエキスパー
トたち。

　「メモリーサービスは90年代から開設されていたが、2000年以前
には政府の予算もシステム的な開発もなかったが、2001年にナショ
ナルサービスとしてフレームワークができた。2006年にNICEがガ

イドラインを出し、2009年には認知症国家戦略（Living well with Dementia）で位置づけられて、現在に至っている」とまず沿革を話すクリス副所長さん。

１）専門スタッフと業務プロセス

　ここには医師、臨床心理士、専門看護師、看護師、OT、アドミニストレーターなど13人のスタッフが働いている。

　「ここのポリシーは、①総合的、②包括的、③シームレス、④専門職のスキルシェアリング、⑤教育的かかわり、⑥信頼感、⑦まずニーズ優先、⑧ベストプラクティスの開発――です」

　各スタッフの業務を説明される。

　「心理士はまず精神心理的アセスメントをして、複雑なケースか高次機能なのかなどの判断をする。また心理療法や認知行動療法なども受け持ちます。またケアラー対象の活動もする」とハナさん。

　「OTは、ADL（日常生活動作）のアセスメントや家の改修、補助器具の支給などのアセスメント、テクノエイドの活用を進める」とバーバラさんが説明する。

　「受け入れのプロセスでは包括的で総合的なアセスメントが重要

クロイドン・メモリーサービス

になりますが、必ず本人の了解を得ることから始めます」

「診断結果が出たら、本人とケアラー（介護者）とミーティングをし、診断を伝えます。そして今後どうしていくかをともに考えます」

「そして治療介入ですが、初回の投薬をしてヘルスチェックしながらこれもクリニカルなミーティングを重ねます」

認知症の薬が1回の投薬でピシッと合う場合もあれば副作用が出ることもある。イギリスでは初回の認知症薬の投薬は専門医が行い、GPは投薬できないシステムにした。

「薬物療法の他に、治療としては作業療法の介入や心理療法、看護師の介入など専門職の介入・支援をします」

「本人だけでなく家族支援も重要です」

アルツハイマー協会による認知症アドバイザーや、エイジUK、デイケアやランチ会そして介護者休息プログラムなど、他団体や地域のサービスを使い、ケアを継続していく。

このメモリーサービスへの紹介は、地域のGP一般医からが95％で病院からは少ない。平均6か月程度かかわり、それ以後の継続ケ

副所長のクリス・ニューマンさん、臨床心理士のハナさん、コンサルタントOTのバーバラさん

アは地域のGPに返し訪問看護や地域のチームにつなぐ。

2）メモリーサービスの効果と課題

　クロイドン・メモリーサービスでは、2005年の開設時には月に約20件程度だった紹介が、2015年には月に100件に増加、2003年から2015年まで延べ6,980人（女性4,328人・男性2,652人）の早期介入を実施したという。認知症の人の増加が良くわかる数字だ。

　政府のターゲットは認知症の診断率向上だが、クロイドンの診断率は59.2％で、目標は69％だという。

　「メモリーサービスのアウトカムというと、どのようなことになりますか？」と聞くと、

　「アウトカムとしては、第一にGPの第一線のプライマリケアに貢献していること、第二に認知症の診断率向上に寄与していること、第三にCCGの予算増加に貢献していること、第四に適切な診断治療で認知症薬の低減に寄与している、第五にケアホームなどとの連携ですね」とその成果を列挙していた。

　「メモリーサービスのこれからの課題はどんなことでしょうか？」

　「一つはウォークインサービス（いつでも立ち寄れるサービス）として、誰でもアクセスできる総合的なリソースセンターになること。またこれからは専門医療や終末期ケアとアクセスすること、そして包括的なリサーチと評価プログラムの開発です」と語るクリスさんたちだったが、初期のかかわりから終末期ケアまでのニーズが地域に増えているという。

　さて、わが国の認知症初期集中支援チームや認知症疾患治療センターの実績とアウトカムはどうだろうか？　これだけの専門職チームで早期診断から治療方針決定、そして介護者支援を含んだサービス提供まで役割を果たしているだろうか？

　まだまだ本場、イギリスから得るものは大きい。

Ⅲ 認知症の家族を支援する「アドミラルナース」

1 「アドミラルナース」による認知症の家族支援

　日本にはまだない役割をする認知症支援専門の看護師「アドミラルナース」を紹介しよう。

　ロンドンの繁華街にある「市民のためのリソースセンター」を訪れると、ビルの1階にはカフェがある。中に入ると情報センター、ミーティングルーム、ボランティア団体などが入っている。

　その一つに認知症支援のNPO団体「ディメンチアUK（Dementia UK）」があった。

　このディメンチアUKで養成され、認定書が発行されるのが認知症専門看護師のブランド「アドミラルナース」である。

　ディメンチアUKでアドミラルナース養成を訪ねたのは2014年のことであった。アドミラルナース養成のヘッドをしているイアン・

CEOでチーフアドミラルナースのヒルダ・ハーヨさんとイアン・ウエザーヘッドさん

ウエザーヘッドさんには視察の後、東京でも講演をして頂いた。

② 「アドミラルナース」の誕生

　「アドミラルナース（Admiral Nurse）」とは「在宅で認知症の人と家族が暮らすことを支援し、諸サービスのコーディネーションをする専門トレーニングを受けた看護師」で2015年当時は、全英で126名が活動しており、200名を目指していた。

　正看護師で認知症や精神保健分野の専門看護師の資格者で、修士をもっていると望ましいというのはディメンチアUK のCEOでチーフアドミラルナースのヒルダ・ハーヨさん。彼女は、NHSで35年間働き、認知症スペシャリストチームの開発やリードをしてきたベテランである。

　さて、アドミラルとは「海軍提督」の意味だが、この名称は、ある一人の脳血管性認知症の男性をメモリーして命名されたという。

　ヨットが趣味で「アドミラル・ジョー」と仲間から呼ばれていたダンディーなジョセフ・レビーさんが認知症になり、家族の介護を受けたのが20年前のこと。彼の死後、家族がディメンチアUKに寄付をして、このアドミラルナースの養成を始めたのがウエストミンスターでのことだという。

　アドミラルナースはディメンチアUKが現場（ホスト団体）と契約をし、アドミラルナースを派遣し、ホスト団体から給与を得て活動する。主にメモリーサービス、在宅チーム、急性期病院、ケアホーム、NPO団体、ケアラーセンター、電話相談のDIRECTなど、現在90の医療・介護現場と契約している。

　その活躍ぶりは、筆者がのちに訪問し

アドミラルナース生みの親、
アドミラル・ジョー

たロンドン・サットン区のケアラーセンターでも話題になり、「アドミラルナースがとても効果を発揮しているので自治体に予算を出させ、１名雇用したが、近々３名に増員したい」と言っていた。このケアラーセンターでのアドミラルナースの活躍ぶりは後述する（P63）。

　また、ロンドン大学の老年学教授もアドミラルナースについては「スムーズパスウェイやコーディネーションの役割でエクセレントな活動をしている」と評価していた。

③ アドミラルナースって何をする人？　その支援と有効性

　「なぜアドミラルナースが必要なのですか？」とヒルダさんに聞く。

　「認知症の人を介護する家族は高い割合でストレスや不安、うつがあります。これから長い道のりになるかもしれない認知症の旅を支援する必要がありますね。ある意味でケアする家族のためのナースでもあるのです」

　では、アドミラルナースはどのような業務・役割を実際に行っているのか？　認知症の人、本人のウェルビーイングとともに、家族のウェルビーイングやQOL向上のために働くナースだという。

　〈支援する家族のクライテリア〉は次のような人たちだ。

　①喪失や苦痛の感情に向き合うなどの精神面のサポートが必要
　　な人であり、
　②これ以上対応できないと感じていたり、ケアの役割を続ける
　　か辞めるかの意思決定も自分ではできないなど支援が必要で
　　ある。
　③認知症ケアの実践的なスキルを身につけることが必要であり、
　④いろいろな選択や必要性を明らかにするのに専門家の助けが
　　必要であったり、

⑤家族間で葛藤があったり、

⑥認知症を理解したり受け入れたりするのに困難で、介護者の
　ウェルビーイングやコーピングする力に影響が出ている

⑦認知症の人を世話し、安全な環境を維持することが複雑なリ
　スク要因で困難になっている

⑧そして、認知症介護の長い旅が終わった先が見えていないの
　で、介護が終わった後も自分で回復できるよう支援するとい
　う。

　認知症の各経過でみると、まず診断をどこで受けるか？　行きた
がらない本人や若年の認知症の人を支援し、家族が絆をもって認知
症とともに生活できるように支援、また、自宅での看取りを支援し、
死後のグリーフケア——までと、すべての段階でかかわることにな
る。

 ## 4 アドミラルナースの「費用対効果」と今後の課題

　アドミラルナースのいくつかのプロジェクトは、家族介護者と認
知症の人にベストプラクティスを提供しながら、NHSの地域保健
の中でどのように貢献できるか。また国家戦略や政策に沿って、費
用対効果や、エビデンスを提供していくことを目標にしている。

　アドミラルナースの費用対効果測定のプロジェクトでは、

①Telford and Wrekin Modelでは、GP（家庭医）とアドミラル
　ナースの連携で、GPをベースに長期のケースで対応してみる
　と、月に15,000〜17,000ポンドの医療費の費用を抑制して結果
　が出ている。

②Southampton Modelでは、急性期病院でアドミラルナースが10
　か月活動し、1対1で患者の観察やケアをした結果、対象も減
　り、25万ポンドをセーブできた。

③Norfolk Modelでは、2.6人のアドミラルナースが地域で10か月
　活動し、44,000ポンドの削減ができたと。さらに入院の回避や

重度化予防、終末を自宅で看取るなど、676,900ポンド/年もセーブしたという。
　次なるチャレンジは、認知症の人の「不必要な入院」の回避にあると言うイアンさん。
　イギリスでも65歳以上の入院患者の約半数が認知症だが、本当に入院の必要なのはその15〜20％だという。
　アドミラルナースが急性期病院で働いたり、在宅現場でアセスメントや支援をすることで無駄な医療費の削減だけでなく、認知症の人のクオリティ・オブ・ライフもあがるというデータだった。
　また認知症の人の終末期ケアの選択についての「事前指示書（advance care plans）」の普及なども今後の課題だという。

　イギリスでは、民間の財団や患者会がその領域の専門看護師の養成をしてきた歴史がある。
　がんの緩和ケアナースの「マクミランナース」は、マクミランがん財団によって、また「マリーキューリナース」はマリーキューリ財団によって養成されている。いずれもがん患者の緩和ケアや在宅での夜間の泊まり込みケアなどを担っている。
　視察した認知症の「アドミラルナース」にも期待したいし、ディメンチアUKが養成していることには敬意を表したい。
　わが国でも同様な専門看護師の養成ができないかと思っている。

IV 「ケアラーセンター」の ケアラーとヤングケアラーの支援

1 ケアラーセンターとは?

　イギリスのケアラーセンターによる介護者支援は歴史が長い。

　1991年、全国で2～3か所のケアラーセンター（Carers Center）がスタートした。現女王の妹であるプリンセス・アン財団によるものだという。

　各地の「ケアラーセンター（家族介護者支援センター）」は非営利団体で、「認知症の人と暮らす家族の利益のために共に働く」ことをポリシーとしている。

　また、ヤングケアラーと呼ばれる18歳以下の若い介護者たちの支援は特筆に値する。

　ケアラーセンターもヤングケアラー支援もわが国では、いまだ制度化されておらず、「ケアラー法」の法整備が急がれる課題だ。

　日本の介護保険は要介護者本人の在宅または施設での介護サービス給付がメインの保険制度なので、「家族介護者」への支援は当初から内包されていない。要介護認定時も「本人の状況」で判定するので、家族の介護状況は要介護度認定に反映していない。

　介護保険制度から20年経って「介護の社会化」の理念は社会に浸透してきたが、依然として介護離職は後を絶たず、年間10万人の離職がみられる。

　ドイツのように家族介護者の介護期間を年金にカウントするとか、介護中の傷害を労災にするといった仕組みもない。これから紹介するイギリスの「ケアラー法」も「ケアラーセンター」「ヤングケアラー支援」もないのが、わが国の現状なのだ。

② サットン・ケアラーセンターを訪問して

2014年と2015年の２度に
わたり、ロンドンのサット
ン地区のサットン・ケアラ
ーセンターを視察した。

サットン・ケアラーセン
ターは、1991年に創立した
パイオニアで、国レベルの
ケアトラスト（Cares Trust）
傘下にあり、ロンドンでも
トップ３に入るという歴史
と実績をもつ。

サットン・ケアラーセンター

2015年4月のケアラー法改正時には保健大臣も視察に来たという。

ロンドンの北東部サットン地区は人口約19万人で65歳以上は14%
と高齢化も進んでいるが、人口増の地区で移民も多い。企業の移転
も多く、持ち家率も69%とロンドン全体の49%より高く、緑あふれ
る地区でもある。

視察時にはCEO、心理士、アドミラルナース、クリニカル・リ

サットン・ケアラーセンターのスタッフと

ーダー、サービスマネジャー、ソーシャルワーカー、家族介護者、そして地区の議員やアルツハイマー協会のサービスマネジャーなどの方々がそろって対応してくれた。

スタッフは15人から20人だが、ボランティアが70人以上も登録されている。イギリスのボランティアの多さは、どこへ行っても本当に感心する。

年間予算は、約100万ポンドで運営、財源は地方自治体から65〜70%、他はNHSのサットンCCGから、また寄付や助成金等という構成になっている。

ケアされている人はサットン地区全体では約18,000人だが、介護を週50時間以上している人は3,500人以上でヤングケアラーもいる。認知症は2,250人（その半分は診断を受けていない）だという。

③ ケアラーセンターの家族支援

「ケアラーセンターは家庭崩壊を防ぎ、地域社会への良い影響を与えるリソースの存在ですね」とCEO（当時）のレイチェルさんはいう。

「介護者による非営利の小さな組織ですが、ケアはビッグビジネスです」とも。

「ケアラーセンターはまず介護をしている人の認識を高めること、介護を続けるのにまずポジティブな影響を与えることができ、アドバイスや情報の提供、ケアを一緒に考えること、よく知っていくことで人生が有意義に感じられる」

「またケアラーがケアを必要とする人の身体的・精神的なニーズにフォーカスをあてることができるように、また最大限の能力を発揮して良い状態で、結果として介護の役割を取ることができるようになるよう支援するのが目的です」という。

ケアの情報提供やアドバイス、ピアサポート、環境整備や具体的なニーズの支援、経済支援や収入につながる支援も行う。

「また介護している人にとって楽しいことや、アクティビティと

健康管理も大切で、ヨガ、レクリエーション、アート、マッサージなどのプログラムがあります。また認知行動療法も提供している。お楽しみ会のようなイベントも盛りだくさんあるのです」という。

　法律相談や福祉サービスの紹介、経済的相談では様々な手当等の申請手続きや書類の書き方などの支援、参考図書の貸し出しもする。

　またニーズごとに「サポートグループ」も作っている。

　「ADHD、アスペルガー、メンタルヘルス、学習障がい、日中働いている介護者、農家の介護者など、それぞれ課題が別にありますのでグループ毎に取り組んでいるのです」

　何ともきめ細かく、専門性の高いケアラー支援だと感心させられる。

　「ケアラーセンターのPRと同時に資金稼ぎも重要です」と笑うレイチェルさん。

　時にはメディアを使いPRをする。TV出演して男性介護者の問題をPRしたり、地域の家庭医GPの集まりでケアラーについての講演等で啓発活動もする。

 4　ケアラーセンターでのアドミラルナースの認知症ケア

　さて、ディメンチアUKでアドミラルナースの養成と仕事ぶりをヒヤリングしたが、ここのケアラーセンターで実際の活動ぶりを見ることができた。

　サットン区行政とNPOのアドミラルナースの連携は、2014年にプロジェクトを立ち上げて始まったという。

　サットン区行政のソーシャルワーカーのサンドラさんが、このプロジェクトについて説明する。

　「〈ドロップイン〉と呼ばれるアポなしで介護者が相談に立ち寄れる場を毎月提供することから始めたのです」

　「認知症の支援には行政だけでなく、医療ケア、福祉ケア、ソーシャルケアなどの融合で、縦割りでない、途切れないサービスの連携が必要です。またサービスがうまく提供されないと緊急の入院が

よくあったのです」

　これらのことを背景に、スペシャリストであるアドミラルナース
の雇用をしたのだという。

　2014年に１人がこのプロジェクトで働いたが、効果があるという
ことで2015年には３人が採用された。その一人のアドミラルナース
のエイミーさんが語る。

　「29人の介護者が支援を受けたが、うち９ケースはより複雑で悪
化しそうな家族で、集中的にすぐにかかわり、効果的でした」

　アドミラルナースのチャレンジは、①NHSからの予算獲得につ
ながり、②医療と福祉の融合での家族ケアが重要で、③家族を支援
することで入院費用のコスト削減にもなった。

　「配属されてまず行ったのは、この地区の医療と福祉、NPOなど
の各サービスのギャップを埋めるネットワークのサービスづくりで
した」

　すると、①複雑な支援のリエゾンにギャップがあったこと、②ケ
アラーの心身の健康をマネジメントする専門看護師の介入が必要だ
ったこと、③家族間のコンフリクト（葛藤）や本人と家族の対立、
④緊急な介入・支援の必要なハイリスクな家族介護者への介入——
などが浮上した。

　そこでアドミラルナースが介入したが、その１年の結果も評価し
ている。

　「最初の１年には84家族にサービスを提供したが、すべての家族
が『QOLが上がった』と自分たち自身で評価している。またスト
レスの軽減と介護能力の向上を上げている。さらに不測の入院の回
避やナーシングホーム入所の回避もできた」

　つまり、認知症ケアに適切な専門性のあるアドミラルナースの介
入は、介護する家族のQOLの向上だけでなく、入院入所の費用削
減に貢献したという結果だったという。

5 アンさんの物語

　ケアラーセンターからアドミラルナースの支援を受けて認知症の母親の介護と看取りをしたアンさんが体験を語ってくれる。

　60代に差し掛かった彼女は、お母さんが認知症と診断され2年間介護をし、昨年、そのお母さんを看取ったばかりだった。

　「毎日、レンガを背負っているような気持ちでした。辛い、とにかく辛い日々でした」。これからどうなるのか、認知症が悪化すれば自分では看られないと考えていた。

　「ナーシングホームを探し歩いて、家を売って入所させようか？と考え、泣いてばかりいる日々でした」と振り返る。

　そんな時、ケアラーセンターを知り、アドミラルナースに出会ったのだという。

　「ケアラーセンターで認知症のケアのノウハウを教えてもらい、地域の在宅サービスを使って家で看ることができるようになった」

　「月に1回でしたが、アドミラルナースの訪問も受け、精神的なサポートが嬉しかったです。家にこもって介護ばかりだった自分も、出かけていいのだと教えられました」

　スイミングに通ったり、DIYをしたり、ケアラーセンターでメディテーションやマッサージ、リフレクソロジーなどを受けたりした。

　「また同じ状況の人とのグループワークも良かった」という。

　1人で介護する介護者（Alone carer support）の支援グループだった。

　「昨年、母の状態が悪化して、いよいよということになったのですが、その時にはアドミラルナースが週に1回、訪問してくれて本当に力づけられました」

　アドミラルナースによるカウンセリングが、母親を亡くすことへの悲しみや死の恐怖、それを支えてくれたのだという。

　アドミラルナースのエイミーさんの仕事ぶりがよくわかるアンさんの話だった。

　「まだお母様を亡くしてお辛い時期なのに、お話して下さって有難うございました」、肩を抱きながら、お礼を伝える。

　アンさんも今はこのケアラーセンターのボランティアとして少しずつ活動を始めているという。

6 ヤングケアラーの支援

　さて、サットン・ケアラーセンターで強い関心を引いたのはヤングケアラーの支援だった。

　ヤングケアラーをここでは、「障がい、病気、精神、薬、アルコール問題などで、介護を必要としている家族をケアしている18歳以下の青少年」としている。

　サットン地区には約3,000人の若年介護者がいるという。25歳以下または18歳以下で、なかには5歳や8歳の児もいるという。

　「5歳や8歳の子がケアラーですか？」と思わず問うと、「たとえば、母親が車いすなどの障がい者で、同居する子どもが家で何らかのケアや手伝いをすれば、ヤングケアラーということになるのです」と。

　調査によれば5〜8歳の介護者が増加しているという。貧困層の子どももいる。ヤングケアラーの支援では学習支援やメンタルケア、就労支援等が必要になる。思春期で心理的に追い詰められて自傷行為のある子どももいる。

　「ある子は、祖父が認知症で母親が障がい者という家庭で、子どもたちが家事をしている」

　「また、母子家庭で母親が寝たきりで、ヘルパーが1日に4回来ているが、学校に行く前や夜は子どもが介護をするケースもある」とレイチェルさん。

　興味深かったのは、兄弟の一人が障がい者でケアを受けていると、その子を介護者として見るのだということ。

「それは実際に介護をしていなくとも、大人がすべきことを大人ができないと、子どもがやることになるので、介護者だと定義し、支援が必要と判断する」のだそうだ。

　サットン・ケアラーセンターでは、ヤングケアラーのための部屋があり、様々なプログラムが提供されている。

　支援メニューは、

①まずアドバイスをする、
②それぞれのニーズに沿った支援をする、
③他のヤングケアラーとの交流や友だちづくり、
④学校や宿題の支援、
⑤子どもたちの代弁者として、
⑥家庭環境の整えや収入、健康問題へのかかわり、
⑦様々な支援サービスへの紹介、
⑧家族が精神疾患等であれば専門機関の支援もする。

ヤングケアラーのためのパンフレット

　ヤングケアラー支援のパンフレットには、ケアラーセンターは "君のために在る" と、次のようにメッセージが書かれている。

「君が時々、次のように感じていても私たちは驚かない」

「ストレス、孤独、不安を感じていたり、友だちを家に連れてくることができなかったり、将来を選ぶのに不安があったり、誰も自分のことをわかってくれない、物忘れのようになったり、宿題がいつも遅れていたり。

でも、あなたが誰かを助けていることを幸せで誇りに思っていたりしていることを私たちはわかっています」と、子どもたちに共感し励ましている。

ヤングケアラーのニュースレター「クールニュース（Cool News）」には、スポーツやイースターのイベント、フットボールの試合、科学博物館のツアー、サットンユースサミット、などの記事が生き生きした写真で飾られている。

また15歳プラスの「ヤングアダルトケアラー」向けには、ボランティアの薦めやピアサポート記事などもあり、年代に応じたケアがきめ細かく素晴らしい。

イギリスのケアラーセンターが、介護者と呼ばれる人それぞれの人権をいかに尊重した活動をしているかがよくわかる。

日本にもヤングケアラーの支援と法整備が急がれると実感した視察となった。

V イギリスの「ケアラー法」にみる家族介護者の権利保障と支援

わが国の介護保険創設にかかわった筆者だが、「介護離職10万人」の現状など、家族介護者への支援がないことに忸怩たる思いを抱き、衆議院の議員時代に「日本版ケアラー法」を法制化したいと動いた経験から、本場イギリスのケアラー法には大きな関心を持ち続けている。

1 声をあげたケアラーのムーブメントとケアラー法

まず、1965年に創立された「ケアラーズUK（Carers UK)」の歴史から見ておこう。

——ある一人の独身女性が親を介護することになって仕事を辞め、収入の道を閉ざされた。介護の末、親が亡くなった後、彼女自身が収入ばかりか住む家も失った。そんな彼女は同じ状況の人がいるのではないか？と、タイムズ紙に投稿したという。

その投稿の反響は大きく、共感し、立ち上がった女性たちによる「独身女性とその要介護者の全国会議」が創設された。それを前身として「ケアラーズUK Carers UK・全英ケアラー連盟」が設立された。

その活動はケアラーの声を社会に可視化し、ケアラーの権利獲得を目的に戦略的な活動を展開している。

「ケアラー法」の整備や、年金制度にケアラーの視点を盛り込んできた。たとえば週に20時間介護するケアラーには年金保険料納入期間が短縮されるなど、多くの権利を獲得してきている。

さて、ケアラー法に触れる前に「ケアラー」とは誰のことか？

「通常、日常的に家族や友人の生活の支援をする人で、専門的またはボランティア組織から派遣される介護人ではない」とイギリス

では定義されている。

 ## 前進した「ケアラー法（2014年法）」

　最初のケアラー法は、1995年制定の「介護者の承認（認定）とサービス法（Carers（Recognition and Service）Act）」で、ケアラーを「定期的に相当な量のケアをするすべての者」と定義し、ケアラーに新しい権利と法的地位を与えた。

　2000年の「介護者と障がい児法（The Carers and Disabled Children Act)」では、95年法の限界を強化、地方自治体にケアラー支援を行う権限が付与されている。

　2004年には「介護者機会均等法（The Carers（Equal Opportunities）Act)」が制定され、地方自治体の責務としてケアラーにアセスメントの権利を通知する義務を規定した。またケアラーの基本的権利の明記などもした。しかし地方自治体は「努力義務」なので各自治体の裁量によってケアラー支援がばらついていた。

　法律があってもケアラーたちにとっては満足のいくものではなかったという。また高齢化とともに認知症の人も増加し、介護者にとっては介護がより困難なものになり、状況が変化してきた。

　2014年のケアラー法では介護者支援が大きく前進した。

　改正の特徴は「ケアラーの法的権利」を「アセスメントとサポート」と打ち出し、法的権利が明確に規定されたことにより、ケアラーのニーズへの「アセスメントと支援」が地方自治体の責務となった。

　この改正により地方自治体はケアラー支援を「権限（power）」から「責務（Duty）」へと大きく転換した。日本流に言えば行政が「措置」をしていたことが、当事者の「権利」になったということかもしれない。

　また、非常に重要だと思うのは「ケアラーのWell-being原則」を導入したことだ。ケアラー個人のウェルビーイング（Well-being）を何よりも大切にするために地方自治体に課したのは、サービスの

計画や決定をする際の理念として「個人のウェルビーイング（Well-being）を常に念頭に置くこと」としたことである。

　「この意味は、介護者がまず一人の人間としてのライフステージのニーズやライフスタイルがしっかり認められ、優先され、「単なる介護者」として生きているのではないということ。この『個人の尊厳の確保』が素晴らしいと思う」と、自分たちの意向が実ったと語ってくれたのは、ケアラーセンターのCEOだった。

③ 「ヤングケアラー法」

　またわが国では「ヤングケアラー」の問題は、これまでほとんど取り組まれてこなかったが、イギリスではヤングケアラー支援についても先進国だ。

　今までヤングケアラーの支援サービスはあったが、さらに前進している。

　「ケアラー法（Carers Act）」と並行して、「子どもと家族法（Children ＆Family Act）」（2014年）が成立、全英ヤングケアラー連合による幅広いロビー活動などもあり、ヤングケアラー支援が法整備された。

　ヤングケアラーとは「障がいや病気、精神疾患、薬、アルコール問題などで介護を必要としている家族を見ている18歳以下の青少年」をいう。

　この法律では、ヤングケアラーにも「アセスメントの権利」が与えられた。本人や家族が請求した場合、地方自治体のソーシャルワーカーがケア能力とケアニーズのための「アセスメント」を訪問して行う。重要なのは子どもたち本人が介護者になりたいかどうかにかかわらず、「家族の誰かを世話することが適切かどうか」を判定すること。つまり不適切な介護を防止し、家族全体のファミリーニーズが満たされるように保証するしくみが作られた。

　またヤングケアラーの学業や職業など様々なトレーニング、就労、レジャーの機会、将来に対する展望を勘案しなければならないとし

ていること。

　特にヤングケアラーが16歳以上でフルタイムの教育を受けていない（学校に在学していない）場合は、介護者手当の給付や財政的支援、就労などの支援を受けられること。そのためにも「アセスメントは重要な場」としている。

　ヤングケアラー支援はわが国でも急ぎ、法制度化して取り組むべき課題だと思われる。

 ## 4　実際にケアをしているケアラーたちの反応

　ケアラーズUKによれば、2015年時でイギリスには650万人の家族介護者がおり、それは成人の8人に1人となる。

　また彼らによる「無償労働（unpaid work）」は1,190億ポンド（約2兆2,610億円〈1ポンド＝190円：2015年換算〉）にもなり、経済効果はオランダの14倍とも試算している。

　法改正については、「このケアラーたちの多くは、社会から分離されていると感じ、ストレスのサポートをされていないと感じている。この"見えない影の軍団"と評された650万人が、今回の法改正で新しい権利を与えられ、ついに社会の影から出てくることができる！と歓迎されている」と報じられている。

　あるケアラーは「私たちはこのような瞬間を長年、待っていた。それは将来のためのプラットホームを構築する素晴らしい機会であり、人生に深いインパクトを持つ」という。

　しかし一方では、「重要な一歩前進だが、それが実際に動き、地方自治体が動くには課題もある」との指摘もある。

　国は2015年4月からの改正法の実施に5,500万ポンドの予算増額をし、総額1億8,900万ポンド（約3,515億円）を組んだが、これでは当初から予算不足だという有識者の声もある。

　サットン地区のケアラーセンターを視察した際、CEO（当時）のレーチェルさんは今回の法改正に次のように述べてくれた。

　「私たちも強力なロビー活動をしたし、保健大臣もここを視察し

たり、議会の委員会のヒヤリングも受けたりして改正に力を尽くした。ポイントは法改正で社会の認識が変わり、前に進むこと。重要なのはケアラーのニーズアセスメントで、必要な支援が満たされることです。ケアラーにも新しい権利が発生したのですから」と大いに評価していた。

しかし一方で、「法改正で政府予算も拡大するが、予算組み替えなどでカットされる予算も出る」と危惧も述べていた。

⑤ わが国への示唆

さて、このケアラー法はイングランドで発効された法律だが、スコットランドでも2015年3月に「ケア法（The Cares Bill)」が議会に上程され、ケアラー支援が法整備されている。

イギリスのケアラー法やケアラーセンターの活動等からは、わが国にも介護者支援の法整備が必要だと強く実感させられる。

またいくつかの示唆も得た。

介護者支援とは単に介護サービスを提供するだけでなく、「介護者の存在が確認され、その価値が承認され、生活の質（QOL）が最大限になること」であり、介護者を支援する「ケアラーセンター」のような支援の場を当事者主体で整備するのも、「地域共生社会」だろう。

わが国にも「認知症の人と家族の会」はじめ、長い歴史のあるボランタリーな活動の場もあるが、政府がしっかり制度として支援しているわけでない。

特にヤングケアラーの発見と支援の取り組みは急がれる。

そして、介護保険制度は全国でユニバーサルな地域包括ケアシステムを構築したが、介護報酬や制度改正のたびに、その理念である「介護の社会化」が揺らぎ、再び家族介護者に委ねるような逆行も感じられ、危惧をしていることを付記しておく。

イギリス編

イギリスの高齢者住宅・ナーシングホーム

イギリスの高齢者向け住宅にはいくつかのタイプがある。入所系ではナーシングホーム、ケアホーム、住宅系ではシェルタードハウジングやアシステッドリビング（ケア付き住宅）がある。

運営から見ると地方自治体立、民間の営利・非営利、NHSのものと４類型がある。

ここでは2014年8月の視察から、医療ケアの充実している大手BUPA社のハイゲート・ナーシングホーム（The Highgate Nursing Home）と、19世紀から住宅供給で歴史と伝統のあるピーボディ・トラスト（Peabody Trust）の高齢者住宅を紹介しよう。

1 大手企業が経営する「ハイゲート・ナーシングホーム」

I）「ハイゲート・ナーシングホーム」

ロンドン市内で大手BUPA社の経営するハイゲート・ナーシングホームを視察した。BUPA社は10か所のナーシングホームからスタートした最大手で、BUPA医療保険の販売や病院もM&Aなどで経営し、全国に300以上のナーシングホームをもち、オーストラリアにも進出している。ロンドンでの視察後、2014年11月に東京で政府主催の国際会議「認知症サミット後継イベント」が開催され、10か国から約300人が集まりそれぞれの認知症国家戦略に沿って情報交換されたが、その会議にイギリスからBUPA社の幹部が参加しており、夏に訪問したと告げて話が弾んだことだった。

ロンドン・イズリントン区の閑静な住宅地にある「ハイゲート・ナーシングホーム」は200年の歴史をもつ尼僧院を改築して15年前に開設したものだった。

ハイゲート・ナーシングホーム

　煉瓦づくりの塀の中に入るとこのナーシングホームと隣にアシステッドリビングが併設されていた。

　花の咲き乱れる中庭には憩いのベンチがあり、噴水がある。庭に面した各階のバルコニーにもプランターの花が青と白のフェンスを彩り美しい。

　訪問すると案内してくれたのは、21年のキャリアをもつキャロル・クイン施設長さん（正看護師）たちと大きな黒い犬だった。

　ナーシングホームは4フロアで52人が入居。かなりの医療ケアが必要な人が入居しているのが特徴である。日本の療養病床のようだ。

　入居の他ショートステイ、レスパイトケア、緩和ケアなどのベッドもある。

キャロル・クイン施設長さん（正看護師）たちと

2) 医療ケアの必要な人の長期ケア

「ここには18歳以上の障がい者や長期医療ケアの必要な人、在宅ケアが困難な人が入居しています」

したがって「胃瘻、気管切開、人工呼吸器、意識レベルの低い人、病院のポストアキュートの人もおり、重症度が高い。最後までここで看取ることも多い」と、このナーシングホームの特徴が説明される。

スタッフは1フロアに看護師1名と介護士4名のチームで担当している。他にPTが3名いる。

地域との連携では、入居者それぞれの家庭医（GP）の往診、言語療法士、キュロポディスト（足治療士）、眼科医、歯科医、精神保健専門看護師などが随時やってくる。また終末期の緩和ケアでは地域の緩和ケアチームがケアに加わることもある。

とにかく200年の由緒ある建物で外見は美しいが、中は当時の建物の古さを忍ばせる。廊下や階段は狭く、恰幅の良いナースが器具を持って歩くとすれ違うのに、体を横に向けなければならないくらいだ。

視察中にも、狭い廊下のかたわらの机で往診に来たGPが記録を書いていた。

それでも落ち着いた雰囲気の個室には、外の木立から陽射しが柔らかくこぼれ、レースのカーテンが揺れる。

利用者の平均入居期間は12か月から18か月という。

「医療ケアが必要でも、最近は在宅生活が延長傾向なので数年にわたるような長期入居があまりなく、入居期間は短縮している。その一方で若年者の入居が増加しています」という。

濃厚な医療ケアは必要ないが、住まいが必要で入居する人もいるという。

また、ここのケアが良いので回復して退所するケースもある。

入居ルートは7割が行政の福祉窓口からの紹介で、自費の人は自分で希望して入居する。

「毎年、クリスマスに来るレスパイトの方もいるのですよ」という。

クリスマスを一人で家で過ごしたくないのだという（自殺が増えるのもクリスマスシーズンだと聞いたこともあったが）。

　入居費用を聞くと、全額自己負担の場合は週に1,680ポンドというから月では6,720ポンド（約124万円）となる。ナーシングホームのロンドンの平均は週に800ポンドだから高級有料ホームの感じでもある。52人の入居者中16人が自己負担の人だという。他の人は住んでいる行政区の社会福祉の補助を受けている。

　また若く長期ケアの必要な障がい者は、ほぼ福祉の補助金で入居できるので自己負担はない。

　「結構な負担額ですね」というと、「週に1,200ポンドが最低ラインですし、病院に長期入院すれば週に4,000ポンドかかりますからね」と、決して高いとは思わないという答えが返ってくる。

　一方で、いかにも福祉国家イギリス的だと思ったのは、高級ナーシングホームに行政の福祉補助で入居する人もいることだ。

　「何ベッドかは行政からの入居者を入れなければならない、というルールがありますので」という。

　緩和ケアもしているということなので看取りについて質問すると、「私たちは基本的には最期までここで看取ることにしている。BUPA社独自のアドバンス・ケア・プラン（ACP）があるので、その人の状態に応じて自分の最期についての事前意思表明を書いてもらっている。全員が入居時に書くということではない」と、入居者のニーズを把握した看取りケアを語る。

　「co-ordinate my care＝入居者一人ひとりの希望するケアをしっかりコーディネートする」のが、自分たちの役割だというキャロルさん。

　地域のグループ診療をしているGPたちと日頃から親しく仕事をしているので、いざという時に困ることはないという。

　またNHSの訪問看護から緩和ケア専門看護師がやってきてスタッフナースとともにケアにあたる。

　年間10〜12人がここで亡くなるが、病院に運ばずにここで看取っているという。

「ピーボディ・トラスト」の低所得者向け高齢者住宅

1）ピーボディ・トラストと高齢者住宅

　ロンドン東部のテームズ川を渡ったタワーハムレッツ区。イーストエンドの下町でアジア系住民も多いと聞く。ここで低所得者向けの高齢者住宅を視察した。

　歴史ある有名なピーボディ・トラスト（Peabody Trust）の住宅をリースして、ノッティングヒル社がケアを提供している「ケアパッケージ・システム」になっているという。

　さて、建築に詳しい人ならイギリスの「ピーボディ・トラスト」の名は、すぐにピンとくることだろう。そのピーボディ住宅にはじめて遭遇したのだが、それは学生時代の公衆衛生の愛読書の一冊だったエンゲルスの「イギリスにおける労働者階級の状態」を思い出させてくれた。

　というのもピーボディ・トラストは、エンゲルスが書いた19世紀の産業革命の時代、1862年に慈善住宅トラストとして、アメリカ人の実業家ジョージ・ピーボディによって設立された。

　エンゲルスが書いたように、1830年代にはコレラが流行した劣悪な環境のロンドンで、さらに労働者階級の人口爆発で、長屋に住む市民の住宅状況はとても劣悪だったという。その労働者の街イーストエンドに救済の住宅革命を起こしたのがピーボディ・トラストで、ピーボディ・モデル住宅として有名なのだ。

　ピーボディ・モデルとは、当時としては近代的な4〜5階のフラット（集合アパート）が中庭を囲んでスクエアに立ち並ぶスタイルだという。

　21世紀の現在もその形を踏襲している。現在、ピーボディ・トラストでは27地区の5万人に住宅を提供しているという。

　さて、ここの高齢者住宅には350人が居住しているが、シェルタード住宅「シンプトンハウス」や地域の高齢者（認知症の人も来る）のデイサービスを併設している。

2）ケア付き住宅「シンプトンハウス」

　「シンプトンハウス（Shipton House）」は、1960年代の建物をリフォームして2年前にオープンした。中庭に面したアパートはくすんでいる外壁を、青やオレンジ、グリーン、レンガ色など各階のシェードの色が明るくしていて、キッチュな感じの建物に変身している。

　各階は、外廊下に入口のある2LDKで日本でも見かける公団風のアパートメントで、ケア付き住宅なので要介護者用の室内にはいろいろ配慮がされている。

　システムキッチンは電化され、洗濯機や食洗機もビルトインされている。車いすの人でも使えるように玄関やバスルームが広いしつらえになっている。

　バスルームにはシャワー椅子が常備され、ベッドルームのベッドには褥瘡予防のエアマットが使われている。また緊急通報装置も紐を引くシステムでスタッフルームにつながる。

3）ケアパッケージの内容

　入居者は半介助程度（要介護1、2、3レベル）の60歳以上の高齢者で、重度化すればナーシングホームに移ることになる。平均年齢は80代だという。

　家賃は週に200ポンドなので月に約13万円程度となる。他にケアがパーケージで週に6.20ポンド。加えて共益費、暖房光熱費がかかる。平均して1年半くらい入居しているという。

　ケアワーカーは3シフトで24時間ケアをする。常時3人のケアワーカーとマネジャーが常駐している。

　ケア内容は投薬や食事、状態観察、着替え、掃除など身の回りの世話が主とな

ケア付き住宅「シンプトンハウス」

る。

4）デイサービス

　併設のデイサービスは、認知症のある人や半介助程度の高齢者が１日に25人〜30人が通ってくる。

　デイの条件は歩行と食事が自立していることだという。

　視察時はアフタヌーンティが終わり、皆さんが帰宅の準備をしているところだったが、認知症の人とは思えない元気印のような80代の女性たちが多かった。

　近所に住んでいるという女性は週に３回はここで友だちに会うのが楽しみだという。

　どの国も高齢女性たちは生き生きしている！

運営するノッティングヒル
社の管理者

デイケアの高齢者たちの写真

VII イギリスのホスピスと緩和ケア：終末期ケア国家戦略

1 イギリスのホスピスと終末期ケア国家戦略

　イギリスはホスピス発祥の地で、その歴史は20世紀の始まりにある。各国のホスピスはイギリスに学んで自国の医療制度に取り込んできたともいえる。

　ノースロンドン・ホスピスのコンサルタントドクターのジョアン・ブレディ医師がイギリスのホスピスの歴史を語ってくれる。

　「1900年にダブリンのカソリック教会が尼僧を4人、ロンドンに送り、スラム街の同胞の病人の世話、死に際のケアをさせたのが最初のホスピスで、それがセント・ヨゼフ・ホスピスです」

　それはアイルランドからの移民労働者が劣悪な環境と貧困にあり、本国からその救済をしたことが発端だという。アイルランドとイングランドの歴史に思いを至らせる。

　現代のホスピスは、「1967年にシシリー・ソンダース博士によるセント・クリストファー・ホスピスができ、入所から在宅ケアそして通所へと発展し、ホスピスチームが病院へも赴くことになりました」

　そして、「1987年にはパリアティブ・メディシン（緩和医療）が確立してきたのです」

　その後、終末期ケア・緩和ケアは、「独立型ホスピス」「病院の緩和ケア病棟」「在宅ケア（Hospital at Home）」「緩和ケアチーム（病院サポートチーム）」と、発展してきた。

　また、2008年には保健省が「終末期ケア戦略（End of Life Care Strategy）」を打ち立て、「日常生活を営む場所での死亡率」を増加させている。

　さて、ロンドン市の北部バーネット区にあるNorth London Hospice を訪問したのは、2014年9月のことであった。

② ノースロンドン・ホスピスを訪問して

1）ノースロンドン・ホスピス

　1992年に開設した慈善団体のホスピスで18床の典型的な独立型ホスピスだ。

　閑静な住宅地にあり、赤い瓦の屋根の瀟洒なたたずまいはホスピスには見えない。窓から見える隣は中学校。訪れた時は昼休みだったので校庭に元気な子どもたちの声がしている。良い環境だ。

　ロビーにはゆったりした椅子が置かれ、ボランティアが受付で対応している。売店やデイサービスの部屋、外来診察室（相談室）などもある。中庭は日本庭園のような雰囲気で各個室からも出入りできる。クワイエットルームは無宗教の静かな部屋で落ち着いた雰囲気だ。

　個室はベッドルームとバストイレ付、バルコニーから中庭に出られる。

　この地区も高齢化していて死亡者の3分の2以上が65歳以上の高齢者だという。年々、パリアティブ・ケアの役割が大きくなってき

ノースロンドン・ホスピス

クワイエットルーム

ノースロンドン・ホスピスのジョアン医師と看護師

ているという。

2）ホスピスと緩和ケア

　緩和ケアに情熱をもって取り組んでいる若い女医のジョアン医師のプレゼンが続く。

　「ここは18床のホスピスですが、他の病院の60床と54床の入院病棟に緩和ケアチームとして訪問、そして在宅のホスピスケアの３つを業務にしています。３つの業務全体では年間1,400人に緩和ケア

を提供している」

　「ホスピスには、年間325人の患者が入所します。平均入所期間は
２週間。退所は71％が死亡ですが、22％が自宅への退所、３％はナー
シングホームへ、４％が病院入院です」

　「入所には40人の看護師が配置されているが、３つの業務全体で
は、フルタイム換算で120人の医師、看護師、ソーシャルワーカー、
牧師、PT、OT、ST、栄養士、補助療法や麻酔医のペインコント
ロールなどのスタッフ、そしてボランティアが900人登録していま
す」

　「入所の方は80％から95％ががんの人です。がんは介入の時期が
わかりやすいが、他の疾患ではそれが難しい」

　「入所の目的は、痛みなどの症状緩和や症状マネジメント、レス
パイト、そして安らかな死です」

　入所してきた患者と、何を求めているのかを正直に、オープンに
話し合い、互いに理解し信頼をするのが大切だという。

　「また緩和ケアはチーム医療でチームアプローチです。さらにま
だ誤解されているのは、緩和ケアは治療ができなくなって死期が近
くなってから行われるのではなく、治療が始まった段階から始まる
のです。そして最終末期には家族のケアも重要になり、グリーフワ
ークを行うのです」

　「緩和ケアはスペシャリストが行うのではなく、ジェネラリスト
＝各医療従事者一人ひとりが取り組むべき医療で、そのためにはホ
スピス以外で終末期医療を行う医師や看護師のトレーニングが必要
になります」

３）在宅ホスピスケア（Hospital at Home）

　ノースロンドン・ホスピスでは「ホスピタル・アット・ホーム」
として在宅緩和ケアを、バーネット区とエンフィールド区で24時間
在宅ケア支援を行っている（現在はハーリンゲイ区を含め３つの区
に拡張しているという）。

　２つの区はそれぞれ30数万人の地区で、２つの在宅ケアチームが

担当して緩和ケアを提供している。

　前年の１年間で1,225人の患者をケアしたが、924人が新患だという。

　緩和ケア専門看護師と介護職が２人チームで、１日に４ケースを訪問する。

　毎日朝９時から17時の訪問だが、クライシスの緊急コールはホスピスのナースステーションに入る仕組みで、24時間受けている。

　「一人の患者さんにどのくらいの訪問支援をするのですか？」と聞くと、

　「平均２週間くらいですが、平均的な訪問看護は週に５回、他に本人や家族への電話フォローが16回、他の専門職との情報交換の電話が12回くらいですね」と細かく答えてくれる。

　「ケアで重要なのはどんなことでしょうか？」

　「８割ががんの患者さんですが、まず大事なのはアドバンス・ケア・プランですね。どこで死にたいか、本人の望む場所を聞くことや、それをチームで共有すること。家庭医や救急隊にもその希望を告げておく。そして在宅死の準備をしていく。そのチームミーティングを週に１回はしていくのです」

　「在宅緩和ケアの結果、56％が在宅死、24％がホスピスで、19％が病院で死を迎えています」

　全国では６割が病院死なのでこの結果は良い成績だという。政府目標も在宅死＝日常生活を営む場での死亡の増加としている。

　「また家族ケアラー支援は大切で、ビリーブメント・サポートとして死後の家族のグリーフケアを継続している」

③ 今後の課題と安楽死について

　「ホスピスと在宅緩和ケアについては理解しましたが、今後の課題というとどんなことでしょうか？」

　「イギリスの高齢化でしょう。終末期ケアはホスピスや病院だけでなく、高齢者施設や高齢者住宅等などの場が課題になってくると

思います。ここでも６つの行政区にある60のナーシングホームに終
末期ケア、緩和ケアの現任教育を行っています。現場での終末期ケ
アの改善が必要なのですが、スタッフの定着率も悪いのでなかなか
難しいことです」と語る。

　「また『Help the Hospice』という慈善団体があり、ホスピスの
運営・調整や国会へのロビー活動、調査などを行っていますが、今
後は新しい取り組みが必要になってくるでしょう」

　「ところでイギリスは、安楽死は容認していないとのことですが、
どんな議論がありますか？」

　「イギリスでも一般人からは安楽死を求める声はあります。しか
し医師や政治レベルの立法者などはナーバスになっています。問題
は簡単でないからです。全体で見れば望む人は少ないと言えるでし
ょう」とジュリアン医師は、これまでの経験から問いかけに答えて
いた。

　「"死にゆくことは自然なノーマルなプロセスである" というこ
とですね。つまり、安楽死は違法ですし、良い緩和ケアを提供すれば
安楽死は必要ないのです」

　そして、イギリスの緩和ケアの質は高いですよと自負していたの
が印象的だった。

2　ロンドンは美味しい

　イギリスと言えば「食事がまずい!」と言われた国ですが、いまやその評価も過去のもの。最近はお料理もワインもシャンパンも然り!　とても進化したものです。

　ロンドン・テームズ川の向こう側に再開発されたモダンなエリアで見つけたOxo Towerにある眺めの良いレストラン。テラスからはテームズをはさんだセントポール寺院の夜景が美しい。

　サプライズはフィレステーキが運ばれた時のこと。何とお皿の上に石炭のような色の塊でびっくり!　お店の照明が全部LEDだったのです。これもモダンなスタイル?

　ピノ・ノワールと一緒にいただいたステーキは美味でしたが、記憶に残るシーンでした。

　さて、イギリスの伝統的なファストフードといえば何といっても「フィッシュ&チップス」。昔はテイクアウトすると新聞紙に包んでくれたのを懐かしく思い出します。

　パブに行った時はまず「フィッシュ&チップス」を頼みましょう!それぞれのお店に個性があり、味くらべをすると楽しいのです。

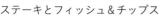
ステーキとフィッシュ&チップス

ドイツ
編

Germany

I ドイツ介護強化法：
あれから20年、ドイツ介護保険は今！

1 日本の介護保険vsドイツの介護保険

　ドイツは、人口約8,240万人の連邦共和国である。平均寿命は78.95歳（男性75.96歳、女性82.11歳）で、現在、65歳以上の高齢化率は21％（2017年）であるが、2060年は33％に上昇すると推計されている。

　ドイツの介護保険（Pflegeversicherung）は1994年5月に公布され、在宅介護サービスが1995年4月に、施設介護サービスは1996年7月からと段階的に給付が開始された。

　日本と違い、高齢者のみというように年齢で限定されたものではなく、障がいのある人も含め要介護状態の者に対して介護サービスや現金が給付される制度である。

　ドイツは基本的に「家族介護」で、それを介護保険が「自立と社会連帯」の思想で「補足的給付」するシステムである。

　さて、2000年4月から開始されたわが国の介護保険は、そのドイツの介護保険を参考にしている。

　筆者は、1994年12月に介護保険制度の骨格となる報告書を提出した厚生労働省の「高齢者介護・自立支援システム研究会」の委員として参加したことをきっかけに、2005年までの10年間、厚生労働省の介護保険の基盤をつくってきた審議会や多くの関連委員会等の委員として制度創設に、微力ながら医療専門職＆女性の立場からかかわってきた。

　「介護の社会化」や「利用者の権利性の発揮と自立支援」、「民間参入」などという福祉の革命的理念でスタートした介護保険は、リーマンショック前のあの時、創っておいて本当に良かったと今でも

思う。

　その創設時にはドイツからも有識者を招き、意見交換をしたりしていたので、95年3月末のスタート直前にはドイツに飛び、介護保険開始前夜の現場を視察した。どのように新制度に転換するのか？

　フランクフルトを始め各地で有識者や行政担当などに会い、訪れた在宅介護の現場では「来週から始まるのに！」と、戦々恐々として混乱していたが、なにも指示がないと嘆くところもあれば、すでに準備万端で制度を批判的に分析しているところもあった。そして何とかスタートした姿を見た。

　（この時、フランクフルト滞在中にオウム真理教によるサリン事件をニュースで知ったのはショックだったが、すでに"サリンか？"と報じられていた）

　それからも数回ドイツを訪れ、医療や介護の現場を見てきた。

　そのドイツでは、ここ数年にわたる専門家、政府、議会等の大プロジェクトの議論を経て、2015年から2017年にかけて大きなパラダイムシフトとなる「第1次、第2次、第3次介護強化法」が成立して、新しい仕組みで動いている。

　大改革では、介護保険の財源（保険料）を拡大して「家族介護の支援」を強化し、「新しい要介護認定基準」で軽度者や認知症高齢者に「わずかな（軽い）介護」から給付を拡大し、介護職の待遇改善と教育改革を図ったドイツ介護強化法。もともとドイツは要介護度の重い人だけへの給付だったのを軽い人にも拡大したのだ。

　その背景には認知症の増加があり、介護保険のサービスを受けられない不満や家族介護の限界があった。

　わが国の介護保険が「軽度者のサービス給付を打ち切った」のに比べ、ベクトルが真逆の大変興味深い大改革だったので、2017年に2度にわたり現場を視察した。

❷ 第1次介護強化法（2015年）

　第1次介護強化法（Pflegestärkungsgesetz：PSG Ⅰ・2015年1

月）は「在宅優先原則」で「家族介護」支援を強化している。次に
改正のポイントをみてみよう。

①介護保険料を0.3％引き上げて財源を確保し、保険給付を４％
　増加し、家族介護への現金給付額なども引き上げた。

②認知症の人が身体介護の人と同水準の給付を受けられるように
　なった。

③給付に柔軟性をもたせ、使い勝手を良くした。特に「負担軽減
　給付」など。

④身体障がい者の家族も負担軽減給付を受けられるようになった。

⑤介護家族が介護の準備に10日間の労働免除、その間の賃金を受
　け取ることができるようにした。

⑥介護施設における追加的補助スタッフ（アクティビティなどの）
　の比率が１対20に改善。

⑦介護準備基金の導入。介護保険を長期的に持続させるための財
　源として、0.1％分を積み立てた。これはベビーブーマー世代
　の要介護リスクが高まる2030年以降に備えたもので世代間公平
　のためともいわれている。

③ 第２次介護強化法（2017年）

　2017年１月からの第２次介護強化法（Pflegestärkungsgesetz Ⅱ：
PSG Ⅱ・2017年１月）では要介護概念の変更など大きな制度改革
がされた。最大の特徴は、介護コンセプトを「自立性の維持と強化」
とし、「新しいモジュールによる要介護認定基準」に転換し、「わず
かな介護」と称される「軽度者から給付」をしたことである。

　スタート時から３段階（要介護３、４、５レベル）だった要介護
度を５段階にきめ細かくし拡充した。これにより約50万人が新規に
認定されているという。

１）「新しい要介護認定基準」

　従来の「介助にかかる時間」で認定したのに代わり、新しい要介

護認定のモジュールは、「6分野における自立性・能力」が測定され、総合的に評価される。

これは新しい介護概念としてドイツ介護保険のマイルストーンになると評されている。

次の6分野で評価して認定する。

---

i　モビリティー・身体の可動性
ii　認知・コミュニケーション能力
iii　行動と精神心理的な問題
iv　日常生活動作における自立性
v　病気や医療的処置等の自己対処能力や負担（薬の服用、傷の手当など）
vi　日常生活及び社会とのコンタクトの形成

それぞれの分野の評点に重みづけがされ、認知症のある人も含めすべての要介護者にとって公平なシステムになったという。要介護度の呼称も従来の「介護段階（Pflegestufe）」から「介護度（Pflegegrad）」に改正され、介護度別の給付額も引き上げられた。

2）在宅・家族介護の支援強化

ドイツでは在宅でケアされる人が7割で、家族への「現金給付」が特徴だが、制度開始当初は7〜8割の人が現金給付を受けていたが、最近では5割に減じている。女性の就業率が7割と高くなっていることもあって、入所ニーズも高まっているという。

加えて在宅で介護する家族介護者の負担感の大きさは、ドイツでも大きな課題となっているので、改革では家族支援も強化した。

介護保険財源から拠出される社会保険料に係る支援額の増強、負担軽減手当や追加的世話給付、給付の柔軟化で使い勝手を良くした。

3）入所施設の改革
①介護ホームなど施設入所の自己負担額の定額化

従来は要介護度が上がると自己負担額も高くなっていたが、上限額を設定した。自己負担の上限額は2017年の全国平均で月額約580ユーロ（約75,000円）とされている。なお、入居時の食費、居住費、投資費（investments）は自費払いである。

②介護施設の人員配置基準を改善

ケアスタッフ一人あたりの担当人数を少なくし、またアクティビティ・スタッフを配置した。

③「追加的世話」の義務化

追加的世話とは介護の枠内では対応しきれない読書、散歩、文化的催し等への付き添い、活性化、人間的な交流等を指す。

④クオリティの確保と監査

施設でのクオリティ・マネジャーの配置や、ケア体制を「個室ユニットケア」として8人くらいの高齢者を2人のケアスタッフで担当するアットホームなケアを標準化した。また全室個室化も促進している。

4）自治体への支援策

介護金庫は、郡または郡独立市に対し、年間2万ユーロを上限に助成ができることとされた。自治体では新しい取り組みとして、「介護支援センター」を設置してケアマネジャーを配置するところも出てきている。これは日本の「地域包括ケアシステム」を参考に導入したものと言われている。

④ 第3次介護強化法（2017年）

第2次と同時並行して施行されたのが、第3次強化法（Pflegestärkungsgesetz：PSG Ⅲ・2017年1月）で、これで大改革の完了となった。

自治体の役割の強化（自治体が介護金庫の連携強化でサービス提供に影響力をもつ）や、州および郡レベルで医療機関、疾病金庫、利用者代表等の委員会を設置し、介護インフラ整備と質改善を向上

するシステムなどが柱となっている。

 まとめ

　第1次、第2次、第3次にわたる介護強化法で質量とも包括的に改革したことは、「あらゆる人が自立を維持し、死に際しても尊厳を守る」というコンセプトとともに、マイルストーンになったと政府関係者は評している。

　この介護保険の改革への国民の反応は「77％の国民が改革は正しい方向への一歩と判断している」（2015年秋の世論調査・連邦保健省）とされている。

　ドイツ連邦政府の2大政党と連立政権の中でも、介護保険制度は幅広い合意があり、政争の具にしてこなかったことが成果を産んでいるとも評されている。

参考文献：
・第5回日独高齢化シンポジウム，テーマ「高齢者を支える仕組みづくり」，January 23-24 2017, Tokyo, Japan.
・Germany's Long Term Care Strengthening Acts
　http//www.bundesgeundheitsministriu
・Grohe;More assistance for persons in need of long-term care and their relatives
　http//www.bundesgeundheitsministriu
・Federal Minister of Health Grohe; "We have put together a good package of benefits for persons with care needs and their family caregivers"
　http//www.bundesgeundheitsministriu
・First WHO Ministerial Conference in Global Action Against Dementia
　http//www.bundesgeundheitsministriu
・在日本ドイツ連邦共和国大使館（東京）での担当参事官へのヒヤリング.
・現地での各訪問先での提供資料による.

ドイツ編

II 高齢者施設ケアの進化と競争

 介護強化法で変わる施設ケアと人材確保

　ドイツの高齢者施設には、高齢者居住ホーム（高齢者住宅）、高齢者ホーム（ケア付き住宅）、長期介護ホーム（日本の特養・約8,000か所）などがあり、要介護度に応じて施設内のユニットが整備されている。

　認知症に特化した施設の数は少ないが、施設内で認知症専門ユニットを併設したり、認知症緩和ケアなども行われている。グループホームは少ない。

　また、緩和ケアユニット（ホスピス）をもっている施設もある。

　さて、介護強化法で施設にはどんな変化がみられたのだろうか。今回の視察の目的はそこにあった。

　介護強化法では、①介護施設の人員配置基準を改善したり、②追加的世話（文化や人間的交流の活性化等）の義務化や、③介護事業者の質の確保、評価制度を進化させた。

　こうした改革を受けて現場では、

　①介護コンセプトを変更し「予防とリハビリ、アクティビティの強化、補助器具の活用」などを推進、②「品質管理担当者・クオリティ・マネジャー」を配置、日常ケアの質・施設環境整備・スタッフの労働時間など、品質管理を強化、③記録と保管、④人事評価、⑤相談事業の強化——などが進んでいる。

　また規模の大きい施設でも「8人の入居者に2人の担当スタッフによる個室・ユニットケア」を標準にして、訪問した古い施設では改築後、2人部屋を全室一人部屋にしてクオリティを上げていた。

　また介護強化法を受けて介護報酬もアップしたので、待遇改善を

96

して人材確保も前進したと聞いた。

　日本同様、ドイツでも介護人材の確保は大きな課題だが、保険料引き上げで介護保険の給付額は毎年約50億ユーロ（約6,600億円）を増額（これは1995年以来、最大規模）、全体で4％のアップで雇用促進と労働条件改善が進み、2年間で2万8千人のスタッフが増加したとされている。

　現場のヒヤリングでは「改革は事業者にもポリシーや方針転換を迫ったが、給付額アップで労働力確保がされ、勤務も楽になり、給与アップにもなった。雇用もドイツ経済の牽引力の自動車産業80万人より多い、120万人の介護従事者にはもっと追い風でも良いと思う」と話すのは、介護専門学校を併設する高齢者施設フーフェランドハウス（フランクフルト）のフェルナー施設長さんだった。

　さて、数か所の視察からフランクフルトとベルリンの2つの高齢者施設を紹介しよう。

② フーフェランドハウス
高齢者・障がい者・多機能複合施設／フランクフルト

　2017年秋、フランクフルト市内にある有名な多機能複合施設フーフェランドハウス（HUFELAND HAUS）を訪問する。小高い丘の自然豊かな環境の中にいくつかの棟が建てられている。

　施設の案内をしてくれたのは施設長のマルクス・フェルナー氏。彼に会うのは2度目になる。この施設で18年のキャリアで指導力もあり、市の介護保険関係の委員会の委員も務める。

　余談だが施設内のレストランで一緒にランチを頂いた時、私が黒パンのサンドイッチとコーヒーなのに彼は野菜のサラダボールだけ！　「えっ？それだけですか？」と笑うと、「ダイエット中なんで」と肩をすくめたのが、がっちりした体躯に似合わず何ともかわいらしく見えた。

　さて、フーフェランドハウスはプロテスタント教会の事業として1850年に創設され、170年近い歴史のある施設である。玄関を入る

フーフェランドハウス（HUFELAND HAUS）　施設長のマルクス・フェルナー氏

とロビーには、18世紀の著名な医師フーフェランドの素敵な肖像画が飾られている。ゲーテと同時代に活躍した医師で、薬学や健康をテーマに老人医学を手掛けていたという。

　第二次大戦後の1964年に施設を拡充して、老人・障がい者・精神・低所得者・独居の人等が共同生活をする施設となった。

　70年代にはケアモデルの挑戦をして、老人や障がい者、精神の人のケア方法論を開発してきたという実績がある。先駆的にデイケアを始めたのも73年だという。

　また97年にはリハビリテーション医療、検査等も強化した。現在は、入所施設（330人の高齢者と障がい者が居住）に加えて、在宅ケア、通所リハビリテーション、デイケア、ショートステイなどのサービスを提供し、さらに保育園と介護士専門学校を併設している大型の複合施設となっている。

　施設内のプールやレストランは地域の人たちも使っている。職員総数は230人、サービス利用者は全体で500人となっている。娯楽ルームには地元サッカーチームのユニフォームが飾られ、飲酒もOKのカウンターがあり、試合の日は入居者たちが互いの贔屓のチームの勝敗に一喜一憂する。シーズンにはサッカーチームから試合の招待状も来るという。サッカーに熱狂するドイツ国民の横顔をみる。

１）多機能複合施設の全体像
①サービス付き高齢者住宅

サービス付き高齢者住宅には130人が入居している。53人（常勤換算）の職員でケアをする。連邦政府は基本的に１人部屋（またはカップル部屋）としているので、個室は16㎡〜20㎡の広さでバス・トイレ付きになっている。

入居費用は介護保険の適応となるが70％が自己負担となる。平均１日100ユーロで月3,000ユーロ〜4,000ユーロ。医療とリハビリは疾病金庫からの給付になる。

平均入居は５〜６年だという。今はさらにもう１棟を建設中。

②障がい者住宅

18歳から65歳までの27人が入居、20人のスタッフでケアする。

「ここは単にリハビリ施設ではなく、以前の自分の生活を取り戻すケアの場になっている。目標は退所して在宅へ帰ることです」とフェルナー施設長。

③機能訓練セラピーセンター

入所と在宅の双方のリハビリを実施している。

アクティビティや工房のような作業療法室や、機能回復訓練室が充実していて、別棟にはプールがあり地域に開放していた。

PTがエルゴセラピーなどリハ治療をし、運動機能の改善を図る訓練をするが、同時に「運動機能の回復で薬を減らす方向に向ける。疾病金庫は薬の低減を目標にしている」という。

日本でも高齢者の多剤投与と減薬がターゲットにされているが、こうしたリハビリ場面でも「減薬」を明確な目標にするということに示唆を得た。

④在宅サービスとショートステイ

訪問介護は90人〜100人の利用者に提供、ホームヘルプの担当スタッフは13人。駐車場には訪問用の可愛い小型車が何台も停めてあった。

「政府の中には施設入所よりは通所の方が良いという意見もあるが、在宅生活継続をベターにするには、リハビリでの自立支援と在宅の環境を整えることが必要になる」と。

外来通所リハに力を入れていて、ショートステイも併設している。

⑤デイケア

　移送サービス付きのデイケアには35人が対応でき、毎日15〜20人がやってくる。認知症の人も多いという。

⑥ケータリング（配食サービス）

　地域の高齢者世帯の60世帯と施設内の高齢者住宅42室に食事のケータリングをしている。

⑦保育園

　職員の子どもと地域の子どもを預かる。48人定員。

⑧介護専門学校

　老人介護士の専門学校で3年制の定員140名、市内の14の施設からも通学している。ドイツはデュアルシステム教育で座学と実践（実習）の並行システムなので、教科の座学はこの専門学校で学び、自施設での勤務が実習としてカウントされる。

　また、近隣にある60校の学生実習の場としても受け入れている。

2）介護強化法の評価

　介護強化法で現場がどのように変化しているのか、フェルナーさんとディスカッションした。

　「介護保険は政策的にも難しいテーマで、たとえば2007年には今年は“介護年”だと言っていた大臣は法改正できなかった。その後も議論が続き、連立政権で4年かかって今回の改正になった。結果的には良かったと思う」とまず述べる。

　ドイツの介護保険は介護する家族に現金給付をしているのが特徴の一つだ。

　「現金給付は当初は7〜8割の人が受けていたが、それは女性への“介護をしろ”という圧力でもあったし、介護保険は家族介護の補足給付的だから在宅で介護する家族の負担は大きかった」という。

　政府の政策は在宅介護推進なので、人口74万人のフランクフルトでも在宅事業所（ゾチアルスタチオン）が、当初の20か所から今は180か所まで増えている。

　今回の介護保険の改正では、認知症の人の要介護度が低く出て介

護保険のサービスが使えなかったという声を受けて、要介護認定を変更し、軽度者（要介護1、2）にもサービス給付を拡大した。

「軽度の段階から認定するので、予防を重視ということになる。間口を広げても、それは結果的に重度化しないで済むため費用抑制になるので、保険者にも家族にもメリットがあったと思う」と彼は評価した。

「改正は事業者にケアの方針転換を迫ったので、施設の運営にはいろいろ変化があったが、施設給付費が上がったので収入増で労働力確保になっている。ケアワーカーの給料アップにつながり、働く側にとっても楽になったと思う」と前向きの評価をしていた。

③ エバンゲリッシュ高齢者住宅アルベシュトラッセ ／ベルリン

晩秋のベルリンの朝は日の出が遅く寒い。視察に出かける時間になってようやく日が明るくなる感じで、午後3時過ぎには夕暮れが迫る。

2017年11月、ベルリンを訪れたのは、ベルリンの壁が崩壊して28年目の11月9日のことであった。テレビは朝から特別番組を組み、この日は記念行事もあるようだ。

そのベルリンの静かな住宅街、高級感のあるアパートメントが連なる一角に、この日の視察先のエバンゲリッシュ高齢者住宅アルベシュトラッセ（Evangelishes Seniorenhaim Albestrasse）があった。建物の壁の表札版がなければ高級アパートメントだと思うだろう。

玄関を入ると猫が迎えてくれ、高齢者住宅らしく入居者各自の郵便受けが並んでいる。

ゆったりした庭もある敷地なので質問すると、ベルリン市の小学校跡地を借地して1986年に開設したという。

介護部門責任者のジェシカ・クルーガーさんとクオリティ・マネジャーのシューネさんが案内をしてくれる。

5階建ての建物はいくつかのユニットが複合した施設になってい

エバンゲリッシュ高齢者住宅アルベシュトラッセ

介護部門責任者のジェシカ・クルーガーさんとクオリティ・マネジャーのシューネさん

　る。108室の高齢者アパート、ケア付き住宅、長期療養（特養）ユニット、そして認知症ユニットと分かれているが、認知症の人を優先的に受け入れている。平均年齢も81歳と高い。

　各部屋は19〜23㎡で、リビングとベッドルーム、キッチン、トイレとシャワー室、バルコニー付となっている。

　現在は大改修中で、２人部屋は１人部屋にして完全個室にするのだという。これを機に、８人の入居者に２人の担当者で看る「個室・ユニットケア」をするという。これも強化法のトレンドだった。

Ⅰ）ケア方針の転換とクオリティマネジメント

　「最近の認知症などのケアニーズの変化にあわせ、安全な環境で愛情あるケアを入居者一人ひとりにあわせて取り組んできた」と特徴を話すクルーガーさん。

　「今回の介護強化法を受けて現場ではどんなことが変わりましたか？」

　「まず介護コンセプトを変更しました。１つ目は予防とリハビリ、アクティビィティを強化したことです」

　「認知症の人も様々な可能性をもっているので、日中のアクティビティ・プログラムを充実させることで高齢者たちの楽しみも増え、生活の質も上がる。また昼間の活動性が高まるので夜はぐっすり寝るので夜勤の介護も楽になる」と昼間のアクティビティの有効性を

語ってくれる。

「さらに補助器具の活用などを推進しました」と話すシューネさんは、品質管理担当者クオリティ・マネジャーだ

「私の方では、日常ケアの質や施設環境整備の状況、スタッフの労働時間管理など、品質管理を強化しました」という。

また記録と保管の見直しや、人事評価、外部からの相談事業の強化などをしたという。これも強化法で推進されている。

2）選ばれる施設間の競争

「ウチは1部屋に200倍の入居希望者があるくらい評判がいいが、大都市のベルリンでは施設間の競争も激しいのです」

首都ベルリンの人口は約360万人だ。

「改革ではクオリティ・マネジャーの配置が強化され、厳しいレギュレーションや監査になりました」

その表れか、玄関を入った人目につく廊下の壁には監督官庁からの品質評価のランクづけ認証表が飾られていた。外来者にもこの施設の評価点数が一目でわかる。

「ウチはいつも最高点を獲得しているのです」とシューネさんが自慢げにいう。

「エバンゲリッシュ財団では、独自のレギュレーションや品質評価基準があり、法人の全国バージョンで常に評価が実施されています。そして成績は法人の他施設とも比較されるので」とベンチマークの重要性を語る。

3）在宅は強化されたがまだ不十分

新法の評価については、「在宅重視で給付は手厚くなったが、その政府の意図がまだ達成されていない。だって介護保険からの在宅サービスの給付は24時間ケアではないでしょう？　家で看るのには限界点がある」。と若干、否定的に現状を話すクルーガーさん。だから施設入所にはウェイティングリストも多い。

「最後は施設となるが、今回の改正で入居費用が要介護度に係ら

音楽療法を楽しむ入居者たち

施設内のショップを経営する90歳の女性

ず自己負担額が統一されたので、高齢者に安心感が生まれて、これは良かったと思う」

　今までは介護度が重くなると入居費用もスライドして高くなる仕組みだったので高齢者の安心感が出たと、自己負担の上限設定を評価する。

　「施設は在宅で看ていて最後の最後に入るので高齢化、重度化し、入居期間も短期化してきている」

　１年間で７割の入居者が入れ替わるという回転率が早いのも、日本との違いだ。

　「あまりに高度な医療ニーズの人は、現在は入居させていないが、医療ニーズも高まってきているので、将来的にはここにホスピス棟も必要かと考えている」とはクルーガーさん。

　また、興味を引いたのは１階の小さなショップ。かつてこの近所で長年商店をやっていた入居者が開店しているという。彼女は90歳になるというが凛として店に立つ姿は10歳若い。まさに自立支援の姿を見た。

ドイツ編

Ⅲ 在宅ケア・訪問看護介護 —伝統のゾチアルスタチオン—

① ゾチアルスタチオン「ベルグの友人　アムライム＆トルーデリング」／ミュンヘン

　ドイツにおける在宅ケア・訪問看護介護は、ゾチアルスタチオン（Sozialstation／ソーシャルステーション）と呼ばれる在宅ケア事業所が担っている。

　ゾチアルスタチオンは1970年代から、地域で在宅の高齢者や傷病者の訪問看護や介護・家事援助を提供するなど活動の歴史は古い。訪問看護は医療保険（疾病金庫）から、介護は介護保険からの保険給付となる。

　ゾチアルスタチオンの提供主体は、非営利のカリタス連合、ディアコニー奉仕団、パリティッシェ福祉団、労働者福祉団、ドイツ赤十字社、ユダヤ中央福祉会など6団体と、営利民間事業者が参入している。

　2017年夏、雨上がりの午後。ミュンヘン市内で、公営団地に併設している大型のゾチアルスタチオン「ベルグの友人　アムライム＆トルーデリング」（Sozialstation Berg am Laim und Trudering）を視察した。

　日本流にいえば、公営かURのような大型団地の1

ゾチアルスタチオン「ベルグの友人」

階に訪問看護と介護ステーションが併設され、敷地にある別棟の集会場にランチ会やデイケア、居場所づくりがされているといった感じだろうか。

「Hand in Hand　目線をあわせ　手と手をつなぐ」をキャッチフレーズに、握手した手をロゴにするこの事業所は、1970年創立のバイエル州で一番古い老舗で、最大規模のゾチアルスタチオンである。

1）ゾチアルスタチオン「ベルグの友人」の歴史

「このお二人が私たちの創始者です」とスライドで、二人の修道女が紹介される。

1970年にボランティアで二人の修道女が訪問ケアと配食サービスを始めたのは、わずか12㎡の小さな事務所からだった。

これがドイツのゾチアルスタチオンの始まりになる。

「この活動を世に紹介した人物、ドイツ北部の政治家の名をとって"ガイスラーモデル"と呼ばれたのが在宅ケアモデルです。これを議会ではすべての政党が支持し、連邦政府が制度化したのです」と、財団の常務理事で財務担当のゲルハルト・クルーグさんが、まずゾチアルスタチオンの歴史からプレゼンを始める。

カソリック教団のもと、「看護と社会サービス協会」として組織化した。

「ゾチアルスタチオンは時代とともに拡大してきました。1974年

「ベルグの友人」の創設者の二人の尼僧

常務理事のゲルハルト・クルーグさんとソーシャルワーカーのグラスさん

には15人のスタッフに、1980年には50人のスタッフに増え、また訪問する地域も拡大し、現在、約50年目を迎えている」と、半世紀の道のりが説明される。

現在は非営利組織の財団として、人口145万のミュンヘン市25区のうち４つの区を担当するゾチアルスタチオンと、市内30か所の老人サービスセンター（シニアセンター）、高齢者住宅、認知症グループ、隣人サロン等を運営している。

運営の財政は会員制で、会員は年会費36ユーロを支払う。現在会員は2,000人、うち1,000人は介護保険の利用者だという。寄付金、補助金などで成り立っている。

２）ゾチアルスタチオンの業務

ゾチアルスタチオンの業務について、常務理事でソーシャルワーカーのグラスさんが実務のプレゼンを始める。

「現在スタッフは68人で、７割が看護師、介護職が３割となっている。利用者232人を在宅でケアしているが、認知症の人もいます」

朝６時30分から23時までが業務時間で２交代制をとっている。スタッフは１日に３件から５件を訪問、週39時間勤務だという。

「要介護度でみると、中等度の要介護３が60％、要介護４が20％、最重度の要介護５は３〜４％くらいになっている。在宅で死を看取ることもあります」

「また高齢者の介護相談事業部には１日に約30人が相談を寄せている。電話相談も重要です」と、ニーズの早期発見をいう。

「政府の方針が“できる限り長く在宅で”ということで、施設入所は減少傾向なのでゾチアルスタチオンは多忙になっている」とグラスさん。

地域の連携先は病院をはじめGPのクリニック、薬局、補助器具、リハビリセンター、疾病金庫、ホスピス、家族介護者支援グループなど多岐にわたるという。特に認知症ではアルツハイマー協会の家族会との連携も欠かせない。

「収入の50〜60％は介護報酬からです。20％が医療保険から、残

り10〜20％がプライベート保険からとミュンヘン市の社会福祉サービスからとなります」

3）介護強化法の評価

「介護強化法についてはどのような評価をしていますか？」

「保険料アップで介護保険財政が良くなり、経営的にも潤いになっている」

「要介護度の新認定で認知症に給付拡大したのは良かった。デイケアも充実など、スタッフにも家族にもメリットは大きいと思う。事業者としてもケア担当者のケアにゆとりができて良かったが、収入的にはまだ変化はない」

「介護度1の軽度の人にはメリットが大きかった」と、軽い人たちの"ちょっとした家事援助"が在宅継続には重要と指摘する。

「デイサービスの充実は、家族介護者にはメリットが大きい。短時間の訪問看護だけだと十分なケアができない人もいる。長時間のデイケアも必要なので」と特に認知症の人のデイサービスの拡充はメリットがあると。

4）課題は人材不足

現場の実践者から見るといまのドイツの高齢者介護にはどんな意見があるのだろうか？　ドイツでも介護業界は成長市場だ。

クルークさんとグラスさんの二人に、何が課題か、うまくいっていることは何かを聞く。

「まず挑戦しなければならない課題は？」と聞くと、

「介護人材でしょうね」と、答えはやはり人材確保になる。

「ドイツには要介護の高齢者が200万人から250万人いると言われている。高齢者はできる限り長く在宅で暮らし、施設入所は減らしたいと政府が考えている」とクルーグさん。

そのためには、「在宅のゾチアルスタチオンに有能な看護師・介護士をいかに集めるか？が課題ですが、たいへん人材不足です」とグラスさん。

「毎年6〜7％増の介護人材が必要とされているが、介護事業の民間会社が増え、競争になっている」、しかもケアの質と価格競争が問題だという。

　介護人材不足には「介護職には東ヨーロッパからの低賃金労働者もいるが、ケアの質が課題です」という。

5）看護介護職の教育のトレンド

　また在宅の看護介護スタッフの教育のトレンドにも触れられた。

　常務理事のグラスさんがレクをしてくれたのは、介護職の教育のレベルアップを図ったことであった。最近の法改正での看護師と老人介護士の教育統合と、アカデミックな大学教育などに発展してきたことを述べた。

　「専門職としてアカデミックな看護の大学教育が始まっていること。座学と実習を充実させ、特に小児、成人、老年と看護師は専門領域でコースを取るが、在宅では専門性の高いジェネラリストが必要です」

　「専門職集団として全国16州に州の看護協会があること」も力になる。

　ドイツでは、日本が介護福祉士誕生の見本にした老人介護士も看護の資格なので、看護協会の会員なのが日本とまったく違う。

　「またデジタル・ICT・モバイルが進化しつつある」と、在宅での最近のトレンドを説明してくれた。

　熱心に説明してくれたお二人とのディスカッションは濃密で、実り多い時間となったが、話はなかなか尽きない。

　会議室の椅子を立ってゾチアルスタチオンのオフィスをラウンドした時には、もう訪問看護スタッフは誰もおらず、帰宅した後だった。

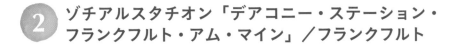

2 ゾチアルスタチオン「デアコニー・ステーション・フランクフルト・アム・マイン」／フランクフルト

　フランクフルト市で老舗のゾチアルスタチオン「デアコニー・ステーション・フランクフルト・アム・マイン（DiakonieStation Frankfurt am Main）」を視察した。ヘルムート・ウルリッヒ代表と看護部門チーフのグライナーさんが案内してくれた。

1）デアコニー・ステーションの歴史

　デアコニー・ステーション・フランクフルトは歴史が長く、19世紀末から20世紀にかけて、キリスト教エバンゲリッシュ派の修道女たちによる医療・看護を提供したのが発祥という。

　1970年代になり看護師等が教会からのボランティアで訪問看護・介護を提供していたが、1995年の介護保険スタートで環境が大きく変化し、98年には教会組織から非営利の有限会社に改編して事業を継続している。

　ヘッセン州とナッサウの57の教区の教会との連携による社会福祉事業を担っている。

　「デアコニーの精神は隣人愛ですので、『隣人への奉仕』として在宅ケア、看護介護を行っている。キリスト教の地域活動の重要な仕事と位置付けている。昔は修道女がそれを担っていたのです」とヘルムート代表が説明してくれる。

　現在は、複数のゾチアルスタチオンと高齢者住宅の2つの拠点をもち、認知症のグループホームも運営している。

2）介護保険の動きと連動した経営戦略と業務改革

　「長い歴史もありますが、ドイツも高齢化や介護保険による在宅の看護介護も変化が大きかったので、ゾチアルスタチオンもいくつかの戦略的取り組みをしてきた」という。

　「1995年の介護保険スタート後は、民間非営利組織（有限会社）

ゾチアルスタチオン「デアコニー・ステー
ション・フランクフルト・アム・マイン

代表のヘルムートさんと看護部門チーフ
のグライナーさん

としてゾチアルスタチオンを運営しているが、2000年以降は、ゾチ
アルスタチオンの統廃合や在宅のコアビジネスに集中しようと業務
を見直した」とヘルムートさん。

　つまり、介護保険での業界の競争に対応して拠点の統廃合やコス
ト管理、経費削減、人件費も見直しなどをし、「在宅ケアに専門特
化する集中と選択」をしたということで、障がい者の移動支援の配
車のサービスなどはやめることにしたのだという。

　「2004年の組織の再編では、11か所のゾチアルスタチオンを6か
所に統合し、規模も拡大した」

　「合併で建物費・家賃を削減し、また管理部門のスタッフを縮小
し、また在宅ケアへの依頼ケースを次のように差別化した」という。

　それは専門的看護の必要なケースだけを訪問し、家事援助や生活
介護だけのケースは「デアコニー介護サービス」へ回す。専門職に
よる創傷ケア（WOC創傷・オストミーナースなど）や専門的助言
の必要なケースや一般的看護・認知症・精神疾患・疾病相談などに
集中した。

　話を聞いていて私には状況がよく理解できた。組織をスリムにし
て無駄を省き、やるべき看護に集中する。

　日本でも訪問看護師が、ヘルパーの支援で良いようなケースに
延々と訪問を継続していたこともある。

　訪問看護ステーションでも看護に特化、専門性をもった差別化は

必要になる。そして規模の拡大も要諦で在宅ケアを効果的に効率的に発揮できる。

さらに、構造改革で飛躍的に発展したのがモバイルシステムだという。フランクフルトの中でもいち早く導入した。

「2005年には、スマートフォンを使ったモバイル・ICTによるデータや情報共有を整備したが、これはフランクフルトでも先駆的でした。スタッフはデータを転送して共有でき、訪問は直帰でき業務時間も節約できた」

「日本は技術的に進んでいるので、こんなことは新しくないかもしれないが、当時それを導入したのはウチだけでした」と言われてちょっと恥ずかしい気がした。日本の在宅現場や訪問看護ステーションではいまだにモバイルやクラウドが進んでいないからだ。

「今回の法改正で介護保険の報酬の請求システムが、これまでの『介護にかかわった時間単位（たとえば入浴の世話を何分とか）』から『サービスパフォーマンス（行為）の複合』に変更になった」ので、看護・介護サービスのパフォーマンスを上げる必要もあったということだ。

3）訪問看護の実際

デアコニーの2016年の実績は、1日の平均利用者が350人、スタッフ84人（うち44人が看護師）の大規模事業所である。年間の訪問件数は90,000件となっている。

前述のように組織も業務も見直しした後は事業所の特徴が出てきたと説明された。

業務内容の特徴では、①在宅看護に集中、②創傷ケアのケースが多いこと、③認知症や老年精神科疾患のケース、④家族の相談支援、⑤独居高齢者にフォーカス、⑥ケア継続の地域連携強化——をした。

4）訪問介護サービス

介護サービスも評判がいいという。

「高齢者にとっては、"敷居が低いお世話"というちょっとした生

活援助が使い勝手が良いのです」とグレーナーさん。

　介護サービスのメインは家事援助だが、孤立防止に「社会的世話」も欠かせない。通院介助や新聞や本の読み上げ、レクリエーション、そしてコミュニケーションで高齢者の孤独を癒したりする。

　さらに現金給付を受けている家族支援の訪問相談もする。

5）先駆的なプロジェクトなどの取り組み

　通常業務に加えて各種プロジェクトに先駆的に取り組んでいる。

①ケア継続連携プロジェクト

　これは「退院調整」「退院後継続管理」などの「ケア連携」プロジェクトで、フランクフルト市と周辺の10か所のデアコニーステーションのジョイントベンチャーで実施している。

　「このケア連携PiAは在宅から入院、入院から退院を一貫して継続管理するもので、他の事業者に患者が行くのを阻止する一面もあるのです」と説明される。

　「受け持ち患者が入院すれば担当ナースが患者のところに行って退院支援をします」。これはなかなか効果的だという。

②認知症と精神疾患の人の包括的マネジメント

　これもフランクフルト市の資金によるプロジェクトで、認知症の人と精神疾患の在宅ケアの充実を目的にしている。

　認知症や精神疾患で療養している人とその家族への包括的なアドバイスとサポートを主眼にしている。

③創傷ケアプロジェクト

　フランクフルト市からの助成金をもらって創傷ケアに重点的にプロジェクトで取り組んでいる。チームには認定創傷ケア専門看護師がおり、処置の方法等を現場で指導する。また慢性的な創傷の患者には社会心理的なケアも行う。

④老後の孤独への挑戦

　コミュニティにおける孤独や孤立する高齢者等に対するの取り組みで、マーカス病院とベタニア病院とのケア連携で実施している。

　「これは地域の高齢者介護から必要性が上がってきたコミュニテ

ィ・ベンチャーです」という。

⑤質の管理と評価

「うちのステーションは専門性の高い仕事をしています。MDK（疾病金庫）からの評価も高い。私たちは全人的ケアをポリシーにしていますし、ニーズがあれば他のサービスも開発する。DIN ISO9000も取りましたし、またスタッフの労務管理もしっかりしています」と誇るグライナーさん。

6）介護強化法による変化を聞く

さて、デアコニーのゾチアルスタチオンでは介護強化法にどんな取り組みで対応し、今はなにが課題なのか？

「問題は人材不足ですね」。どこの事業所でも、まずそれが開口一番で、ドイツの社会問題でもある。

在宅介護では、家族介護者が現金給付を受けて、東ヨーロッパ等からの外国人介護ワーカーを住み込みで雇う家もあり、そのケアワーカーは10万人とも30万人とも言われているが、数字は表面には出てこないという。それにまつわる課題も指摘されている。

介護強化法への評価を聞くと、

「もっと期待していたが思ったほどではなかった。また事業所としては、強化法でこれまでの非営利事業者も民間事業者も横並びになったので、大改革に備えた準備をもっとしておくべくだった」と、経営的な戦略不足を振り返るのは経営者のヘルムートさんだ。

そして「生活費の高いフランクフルトでは、サービス給付が増えても高齢者はこれまで以上にサービスをあまり使わないと思う。けれど、これまで細切れで時間に追われていたホームヘルプも、追加的手当（125ユーロ）で家事がゆっくりできるようになった。ちょっとした身の回りの世話は重要です！」と軽度者への拡大のメリットを強調していた。

しかし、介護保険下でもお金に換えられないケアもある。

「私たちは時間を利用者に奉仕しているのです。疾病金庫の介護報酬の時間の枠をはずれてもケアしている」と、カソリック・デア

コニーの精神が貫かれていることをしっかり告げる二人だった。

　期せずして猛暑となったこの日のフランクフルトだったが、この古い建物の会議室にはエアコンがない。
　ヘルムートさんが扇風機を回してくれたが、ドイツのゾチアルスタチオンの取り組みに、熱気に満ちた時間となった。

ドイツ編

IV ドイツの緩和ケアと看取り ―病院の緩和ケアセンターと 独立型ホスピス―

バイエルン州ミュンヘン市。街中にあるニンフェンブルク城を早朝の朝日に輝く静かな時間に散策した。

17世紀に建てられて300年経つ王家の夏の離宮。

当時の栄華をそのまま今も誇るように美しいが、華美ではない。池の向こうにバロック調のクリーム色の外観、よく手入れされた広大な庭。中に入ると豪華絢爛な天上画のある大広間、膨大な数の名画や美術品、調度品に目を奪われる。

敷地内にはいくつかの博物館があり、いずれも見ごたえがある。どうして朝の散策かと言えば、このお城の森に隣接するのが、この日の視察先だったのだ。

城の奥の門を出て森の砂利道をしばし歩くと、隣接するバルマージーゲ・ビュルダー病院の塀が見えてきた。塀の一角の扉に小さな番地表札がなければ、この塀の向こうが病院とは思わないだろう。

2017年夏、ミュンヘンでバルマージーゲ・ビュルダー病院ミュンヘン（Krankenhus Barmhrezige Bruder Munchen）の緩和ケアセンターと、同じ敷地にあるバルマージーゲ・ビュルダー・ヨハネス・ホスピス（Johannes-Hospiz）を視察した。

そして11月にはベルリンの大型複合福祉施設エヴァンゲリッシェス・ヨハネス財団ベルリン（Evangelisches Johannesstift）にあるズイメオン・ホスピス（Simeon-Hospiz）を視察したのでドイツの緩和ケア・ホスピスケアを紹介しよう。

ドイツの緩和ケアと看取りの

ミュンヘンのニンフェンブルク城

システムは、病院内の「緩和ケア（パリアティブケア）/ホスピス病棟」と、独立した「ホスピス」がある。そして、日本にはない「在宅緩和ケアチーム（SAPV）」が在宅の看取りを担い、互いに連携している。

1 バルマージーゲ・ビュルダー病院ミュンヘンの緩和ケアセンター

　緩和ケアセンター長のマルクス・シュレマー医師と看護部長のクリスティーヌ・グロスマンさんが視察の応対をしてくれる。

　バルマージーゲ・ビュルダー病院ミュンヘンは、そのルーツは15世紀の修道院とカソリックの神父聖ヨハネが作った施療院に始まる長い歴史をもつ。

　1916年に現在の前身になるミュンヘン—ニンフェンベルク病院となり、ちょうど100周年を迎えたところだという。そのぶ厚い記念誌をお土産に頂いた。

　現在は350ベッドの高機能病院としてミュンヘンの中核的存在となっている。

　緩和ケアセンター（Pallative Centre）は、1990年にボンに次いで国内2番目のセンターとして開設されたが、現在ではドイツで一番大きい緩和ケアセンターだという。

　ここには、この「病院内の緩和ケアセンター」と敷地内に独立した「ホスピス」、そして在宅訪問の「在宅緩和ケアチーム」と、すべてが揃っていて、互いに連携してミュンヘン市民の終末期ケアを担っている。

センター長のマルクス・シュレマー医師と看護部長のクリスティーヌ・グロスマンさん

1）緩和ケアセンターは年間400人を見送る

緩和ケアセンターは60床で70人のスタッフが配置されている。看護師の他、医師、理学療法士、ソーシャルワーカー、呼吸療法士、音楽療法士、芸術療法士、介護職などが配置されている。

患者は医師と看護師でチームを組み、担当制にし、1人の看護師が3人の患者を受け持つという。

「それは、互いの人間関係が大事になるので担当制にするのです。そしてチームの中で情報を共有してケアする。その

病室でのハープ演奏

人がどんな人生を歩いてきたのか、よく知り、またいつも患者が本音を表現できるような関係にすることが大切です」と看護部長のクリスティーヌさん。

緩和ケアセンターは看護が重要で、その人の希望に沿った患者中心のケアを行うという。

病棟内を見ている時、ある病室の前にローソクと花が置かれてあった。聞くと「今日、亡くなった方なのです」という。死を隠さずに皆で共有することも大切なことである。

また個室の入口の扉にハープのカードが下げられていた部屋があった。中からはハープのメロディーが聞こえる。

「音楽療法をしていますが、今日はハープの先生の日でこの部屋の患者さんのためだけに来ている」という。患者の希望で、ベッドサイドでいろいろな生演奏が楽しめる。何と心癒されることだろうか。

2）スタッフ教育とサポート体制

ここで働く医療スタッフは特別な訓練を受けるが、特に介護職は医療者ではないので緩和ケアの教育を集中的に受ける。また医師も

麻酔科、オンコロジー、神経科、老年科、緩和医療などの経験をもつ。

入院患者の80％ががん患者で、20％が神経難病や呼吸器、心疾患の患者という緩和ケアセンターである。

「死に対する哲学も現任教育では大事になります」

「ここは患者全員が重症で、痛みや呼吸困難、腸閉塞、せん妄など厳しい症状ばかりなので、訓練されたスタッフが必要なのです」とセンター長のシュレマー医師。

「特に緩和ケアでは、患者と家族のケアに十分な時間をかけるのです。身体的ケアと心理的ケア両面が必要です」と、若い年齢の16歳で逝った青年のケアのことを話しながら、子どもも入院する緩和ケアセンターでもあるという。ドイツには子どものホスピスは多くない。

「スタッフのストレスの管理も大切です」と看護部長さん。スタッフが心身ともに健康に仕事ができるようにスーパービジョンも欠かせないという。

「バーンアウトしたり、やめていく看護師もいますか？」と聞くと、「あまりいません。しっかりサポートするし、緩和ケアにやりがいをもつ看護師が多いので」という。

「それに勤務時間が終わり白衣を脱いだら、仕事のことから離れて自分の時間をもつように、趣味でも生活でも楽しむように指導している」と、ビシッという看護部長さんだった。

3）緩和ケアセンターの医療費と在宅支援

年間800人の患者が入院するが、そのうちの400人がここの病室で亡くなる。

250人は外来だけで在宅緩和ケアのSAPVチームが在宅でケアや看取りをするが、半数は家に帰れない人たちで最期をここで過ごす。

「できればやはり家が一番だと思います。在宅ケアを "壁のないホスピス（Hospice without Wall)" と私たちは呼んでますが…」と、シュレマー医師とクリスティーヌ看護部長は、声を合わせて在

宅看取りがベストだと語る。

　入院費用は疾病金庫の医療保険で賄われ、１日750ユーロの定額DRGとなっているが、患者負担はない。平均入院日数は10日だが、DRGの日数を超えて入院すれば病院の持ち出しになる。

　「亡くなった後の家族などへのグリーフワークはどうしてますか？」

　「もちろん、グリーフワークはするが、保険からは支払われない」とシュレマー医師。

　「日本も同じですが、でもここまでがケアですよね」と私が言うと、「そこまで保険請求したいよね」と、互いに同じ考えを言い合えるのは案外世界共通で、視察の楽しさでもある。

4）緩和ケアセンターでの"キュア"とケア

　さて、緩和ケアセンターではどこまで"医療"をするのか？

　「どこまで化学療法や治療をするのか？は、いつも悩みです」とシュレマー医師。

　「ケースバイケースですが、終末期を前にした患者の一般病棟でのがん治療が長すぎると思う。あまりアグレッシブな攻めの治療はどうかと思う時がある。残された時間とその人のQOLを考えるとあまり長く抗がん剤をしてQOLを落とすのもどうかと。胃瘻などもしない方針です」という。

　しかし、治療をめぐっては患者と家族の間のコンフリクトもある。

　患者と家族で意見が違うこともある。その時は、スタッフはいつも患者の意思を優先するのだという。

　また最近ではがん患者で認知症を併発する高齢者が増えていて、大きな新しい課題だという。

　患者の意思表示やアドバンスド・ディレクティブ（事前指示書）について聞いてみる。

　「ドイツではリビングウィルは10％くらいの国民しか書いていないという現実もある。今後は学校などで教育したり、市民に普及していくだろうと思う」と言われたのが印象的だった。

シュレマー・センター長が一枚の写真を広げて見せる。

1頭の馬に頬よせる若い女性の姿があった。

「この女性は乗馬が趣味で自分の馬をもっていた患者さんです。何度目かの入院の時、もう死期が近いと自分でもわかっていて、何かしたいことがあるか？と

ホスピスで愛馬と別れをする若い女性患者の写真

聞くと、愛馬に会いたいと。それでみんなでいろいろ手配をしたり、馬の移送専門の業者を頼んだりして厩舎から連れてきて、この病室の庭で馬を迎え、彼女はお別れをしたのです」

その感動的なシーンに私は不覚にも涙がこぼれた（実はこの旅に出かける1週間前に、18年2か月を共にした愛猫を見送ったばかりだったので、突然、思い出されて涙が止まらなかった）。

② 「ヨハネス・ホスピス」を訪ねて

病院の建物から木立をぬって広い庭を歩き、迷路のような構内をしばらく行くと独立型のホスピスがあった。

瀟洒な3階建の建物の入り口には「バルマージーゲ・ビュルダー・ヨハネス・ホスピス」とある。

玄関で迎えてくれたのは所長のリンネマン医師である。スマートで静かなエントランスフロアだが、テーブルの上にローソクと1枚の写真が置かれている。

ローソクの火が灯っているのは、今日は亡くなった方がいるということのようで、ここがホスピスであることをあらためて認識させられる。

I） 少ないホスピスと待機者リスト

　ヨハネス・ホスピスは、2004年に設立された12床のこじんまりしたホスピスである。

　「ドイツではイギリスに比べホスピスケアの歴史は浅く、全国でもホスピスはまだ200か所くらいです」と、ドイツのホスピスの歴史と現状から語るリンネマン医師。

　「バルマージーゲ・ビュルダー病院の緩和ケアセンター、在宅緩和ケアチームSAPVと連携して緩和ケアをしています」

　ミュンヘンは人口150万人だが、ホスピスは２か所で28人分しかない。毎日入所申込みが殺到しているのだという。

　だから、「誰を優先して入所させるか？は大きな問題です」と。

　待機者リストには、ターミナルなのに今まで病院で治療をしていない人や、一人暮らしで面倒をみる人のいないケース、病状的に緊急性のある人など、様々な複雑な問題を抱える患者もいる。

　また経済的な課題もある。在宅が限界になっても、老人ホームや介護ホームは入居費の自己負担が大きく、長期になれば自宅を売って入る人もいる。

　が、ホスピスは医療保険（疾病金庫）が支払うのでお金持ちでも貧困者でも誰でも負担なく入れる。ホスピス入所の希望が殺到する。

　ベッドが空くと待機者リストから考慮して入所を決めるが、大変な作業だという。

ヨハネス・ホスピスの外観

ホスピスの玄関ロビーに亡くなられた人の哀悼のローソクが灯る

ホスピスは疾病金庫から１日に340ユーロが包括払いで支払われ、患者の自己負担はない。

　「在宅でのサービスを提供しながら、なんとかベッドを回している」現状だという。

　そんな背景もあり、高齢化とともに高齢者施設などそれぞれのケアの場でも緩和ケアの充実が重要になってきているという。

　「最近は高齢者介護ホームや在宅ケアに従事する看護師、介護士などを対象に、緩和ケアの教育・研修をしているところです」というリンネマン所長。イギリスのホスピスでも同様の話を聞いた。

　だから高齢者介護施設でホスピスを併設するところもあり、トレンドになりつつあるという。

2）ケアの本質は「尊厳」

　12床のベッドで、医師は５人、看護師20人で運営しているが、ボランティアが多く出入りしている。ボランティアは一般の人もいるが、元医療従事者が名誉職のように働くことも多く、いずれも緩和ケアの研修を受けることになっている。

　「最近の臨床のトレンドでは、医師も看護師も緩和ケアは人気？が高いコースで、また社会的関心も高くなっています」という。

　「患者さんは市内だけでなくバイエルン州全体から来ます。入所する患者は95％ががんで５％が神経難病となっています」

　病室は18㎡で一人部屋。平均入所は23日から25日。中には来て２〜３日で亡くなる人もいる。

　「皆、治療の可能性がなく、在宅での生活が限界にきてここに入る。最期までここで暮らすことになる。中にはいくつもの病院を回り、最期にここに来た人もいるのです」と話す。

　ホスピスでは、まず疼痛緩和や呼吸困難への対処、嘔気、食欲不振、様々な不定愁訴への対処と、精神的ケア、スピリチュアルなケアなどが提供される。

　ここは、宗教は問わず無宗教でも良い。が、みな、心理的なケアやメディテーションなどが必要な人だという。

「ケアの本質はあくまでその人らしさの尊厳です」

ここには "静寂の部屋" もある。

一人になりたい時、その部屋で瞑想して過ごす。またグループでメディテーションや心理療法などをする部屋には、丸い絨毯が中央に敷かれ、囲むように床に座り、東洋の瞑想に使うような器具を使った療法もする。心を落ちつかせたり、様々な感情を吐露したりして過ごすのだという。

「自分の残された時間を自分らしく在ることが一番ですから」とリンネマン医師。

そこにホスピスの本質がある。

③ エヴァンゲリッシェス・ヨハネス財団ベルリン・「ズイメオン・ホスピス」

11月のベルリンはもう真冬の気温で日暮れも早い。

路上一面の枯葉が雪の訪れを待っている晩秋の午後、ベルリンの郊外に150年もの歴史をもつ広大な "福祉の街・ゲマインシャフト" を訪ねた。

1) エヴァンゲリッシェス・ヨハネス財団ベルリン

75ヘクタールもの東京ドーム16倍の広大な敷地に、65の様々な施設がある。門から入った中央には122本ものプラタナス並木が象徴的で、まるで中世に紛れ込んだような雰囲気の場所だ。

エヴァンゲリッシェス・ヨハネス財団（Evangelisches Johannesstift）は、ベルリンでは1866年に創立されたという。ドイツ全国に30か所の福祉施設を運営している。

プラタナスの並木の正面に100年前の1910年に建てられたという歴史を感じさせるレンガ色の教会（福音教会・ヨハネス修道院）があり、ここを中心に施設群が連なる。

視察を歓迎して私たちをその教会のパイプオルガン演奏で迎えてくれた。

ここには、500人が住む障が
い者ホーム、350人の高齢者介
護ホーム、150人の青少年のケ
アホーム、100床の老人病院、
大劇場、プール付きの大きなり
ハビリセンター、学校、作業
所、研修センター、大きなホー
ル、様々な集会場やレストラ
ン、ホテルなどがある。

敷地の中心にあ
る福音教会

　職員を含めると1,600人が住
んでいるという。各地から来る
外来者や家族のために80室の３
つ星クラスのホテルもある。

　ベルリン市内には他に数か所の高齢者ホームがあり、1,200人の
高齢者が入居しているという。

　巨大な福祉財団だ。

　さて、それらの施設の中でここではホスピスを紹介する。

２）ズイメオン・ホスピス（Simeon-Hospiz）

　2010年に新設されたズイメオン・ホスピスはまだ新しい15床のホ
スピス。ここには在宅緩和ケアチーム（SAPV）もある。

　「最期までその人らしく生きることを支えるのがホスピスの精神
です」と、案内してくれたクオリティ・マネジャー（品質管理者）
の看護師バーバラさんが言う。緩和ケア専門看護師も配置されてい
る。

　「私たちのゲストの、人生の最期の段階での尊厳あるケアとサポ
ートをミッションにしているのです」。ホスピスでは、患者ではな
くゲストと呼んでいる。

　平屋で落ち着いた雰囲気のホスピスは木調の建築で、木の床、木
の壁、植物の緑、暖かいオレンジ色の間接照明、リビングに置かれ
た体が沈むようなソファーまで、居心地良いアトモスフェアになっ

ている。

　興味を引いたのは、口の広いガラスの瓶に入った丸い小石たち。よく見ると名前が書かれている。ここで過ごしたゲストたちのメモリーだという。

　「15の個室はシャワー付きですが、中にはバスタブ付きもあり、ゲストが選べます。美しいリビングや明るいデイルーム、"沈黙の部屋"はいつも熟考の時を与えてくれますし、大きなサンテラスも特徴的です」

　サンテラスに出ると、芝の向こうには広大な森が広がっている。

　「このサンテラスはみなさんに評判で、みんな長居をしたくなるのです」とドイツ人の外気浴好きを言う。

　家族などのゲストルームは宿泊もでき、家族も滞在費はかからない。

　「がんや心臓疾患、COPD（閉塞性呼吸器疾患）、ALS（筋萎縮性側索硬化症）などの方が入所していますので、疼痛緩和や呼吸管理、不安の解消など終末期のいろいろな症状に対応します」。平均入所は32日だという。

　「看護師はもちろん終末期ケアと緩和医療の特別な訓練をしていますし、チームケアで医師との連携も密です。理学療法士や音楽療法士、アートセラピストなど配置しています」

　「看護のポリシーは、ゲストが安全で快適に過ごせること、家族が自分も関与していると感じられるようにすること、環境が大事で、ニーズのサポートのためのフレームワークになっていること、個々のニーズに応じた快適な雰囲気とアトモスフェアな雰囲気が両輪で提供されるよう努力しています」という。

　ホスピスの費用は滞在費のほとんどは疾病金庫（医療保険）がカバーするので

ズイメオン・ホスピスの部屋の様子

自己負担はない。

「保険収入で運営できるのですか？」と問うと、

「保険収入だけでは厳しいので、ホスピス運営のために財団としては寄付を調達して費用に充てています」とファイナンスについて語る。

ホスピス内を一回りすると、元のリビングに戻る回廊式の建物だった。

パンフレットには、「人生をもっと長くすることではなく、より良く１日を生きるということです」というホスピス生みの親のイギリスのシシリー・ソンダース博士の言葉が書かれていた。

落ちついた環境の中で、静かに最期の日々を過ごす、そんな安寧の時間をしばし共有した気分だった。

——ホスピスの視察を終えて外に出ると、もうプラタナスの枯葉には夕闇が黒々と迫っていた。

V 在宅緩和ケアチームの制度化
―地域の看取りを担う―

① 在宅緩和ケアチーム・「ホーホタウヌス」を訪ねて

　2017年8月、爽やかな夏の午後、フランクフルト近郊のホーホタウヌス（HOCHTANUS）の静かな住宅地にある「SAPVチームホーホタウヌス」を訪れた。

　「在宅緩和ケア／パリアティブ・チームSAPV（Spezialisierte Ambulante Palliativ Versorgung）」は、2007年の医療改革（社会法典5章37b条）で「国民の専門的在宅緩和ケアへの請求権」が明記され、2008年に法制度化された。

　人口25万人のエリアに医師・看護師・介護士・心理士・コーディネーター等のチーム（8人程度の規模）を1つ置くことが整備目標とされている。

　SAPVチームは医療保険から定額支払いを受け、看取りの専門チームとして自宅以外にホスピス・高齢者ホーム・病院にも訪問できる。

　訪問看護・介護は介護保険給付のゾチアルスタチオンと連携する。

　ヘッセン州ホーホタウヌス郡はフランクフルト／ライン＝マイン大都市圏にある人口約23万人のエリア。ドイツでも最も裕福な階層の多い地域だという。

　「ここは森や山のある絵のように美しいところで、まだ農家もあり、フランクフルトの人たちの保養地でもあったり、今は皆が住みたいと思うところです」と所長のロベルト医師。

　「でも、冬は雪がたいへん積もるので自分の車では危ない時もあり、冬の訪問診療には救急車を使わせてほしいと当局に要請している」とも語る。

在宅緩和ケアチームのク
リニックで迎えてくれたの
は長身のロベルト・ゲルト
ナー医師。

　まず自己紹介をしてくれ
る。米国のジョーンズ・ホ
プキンス大学で医療政策を
学び、25年間グローバルな
ヘルスケアコンサルタント
として世界を飛び回った

所長のロベルト・ゲルトナー医師

が、老親の死を体験して１年半、60歳を迎えた時、医師としての第
二の人生をどう過ごすかを考えたのだという。

　そして地元に帰り、「在宅緩和ケア＝人道的な死」のために身を
投じたという。

　長身をかがめて穏やかに（時にはポエティックに）語る魅力的な
人物だ。

　両松葉杖を使っているので、どうしたのかと聞くと、バカンスで
出かけたインドでオートバイの交通事故にあったのだと肩をすくめ
た。「もう、大丈夫ですけど」と。

１）多彩なスタッフによるチームケア

　「人口600万人のヘッセン州には17のホスピス、１つの小児ホスピ
ス、11病院の緩和ケア病棟、105の在宅緩和ケアステーション、そ
して22か所のSAPVチームがあります」

　「ヘッセン州では在宅のケアチームがまんべんなくあるので、が
ん患者の60～65％は在宅死が可能で、中には一人暮らしの患者を看
取るケースもあります」と、この地域の在宅医療について語るロベ
ルト医師。

　このSAPVチームは、20人のスタッフ（常勤換算15人）で構成さ
れ、医師が８人（２人が常勤で後はパートタイム）、緩和ケア専門
資格のある看護師が８人、スピリチュアルスタッフ、心理士（サイ

コ・オンコロジスト）、ソーシャルワーカー、ケースマネジャー（Ns）、ケアワーカー、事務員などが働いている。患者は24時間アクセスでき、365日稼働している。

　通常は2人で1日に4人の患者を訪問する。常時30〜40人の末期患者を支えているが、平均1週間に5人の死を看取るような現場である。専門職にとっても厳しい仕事なので、スタッフルームも心が癒される環境になっている。

　また、スタッフ間の支えが重要で、月に1回は心理学の専門家を招いてのスーパービジョンも欠かせない。

　「SAPVチームにもいくつかのタイプがあって、ここは独立型だが、病院付属型だとどうしても臨床の影響を受ける。最期まで抗がん剤を打ち切らないなど、"キュア"を継続したがる」が、それは緩和ケアではないと、若干、苦言を呈する。

　視察したミュンヘンでは、病院の緩和ケアセンターにSAPVチームがあったし、ベルリンでは福祉施設に併設のホスピスにSAPVチームがあった。

　「逆に"血の出る退院"と呼んでいるが、在院日数短縮による早すぎる早期退院も問題だ」という。

　この言い回し「Blady Discharge」は、ニューヨークでもよく聞いた言葉だ。特に高齢者では問題も多いとロベルト医師は言う。

2）在宅緩和ケアの診療報酬

　さて、SAPVの報酬について質問した。

　「診療報酬はどんな仕組みになっていますか？」

　「ヘッセン州の疾病金庫と医療団体の上部団体が年1回ネゴシエーションをして診療報酬が決まる。最近は1.5％から2％アップした」

　「在宅緩和ケアチームは包括払いで平均1日に150ユーロとなっている。入院すれば1日に800ユーロです」。ちなみにホスピス入所は340ユーロ／1日、緩和ケア病院では750ユーロが1日の報酬だ。

　ドイツも医療改革や保険給付では、様々な課題があるという。

3）多職種連携のICTクラウド「Palldoc Cloud」

　「SAPVチームは多職種協働で、患者の疼痛緩和や、イレウス、出血、不調、うつ等の病状への対処や、様々な介護機器の調達、そして死への不安など、その時々の患者ニーズに瞬時に応じ、全人的ケアをしなければならないのは言うまでもありません」

　けれど地域では一人の患者に様々なサービス事業者がかかわっている。

　「患者さんには家庭医GPがおり、訪問看護も入っていたり、多くの専門職がかかわっているので、私たちは患者ケアと同時に緩和ケアについての各サービスの相談役でもあるのです」とロベルト医師。

　患者へのスムーズでより良い緩和医療とケアの提供のためには情報の共有が重要になり、これらを統合する役割もSAPVチームにはある。

　SAPVチームは患者の自宅への訪問だけでなく、高齢者施設や病院、ホスピスなどにも訪問できる。

　「"Island Isolation"という言葉があるが、地域の各サービスをポツンとした孤島の状態にさせてはならない」

　そこで開発されたのが「Palldoc Cloud」と名付けられたICTクラウドによるケアマネジメントシステムだ。

　ネットワークするのは、患者にかかわる家庭医、SAPV、ゾチアルスタチオン、病院、薬局、入院ホスピス、福祉用具、高齢者ホーム、ボランティア、24時間住み込み介護などをつなぎ、情報を共有する。

　わが国のケアマネジャーの姿を思い浮かべる。一人の利用者の連絡に一体何枚のFAXを送り、何回電話をかけるのだろうか？

　日本の介護の世界は本当にIT化が遅れている。

　「患者のデータは地域電子カルテにします。将来は患者自身がタブレットをもつようにする」。なぜなら情報は患者自身のものだからというロバート医師である。

　ICT駆使は各サービスでみられるが、地域バージョンも定着しつつある。

4）在宅ホスピスケアの真髄

「ホスピスケアの真髄は“死における助産師”ではないかといつも思っている。人は誕生の時と死に逝く時、一人ではないですね。必ず誰かの手を借りるわけです。そこにケアの共通点がある」

「生命の誕生はいつもオリジナルで、死もまたオリジナル」だから同じ患者はいないというロベルト医師。

「死とは何か？　詩的に表現すれば
人は夢を見たいのです　　けれど夢の終わりは見たくない
したいこと　　ウィッシュリストももっている
考えたい　　感じたい　　失いたくない
様々な感情が渦巻く。
人は誰も死を直視できない」と。

そこにきちんと寄り添うのが緩和ケアではないかという確信的ロマンチストでもある。
「ホーホタウヌス（HOCHTAUNUS）のシンボルは、タンポポのようですが何か意味があるのですか？」と聞くと、
「タンポポは花が終わると、白い綿毛が空を飛んで、大地のどこかでまた根付いて花を咲かせるので、人の死もそうではないか？と、緩和ケアの象徴にしたのです」という。

在宅緩和ケアチーム・ホーホタウヌス
（HOCHTAUNUS）のシンボル

癒しの箱（Trostbox）

「輪廻転生ですね」と、互いに共感した次第。

さて、視察の終わりにロベルト医師がお土産をくれた。そのボックスには「癒しの箱（Trostbox）」とあり、シンボルのタンポポの絵が描かれている。

初回の訪問で患者宅にプレゼントする癒しの箱だ。中には「緩和ケアはどのように進行していくのか」のパンフレットと、蜂蜜とジャムの小さな瓶、アロマ、そして木彫りの大きめのクルミ大の丸みのあるハート。これは手のひらにちょうど握れるサイズで、触れて握っていると怒りや悲しみ、痛みが一瞬落ち着く。

最期の時間を過ごす人とケアする家族にふさわしいハートフルなメッセージボックスだった。

さて、人生100年時代、超高齢化と共に多死時代を迎えるわが国である。

もはや病院は「死に場所」でないとされて久しいが、その割には在宅の看取りを充実させる策はまだ乏しい。

訪問看護による在宅の看取りや高齢者施設での看取りは徐々に進んではいるが、この「在宅緩和ケアチーム」の存在は、これからのわが国の在宅看取りの充実に大いに示唆を与えている。

人生最期の時、どこでどのように迎えたいのか？

私たち一人ひとりの意思決定やACPも大切だが、在宅でも、「一人暮らし」でも安心して死ねる仕組みづくりが急がれる。

在宅緩和ケアの視察なのに、なぜか心温まる視察となった。

Ⅵ ドイツの認知症ケア最前線 —アルツハイマー協会リュッセルスハイム 支部を訪ねて—

1 ドイツの認知症ケア国家戦略

　フランクフルトに来れば、精神科医アルツハイマー博士の名を思い出す。

　彼がフランクフルト市立精神科病院で認知症（アルツハイマー病）の初めての患者さんに遭遇したのは、1901年だと言われている。

　精神科に入院してきた51歳の女性患者さんの今まで遭遇したことのない症状を分析し、南西ドイツ精神科学会に症例報告されたのは1906年のこと。アルツハイマー博士によって診断された疾患は、新しい病気としてアルツハイマー病と命名され、精神科の教科書にも載ったが当時は誰も注目していない病気だったという。

　そして21世紀の今、アルツハイマー病は一般の人でも知っている病気となり、2017年夏、私はフランクフルトの街でアルツハイマー博士を想っている。

　ドイツでも認知症の人は約160万人と言われ、毎年4万人が増加と予測されて、高齢化とともに大きな課題になっている。

　2011年にドイツ連邦政府は、認知症国家戦略のワーキンググループとして、認知症アライアンス（Alliance for people with Dementia）を設立し、認知症ケアに着手し、政策を前に進めてきた。

　2015年から2017年にかけてドイツでは介護保険法を改正し介護強化法が成立しているが、その背景の一つに認知症の人が増加しているにもかかわらず、身体介護を中心とした要介護認定では軽く認定され、介護保険サービスの給付対象になりにくいという悲鳴にも似た世論が高まったこともあったという。

介護保険利用者の85％の人が60歳以上の高齢者で、その多くが認知症の診断も受けている人たちだったという。

　2017年の「第2次介護強化法」で、要介護認定基準を変更し、認知症の人へもサービスが拡充している。この改正には認知症当事者と家族の議会へのロビー活動などの影響も大きかったと言われている。

　ドイツでは認知症ケアの8割が在宅でケアされていると言われるが、認知症に特化した施設は少なく、高齢者施設では認知症専門のユニットや認知症専門病棟などでケアされる。認知症グループホームは少ない。

② アルツハイマー協会リュッセルスハイム支部で

　フランクフルト市に隣接するリュッセルスハイム市でアルツハイマー協会リュッセルスハイム支部の活動を視察した。

　ドイツアルツハイマー協会は全国に135の支部をもって活動している。政府もアルツハイマー協会には評価が高く、アライアンスメンバーとして認知症国家戦略の担い手の一つになっている。

　リュッセルスハイム市は人口約6万5千人、ヘッセン州グロース＝ゲーラウ郡で一番大きい市で、フランクフルト空港の南側の一角はこの市の住所だ。

　街の中心部にあるアルツハイマー協会の事務所の前に着くと、そろって外に出て歓迎してくれたのは支部の皆さんと市役所の方だった。

　「本当は市長がご挨拶に来る予定だったが公務が入ってしまい、私が代わりに歓迎のご挨拶をします」と、市役所の高齢者支援部のアネテ・メルケルバッハさんが挨拶をしてくれる。

　「この建物は市が高齢者の拠点として提供しているところです。高齢者の出会いの場であり、余暇を過ごす場でもあり、情報や相談センター、ネットワークの場でもあり、誰でも自由に来れる開放型の集いの場になっているのは大変良いことです。ここに居を構えて

いるアルツハイマー協会リュッセルスハイム支部が、それらの活動の中心的な役割を果たしてくれていて、認知症センターとなっています。ですから市の行政と協会支部は、長い間、良い協力関係にあります」とアネテさんが説明する。

支部事務局長のマティルダ・シュミッツさん、理事のペーター・ボイメルさん

「けれど、ドイツでもこのような市行政とアルツハイマー協会支部が密着して、開放型の集いの場と相談が一か所にあるというのは珍しいのですよ」と協会支部の理事のペーターさんが付け加える。両者の関係の良さが伝わる。

そして私に「ここを視察先に選んでくれてありがとうございます。のちほど地元新聞が取材に来ますので、よろしくお願いします」と言ってアネテさんは市役所に戻っていった。

さて、視察をアテンドしてくれたのは、アルツハイマー協会支部事務局長のマティルダ・シュミッツさん、理事のペーター・ボイメルさん、ボランティア部門を統括するクリスタ・シュナイダーさんたちだった。後に述べるが、皆さん、現役時代はそうそうたるキャリアの持ち主だった。

③ アルツハイマー協会は国家戦略の担い手

マティルダ事務局長さんからアルツハイマー協会の全体像がレクされた。

彼女は2002年からこの支部の事務局長をしている。温厚そうで優しさのあふれる女性で、以前はミュンヘンの高齢者施設で働いていた経験を持つ。

「ドイツアルツハイマー協会はベルリンに連邦本部があり、16の

各州に州のアルツハイマー協会、そして地域の市町村支部、と組織化されています。ドイツでは120万人が認知症の人で、年々増加していますが、65〜85％が在宅で家族の世話を受けています。地区レベルの支部では家族が立ち上がってつくっています」という。

「私たちも郡の会議などに認知症の人と家族の代弁者として発信しているのです」

「認知症国家戦略についてはどのように受け止めていますか？」とまず聞くと、

「政府のアライアンスにアルツハイマー協会は参加しているので、いくつかのプロジェクトの提案をしたりしています。そのいくつかは採用されて予算の支援を受けました。たとえば市民への啓発研修では、まず市町村の職員、特に窓口の職員の研修が重要だと提案しました。全国で500のプロジェクトが動きましたが、情報交換もしています」と、国家戦略を評価しつつ、アルツハイマー協会の立ち位置とアクティブな活動を示してくれた。

また今回の介護強化法についても聞いてみた。「ドイツの介護保険は、最初は身体介護のみで介護認定していたため、認知症の人は軽く認定されるので、なかなか給付を受けられませんでした。私たちアルツハイマー協会のロビー活動もあって、要介護認定も新しくなり、今回、認知症の支援が増えました」と活動を振り返った。

④ 「家族支援」から「認知症の人本人の支援」へ

1998年に家族の自助グループとして誕生したこの支部は、2000年にアルツハイマー協会支部として活動を始めた。

「リュッセルスハイム支部は、最初は２人の職員で始まりましたが、今は６人になり、毎日、相談事業をしています」

このグロース＝ゲーラウ郡全体では住民数は約22万６千人、そのうち5,000人が認知症と言われている。現在の会員は470人だという。

2004年には、認知症カフェを初めて運営し、2006年からは家族への研修講座を開始した。

「トピックは、その頃から2013年にかけて活動の視点が変わったことです」という。

それは、初期には"認知症の家族支援"に焦点があったが、"認知症の人本人"に活動の焦点を移したことだという。

しかも早期の段階で認知症だと診断を受けた人を対象に、記憶（メモリー）のトレーニングをするグループをつくった。

「2010年には"お世話サービスグループ"をつくり、デイケアを開始しました。2014年には認知症のある人、ない人も参加するダンスカフェを開きましたが、これはとても重要で、"国民には認知症がタブーだった"のをオープンにするという目的をもって開きました」と、ダンスカフェなんて素敵だ。

「ドイツでは、家族が認知症の人を家に閉じ込めておいて隠すという傾向があったのです」「かつての日本でも同じでした」といって、マティルダさんとうなずきあう。

「2016年にはハイキンググループをつくり、認知症の人も一緒にハイキングに行くプログラムを開始。また、若年性認知症のグループ活動で、前頭側頭型やレビーなど特殊なタイプの認知症の人、若い人、現役で仕事をしている認知症の人などの対話など支援を始めました」

聞いていてまさに認知症の医療とケアの歴史を見るようだった。そしてアルツハイマー協会が先駆的に取り組んできている姿に敬意を表したことだった。

⑤ 運営の資金調達はどこから？

「いつも資金難です！」と笑いながら、説明を続けるマティルダさん。

主な収入源は会員の会費。470人の個人会員、13の法人会員（介護事業者・施設など）がいる。そして寄付や講演などの収入。リュッセルスハイム市や郡行政からの補助金。そして介護金庫（介護保険）と疾病金庫（医療保険）からの収入になるという。「介護金庫

と疾病金庫からの収入というのは？」と確認すると、「介護保険の枠内で市町村行政が一定の補助金を協会に出す際には、その半分を介護保険から支援する」ということなので、介護保険や医療保険からも補助金が来るということらしい。

補助金の対象となる事業はケア連携や家族への研修、介護家族のためのグループ活動などで、支部の職員には社会教育の資格者や高齢者セラピスト、また介護職の教育者など、有資格者がいるので補助金対象のプログラムが組める。

「郡からの支援というのは非常に珍しいのです」と加えるのは理事のペーター・ボイメルさん。

「それは市町村や郡が認知症にかかわる団体を支援するというのは法律では定めていないからです。行政は『青少年』には支援するのですから、高齢者、認知症にも同様に重要だと思うのですが。まだ政治的にはそれは成功していないのです」と。では、なぜここでは支援を受けられたのだろうか？

「実は、私はグロース＝ゲーラウ郡の職員として長年、高齢者福祉分野で仕事をしていたので、このアルツハイマー協会支部にかかわるようになって、助成金などの支援をもらえるように郡に働きかけていた」のだそうだ。

ピーターさんは年金生活になって、ここでボランティア理事として働いている。

「現在も資金難ですので、介護金庫・疾病金庫に働きかけているところです」と述べる。

 ## 6 認知症の人と家族への訪問支援

認知症の人本人と家族の家庭訪問で支援サービスにも力を入れている。

「１年間に新規の利用者は250人から300人ですね」とニーズの多さを語る。「だいたい９年から12年くらいかかわるのが平均です」と、長期にわたる支援の状況を語る。

　対応するのは45人のボランティアで、常時90人くらいの認知症で大変な人たちを支援している。担当制にしているので、いつも同じ人が家庭訪問する。また、家族支援は重要だという。

　「相談内容で多いのは認知症とのつきあい方や診断の問題、介護認定やサービスの使い方、また、『全権委任』についてなどです」

　また、リビングウィルや終末期の意思決定についての相談が増えている。

　「長年私たちとお付き合いをしてきた人では、リビングウィルについては協会で管理することもあり、希望に応じてやっています」とマティルダさん。

7 「全権委任」制度

　話を聞いていて私の関心をひいたのは、「全権委任」の制度だった。ドイツでは認知症の人を介護する家族は「全権委任」の委託を受けなければならない。

　ドイツでは子どもの時から自分のやりたいことは自分で決める「自己決定」が、学校教育でも家庭でも重視される。

　親といえども勝手に決定したり、子どもの意志に反した決定はできないという。親子であれ、夫婦であれ、パートナーであれ、他者が勝手に本人に代わって事柄の決定はできない。「全権委任」者が決定できる。また、認知症が重く本人に自己決定能力がなくなった時は、全権委任の登録は難しくなる。全権委任されていなければ、裁判所が介入することになるという。

　特に医療の受診や金銭管理、郵便物の秘密の権利（勝手に開封できない）、不動産の権利など。連邦政府も関連団体に「全権委任」の普及を要請しているという。

　日本では本人の代理人としては「成年後見制度」しかなく、これもうまく運用されているとは言い難い。

⑧ 未来への挑戦

　「これからのアルツハイマー協会の課題はどんなことでしょうか？また新しい挑戦は？」と、すっかり意気投合したマティルダさんとクリスタさん、二人に聞く。

　「珍しいタイプの認知症など新しい課題ですね」という。

　「若年性認知症なども増えていて、ヘルパーさんの研修の見直しが必要です。また協会としては、介護事業者がそれぞれやっている制度でのデイケアとか入所サービスにも、患者や家族のニーズに応じたリコメンドが必要になっていますね」

　「施設で働くケアスタッフの認知症ケアの方法論も変わらなくてはと思う。特に施設では集団でのプログラムが多いのですが、そうではなく、認知症の人との１対１のケアを呼びかけています。このことが大切だと広めていく」という。

　現場の専門職には耳が痛い話もあるが、彼女たちが現場経験者だからこその発想だし、受け入れられるのだと思われた。

　認知症の人のもつニーズや認知症の診断と医療の発展など、変化を考えると、新しいタイプのケア方法論を開発するのは挑戦だが、自分たちの使命だと考えているということがよく伝わってきた。

　これぞアルツハイマー協会だという学びを頂いた貴重な時間となった。

ドイツ編

VII 地域共生「多世代の家」という名の コミュニティセンター

① 連邦政府プロジェクト「多世代の家」

　ベルリンの壁以上に厚かったわが国の保健医療福祉行政の縦割りの壁だが、ようやく重い腰を上げた政府による「我が事・まるごと」地域共生社会づくりが壁を越えて始まった。

　介護報酬と障害福祉報酬改定で着手された介護保険と障害者サービスの一部相乗りも歓迎したいが、一方で共生の地域づくりを丸投げされる市町村のキャッチアップ度が試されるような昨今でもある。

　成功の鍵は何といっても行政主導ではなく「住民の参加」、その"地域まるごとサービス"に大いに参考になる「多世代の家（Mehr Generation Haus）」と名付けられたコミュニティセンターを、エッシュボルン市（Eschorn）で視察した。

　子どもから一般市民、高齢者まで地域の人々に多様なサービスと集う場を提供する、それはまさに地域共生の姿だった。

　フランクフルト市から約
1時間のエッシュボルン市
を訪ねたのは2017年11月の
こと。人口約21,000人の小
さな町だが、証券取引所の
データセンターやシーメン
スに代表される多くの企業
や外国企業の支社もあり、
移民の人や日本人、韓国人
など外国人も多数在住する。

エッシュボルン市の「多世代の家（Mehr Generation Haus）」

142

住宅街の一角にシンプルな2階建ての「多世代の家」があった。コミュニティセンターだから"公民館"ではあるが、日本の公民館を想像すると全く雰囲気が違う。

1階にコミュニティカフェや保育所、教室、2階にはいくつかの事務室や教室と舞台付のホールを備え、裏手の広い庭には芝生に子どもたちの遊具がかわいい。

コーディネーターのベアタ・ヴォンデイルさん。心理士の資格をもつ。

「多世代の家」は連邦政府からの助成金によるプロジェクトで、2008年にスタートした。現在は全国500か所で展開されているという。政府の方針は住民の高齢化が進行する中で、その地域に居住（移住）する若い子育て世代や一般住民と高齢者を融合させることにある。

また、多様なサービスを提供するとともに地域のボランティアの活動の場、退職高齢者や移民などの教育訓練と雇用の場にもなっている。運営主体は教会や福祉団体、市町村などとなっている。

エバンゲリッシュの教会が運営しているエッシュボルンの「多世代の家」は立ち上げ時から、コーディネーターのベアタさんたち教会のメンバーが主力になっている。

② 「多世代の家」の多彩な事業

「地域に暮らす人と人が知り合いになり、ともに何かをする」のがコンセプトだという。

運営するスタッフは5～6人だが、主戦力は150人ものボランティアだという。カフェのコックさんも保育室のベビーシッターもみなボランティア！

次のような多彩な事業を展開している。

1）保育所と保育サービス、ママのお悩み相談など
2）移民や在住外国人のためのプログラム、ドイツ語教室やイベント
3）若者と文化、異文化交流など
4）高齢者の孤立解消や健康づくり、デイケアや体操教室、日帰り旅行
5）食事の提供、ランチ会やデリバリー

③ 「ハナの仕事」と名づけられた「在宅介護事業所」

　ここでは「在宅介護事業所・ハナの仕事（Hanah's Dienst）」を別組織で併設していて、在宅介護ヘルパーが地域の独居高齢者などに、介護保険と介護保険外サービスを有料で提供している。貧困、独居、認知症など対象の抱える課題も大きいという。

　「ハナの仕事」のプロジェクト・コーディネーターのエリザベス・クリニムさんが在宅介護業務について説明してくれる。彼女は社会教育の専門家でもある。

　「2013年にスタートしたプロジェクトで、目的は在宅での高齢者の暮らしを支える在宅ケアと社会サービスです」

　「ハナの仕事」プロジェクトの目的は、ケアを必要とする高齢者にサービスを提供するだけでなく、地域の人にここでスタッフとして仕事の場を提供している。

　特に移民の人や失業者の雇用促進になっているという（ドイツには外国籍の人の場合 "ミニジョブ" という非課税の仕組みがあり、月に450ユーロ以内だと非課税になるので、在宅介護のパート職にあてている）。

　スタッフ21人で150人の地域の利用者の

「ハナの仕事」のプロジェクト・コーディネーターのエリザベス・クリニムさん，ベアテさんと

在宅介護を提供している。スタッフはみな介護のトレーニングを受けている。

　主な援助内容は、①家事援助全般、②外出支援、③家族支援——などで、利用料は介護保険もしくは低料金を支払う。

地域を支える好循環プログラム

　「多世代の家」のコンセプトは、「ここに立ち寄る=顔見知りになる=自分のできることで参加する」とある。

　「具体的にはどういうことでしょうか?」ベアタさんに聞いてみる。

　「皆さん、時には客で、時にはスタッフになる人たちなのです」

　また、「移民の女性がドイツ語教室に通ってドイツ語が上達するとしますね。仕事をもっていない彼女には『ハナの仕事』でヘルパーのトレーニングをして、介護ワーカーとして在宅介護で働いてもらう道もあります」と、質の高い介護人材のトレーニングを紹介してくれた。

　「仕事は大変ですが、今年の夏には、政府の家庭省の大臣も視察に来た」と「多世代の家」を評価するベアタさん。

　館内を一回りしていて出会ったのは、赤ちゃんと幼児、移民のお母さん、体操教室の元気高齢者、車いすの高齢者、ランチに立ち寄ったサラリーマンなど、本当に多世代の皆さん。何ともにぎやかで暖かい空気の漂う「多世代の家」だった。

　さて、わが国も介護保険制度改正で新総合事業や介護予防が市町村の仕事になったが、住民参加型にするにはまだ努力が必要そうだ。

　これからは「多世代の家」のように、市町村にあるコミュニティセンターや公民館、老人館などが場を提供して、お茶のみから始まって、文化や教育訓練、就労にもつながるような事業展開が、「地域まるごと」の鍵になると示唆を得た。

　それにしてもドイツの高齢者ケア、在宅ケアに参加する地域のボランティアの層の厚さにはいつも驚かされる。

Ⅷ 協同組合による多世代型住宅ワグニス
―住まいと住まい方―

　わが国の住宅政策は長い間、持ち家政策をとってきた。一方で、団地やコンクリートの集合住宅という住まい方は、ヨーロッパと違って歴史が浅いが、団地文化が生み出した「夫婦と子ども2人の標準世帯」が社会保障制度にも影響を与えてきた。

　そして今、超高齢社会となり、高齢者の住宅問題と"終の棲家"は大きな課題となっている。

　2017年夏、ミュンヘン市内で子育て世代から勤労世代、高齢者まで多世代が居住する住宅協同組合ワグニス（Wagnis）のコーポラティブ住宅の素晴らしい近代建築の住宅群を視察する機会を得た。

　入居者が共同出資する協同組合方式で建築された183戸の住宅は、建築学的にも素晴らしく、2016年ドイツ住宅建築賞を取ったというスマートなものだった。

1 住宅協働組合ワグニスとは

　住宅協同組合ワグニス（Wohnbangenossenschaft Wagnis）は19世紀半ば、150年前に創設された歴史をもつ協同組合だという。ハンブルグが第1号の住宅だったという。

　最近は2002年には連邦政府のエキスパートコミッションとなっている。この20年で急速に建設が進んでき

協同組合による多世代型住宅（Wagnis）／ミュンヘン

ているという。

　ワグニスは「年金生活者がアパートから追い出されても、家族が
アパートを買う余裕がなくなった時代に、協同組合で住宅を建設し
ようと生まれたモデル」だと聞いた。

　ドイツでも地価は天文学的だが、ワグニスの家賃は安い。協同組
合で運営するので、大きなリターンを要求しないモデルだから安い
のだという。

　組合は土地を市場価格で購入し、居住者は収入に応じて協同組合
の株式を相当の家賃として払う。建設時に出資金を出し、発言権を
もち、生涯居住の権利をもつ。賃料は安定している。

　ワグニスとは「コミュニティでの生活と仕事、隣人、革新的で、
自己決定的」を意味するので、住んでいる住民同士が互いによく面
倒をみるという。

　また地域に開放する大ホールやアーティストの音楽スタジオ、ア
ートの場、カフェなどを併設したりもする。

② その名も「五大陸」 ―エコでバリアフリーな多世代集合住宅―

　小雨がぱらついたり止んだりのお天気の中、ミュンヘンの新興住
宅地でワグニスの集合住宅「五大陸（Funf Kontinente）」を訪問し
た。

　この日、案内してくれたのは、ここの住人で住宅組合理事のマリ
ア・クノレンさん。小柄な女性だが、自宅でコンサルタントの仕事
もしているとてもフレンドリーな方だ。後にご夫妻の住まいを訪問
して大の日本びいきだとわかったのだが。

　「まず建物全体を紹介しましょう」と屋上に上がるマリアさん。

　全貌は、それは素晴らしい光景だった。敷地に五稜郭のように配
置された４〜５階建ての５つの棟が中庭を囲み、それがメタボリッ
クに有機的に、それぞれの屋上から伸びる空中の回廊でつながって
いる。

屋上は緑化され、エコの推進になっている。屋上ガーデンには野菜やハーブの菜園、季節の花や木々が植えられている。その世話はもちろん住民がする。

屋上ガーデン

住宅棟の他に大きな舞台付ホール、保育園、デイケアなども併設しており、砂場のある庭は高齢者が子どもたちと一緒に花壇の世話をするのだという。

そして各住宅棟の地階には防音装置の音楽スタジオがいくつもあり、しかもクラシック用、バンド用、合唱用などの部屋があり、楽器も装置も違うものがしつらえてある。なんて素晴らしい！

ちょっとした洋裁店のような裁縫室

また1階にはランドリー室。日本のコインランドリーのように何台も並ぶ大型の洗濯機と乾燥機は共有だ。そして大きなアイロン台も備えてある。

また別の棟にはちょっとした洋裁店のような裁縫室もある。布地の反物が棚に並び、ミシン、糸類なども豊富で、趣味の範囲を超えていそうなので聞くと、「洋裁の得意な人たちがみんなここへ来て、小物や洋服などを自分で仕立てたりしている」という。

舞台付ホールは地域に貸し出して運営資金に充てているが、コンサートや集会などの催しも皆で企画する。

住宅棟の各階のエレベーター前の廊下にはユニークな形の郵便ポストがずらりと並んでいて、何とも楽しい光景だった！

③ 協同組合方式とは？

　「ここは子どものいる若い世帯から、働き盛りの人たち、高齢者の一人暮らしまで、本当に様々な世代が暮らしています。それぞれ自分のできることでお互いにサポートする仕組みです」という。

　「ミュンヘンの住宅事情は決してよくありません。50％が一人暮らしという統計もあるようですが、家族用のアパートは少ない。それにこの数年、土地も家賃も高騰している。安い給料の人は住めない。特に若い世代は」と、説明をしてくれるマリアさん。

　「ワグニスには1,000人以上の組合員がいます。土地、建物は協同組合が建て、入居者が出資して入居する仕組みです。3分の1が土地、3分の2が建物分です」

　「出資額は収入によるが300万円から1,000万円くらいまで。平均560万円くらいになる」

　「家賃は家の広さと世帯の収入で決まるのです。家の広さは50〜60㎡、75〜90㎡まで多様ですので家賃も異なります」

　つまり共同出資で協働組合がアパートの管理をして、建築費のローンが完済されれば、毎月の負担の家賃も下がる仕組みだという。

　住宅はバリアフリーなので、誰にとっても住み心地の良い多世代住宅だと感心させられた。

　さて、ワグニス式の住宅政策、日本でこの方式はうまくいくだろうか？

マリア・クノレンさんご夫妻宅

IX 新法「看護介護職改革法」の 成立による看護介護職の統合

　高齢化先進国においては、どの国も介護人材の不足解消と教育や質のレベルアップ、社会的ステータスの向上は共通の大きな課題となっている。

　2017年8月末からドイツ視察をしていたが、在宅看護介護事業所のゾチアルスタチオンで、プレゼンの中に看護師と老人介護士の教育改革で資格統一と、大学教育充実について触れられていた。

　ドイツで介護制度改革の最後の課題と言われていた「看護介護職改革」が2017年に実現していることを紹介しておこう。

　ドイツの看護師（Krankenpflege）と老人介護士（Altenpflege）の教育については、2009年の第2次メルケル政権発足時から、新たな法律の制定が課題とされてきていたが、介護強化法等の改革の動きの中で新法が成立した。

　2017年7月に、新たな法律「看護介護職改革法」が連邦議会を通過した。

　この法律によりドイツでは2020年1月1日から、看護師と老人介護士の教育課程が統合され、大学レベルでの教育が学費無償化で新たに導入される新制度が開始される。

　これまでは看護師は「看護法」、老人介護士は「老人介護法」のそれぞれの身分法で定められ、所掌する官庁も連邦保健省と連邦家族・高齢者・女性・青少年省と分かれていたが、教育とライセンスが統合されることになったのである。

　わが国の介護福祉士は介護保険前夜に資格化したが、その際、ドイツの老人介護士を参考にしたが、現在では両者は全く"似て非なるもの"となっている。

　わが国では2年教育のまま（法令上）だが、ドイツでは当初2年教育だったものが、州によっては3年教育になり、また看護師同様、

一定の医療処置等もできる職種となっている。ドイツ看護協会の組織下にある。

今回の教育統合の背景には、一つは労働力不足があり、また医療も介護も必要になる高齢者ケアの専門性の向上も指摘されてきた。

さらに病院の医療現場でも介護の施設現場でも、医療ニーズと看護も介護も両方が必要になってきたという現場ニーズの変化がある。

またEU域内では職業資格相互承認指令で、自国のライセンスで、相手国で就労できるが、老人介護士はドイツだけの資格なので、他国で就労する場合は看護補助者扱いになっていることもあり、今回の統合となったという。

新制度は3年教育で、2年間は看護共通のジェネラリスト教育のカリキュラム、3年目にジェネラリストか老年看護師か小児看護師かの専門領域を選択できるが、ジェネラリストを選択したものは、「看護介護師」としてすべての領域で働けることになる。

今回の教育改革で介護職の魅力を上げ、社会的評価を上げることでケアの安定化が図られると観測されている。

わが国でも、超高齢化社会のニーズの変化を受けて地域包括ケアシステムで医療と介護の連携強化が図られようとしているが、在宅・施設での医療処置や医療的ケアの問題、終末期ケアや看取りの場の拡大、緩和ケアの課題など、すでに現場における医療職種間のタスクシフティング・タスクシェアリングは課題となってきている。

介護人材不足への早急な対応とともに、看護・介護の専門性を高め、高齢者の人権や尊厳の確保とクオリティ・オブ・ライフ（QOL）を高める資質をもった人材養成が急がれている。

参考文献
・立法情報【ドイツ】「看護介護職を改革する法律」，海外立法情報調査室主幹，泉眞樹子，外国の立法，2017.11，国立国会図書館調査及び立法考査局.

3　ミュンヘンは美味しい

　ドイツ料理と言えばソーセージとじゃがいも、そしてビール王国。何しろ寒冷地の食糧は、豚肉とじゃがいも、キャベツの世界。魚はニシンやサーモンとなり、北海道に似ている。

　「それが美味かしら？」と思われた方は、一度本場を味わってください。

　豚肉のアイスパイン、白ソーセージ、牛肉や豚肉のロースト、シュニッツェル（カツレツ）、ヘリング（鰊）、赤キャベツの酢漬け、ザワークラフト。

　そして、じゃがいも料理と言っても、じゃがいもの種類も料理のレシピも多く30種類くらいで、バラエティにあふれていて個性的です。女子は（お嫁に行く前に）そのレシピをクリアするのだそうです。

　そしてビールは王国だけあってダントツの種類の多さ！　白ビールから黒ビールまでケルシュ、ピルスナー、アルト、ヴァイツェンなどなど。プレッツェルをかじりながら12種類を飲み比べたこともありました！

　市庁舎地下の「ラーツケラー・ミュンヘン」は老舗のビアレストラン、伝統の「ホフブロイハウス」は工場直営のビアホール、いずれも雰囲気は良し、とても楽しめます。

　「ホフブロイハウス」は1589年に工場がつくられ、レストランは1852年に開業というから、戦国時代から江戸末期のことですね。

　ミュンヘンの「オクトーバーフェスタ」開幕式には、姉妹都市札幌から市長さんも出席。札幌でも開催されています。

ドイツ料理の数々

フランス
編

France

フランス編

I フランスの地域包括ケアシステム「MAIA」 —医療・介護の "カオス" を改革—

1 フランスに憧れる理由

　パリ市の紋章には「揺蕩うが沈まず（Fluctuat nec mergitur）」という魅力的な言葉が刻まれている。

　そしてトリコロールの国旗の「自由・平等・友愛」の精神とエスプリにあふれるフランスの医療介護改革にもいつも刺激される。

　私的体験をお許しいただくと、フランスかぶれの文学少女だった青春時代、実存主義にはまり、サルトル、メルロー＝ポンティ、アルベール・カミュ、レヴィ・ストロースなどフランス思想を漁ったことを思い出す。

　また、ボーヴォワールは誕生日が同じでサルトルとの関係においても心酔したが、筆者が老いの問題にかかわるようになった時、最初のテキストにしたのが彼女の「老い」だった。

　「第二の性」で「人は女に生まれるのではない、女になるのだ」と論じてフェミニズムで時代を席捲した彼女が、1972年に「老い」の出版でいち早くアンチ・エイジズムを説いたのには大いに共感した。けれど人は哀しい。老いたサルトルの晩年のこと、座っていたソファのシミを「猫がおもらしをした」と言ったのを、ボーヴォワールがさりげなく処理をしたというエピソードには泣かされた。

　さて、はじめて憧れの巴里の地を踏んだのは1982年のこと。以来、機会をみては訪問、視察を重ねてきた。ことに医療や看護、在宅ケア、高齢者ケアシステムは、ヨーロッパの中でも独特の哲学にあふれていて、他国との違いも興味深い。

　2000年以降で記憶に残るのは、2003年は猛暑の年で、夏のバカン

スに出かけずパリにいた在宅の高齢者が数万人亡くなったことである。その時、多くの開業看護師がバカンスを切り上げてパリに戻り、在宅高齢者のケアをしたというニュースに感動したことだった。

　また、特記しておきたいのは2015年11月13日金曜日のパリでの同時多発テロ事件である。その２日後の11月15日に成田を出発して予定通りのスケジュールで、パリで高齢者ケアの視察をしたことだ。

　市民が鎮魂とテロの緊張の最中にあっても、「こんな時によく来てくれた」と視察先で迎えてくれたことには頭が下がった。無謀かとも思われたが、この時の収穫も大きかった。

　さて、このフランス編は、2015年、2016年、2018年の視察からレポートしている。

 ## フランスの医療と介護

　フランスも高齢化や認知症の人の増加などを受けて、地域包括ケアシステム「MAIA」で、医療と介護を連携した地域の高齢者ケアが進化してきた。

　まず、フランスの医療保険制度と介護制度をごく簡単に紹介しておこう。

１）フランスの医療システム

　フランスの医療保険は社会保険制度によるユニバーサルヘルスケアシステム。医療制度のコンセプトは競争原理ではなく「連帯（Solidalite）」であるという。

　医療保険制度は２階建てとなっており、疾病金庫（公的）と民間保険の補足給付により医療給付はほぼ100％カバーされ、基本的には自己負担がない。が、初診時には１ユーロのワンコインの自己負担をインセンティブとしている。また16歳以上の全国民がかかりつけ医（GP）に登録が義務付けられている。病院の診療報酬はＴ２Ａという方式の総額予算制（DRGは１入院当り包括支払い）で診療行為は包括支払いになっている。

2）フランスの介護手当APA

　また、フランスには介護保険はないが、2014年から「高齢者介護手当（Allocation peronnalisée d'autonomie：APA）」が始まり、全国自立連帯金庫から要介護者と障がい者に給付される。要介護度認定をして、施設と在宅の双方に給付される。

　支給額は6段階の「要介護度評価GIR」と「本人及び扶養義務者の合計所得」により計算される。

　2018年の給付月額は、最重度GIR 1 で1,719ユーロ（約22万円）、GIR 2 で1,381ユーロ、GIR 3 で997ユーロ、軽度のGIR 4 で665ユーロ（約8万6千円）、一番軽いGIR 5 は現物給付、GIR 6 は自立で非該当となっている。

　月収2,957ユーロ（約38万円）以上の人では総介護費の90％は自己負担、一方、月収802ユーロ（約10万4千円）以下の人は自己負担ゼロとなっている。

　家族介護の場合は月額上限41ユーロまで加算される。

　また、在宅で終末期の人に付き添った家族（配偶者・子ども・嫁）に1日15ユーロの手当てが出るという。

③ フランス版地域包括ケアシステム「MAIA」

　フランス版地域包括ケアシステム「MAIA」創設の背景をみてみよう。それは認知症国家戦略に端を発する。

　2008年1月1日のサルコジ大統領の「国家優先事項プラン（Priority National）」では、がん、アルツハイマー、老年病ケア、ターミナルケア等に対して数年間の予算、研究支援、教育等を優先事項に挙げ、特に「ネットワーク」づくりに投資がされてきた。

　2009年に新しい地域包括ケアシステムとも言えるネットワーク「MAIA　Methode d'action pour l'integration des services d'aide et de soins dans le champ de l'autonomie （自立支援における医療と介護の統合メソッド）」が、政府の第三次アルツハイマー・プランの中でトライアルを開始し、2011年に制度化された。

日本同様、フランスでも従来から医療と介護は制度的カオスにあり、利用者から見て使い勝手が良くない複雑なシステムで、予算や給付も別で縦割りでサービスの連携上の課題もあった。

　そこで、「60歳以上の非自立高齢者」を対象に、利用者にわかりやすく、要介護者の医療と介護を統合するシンプルな仕組みにしたのが「MAIA」。

　高齢者がワンストップでサービスを使えるようにした。

　日本が先行しているケアマネジャーと類似の「ケースマネジャー職（Gestion de Cas）」を誕生させ、地域のMAIAに３〜４人のケースマネジャーを配置、既存の医療と介護サービス（施設・病院・診療所・在宅サービス事業者）の連携、支払者（疾病金庫と介護手当）への窓口一本化を図った。

　2011年には全国展開され、2015年には全国で250か所（パリ市内６か所）が設置され、2018年には全国で355か所の目標と聞いた。MAIAの設置主体は県立が37％、病院併設が13％、NPOが11％、他に市の直営が１％、老人ホーム立もある。Non Profitとされている。

　設置の公募に手上げしたMAIAが競合する地区は、コンペになるが最終的には地方保健局ARSが許認可する。

　MAIAの運営予算は、全国自立連帯支援金庫（CNSA）から地方保健局（ARS）を経由して現場に配分されるが、スタッフの人件費なのでスタッフ数で予算も決まる。またMAIAの業務評価もARSが行う。メソッドやケースマネジメントの実際が評価される。

 パリ市西部の「MAIA パリ西」を訪ねて

　パリの西部７区、15区、16区を担当するMAIA Paris Questを初めて訪問したのは2016年10月のこと。また、2018年夏にも再訪してフォローアップした。

　パリ市は人口約225万人だが、市内を６つのMAIAが地区割りをして担当している。その一つで西部を担当するのがパリ西。

３つの区を合わせると、人口約46万人超をカバーしている。うち60歳以上の人口は約13万人だという。

オフィスは繁華街のアパルトマンの２、３階にあり、ここにパリ西部の「MAIA」「CLIC」「健康ネットワーク」が同居している

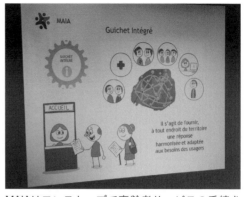

MAIAはワンストップで高齢者サービスの手続きができる

MAIAのスタッフはパイロット１名、ケースマネジャー４名。１人のケースマネジャーは40人を受け持つ。

パイロットやケースマネジャーのバックグラウンドは看護師やソーシャルワーカー、心理士などが多く、医療福祉分野で経験のある資格職が従事している。

Ｉ）ワンストップで高齢者支援のMAIA

MAIAの役割と活動状況は「パイロット」のマチューさんが説明してくれた。「パイロット」とは、MAIAの運営を担い、一定の権限もあるリーダー職で、最低資格が医療福祉領域の修士修了者。PhD取得も望ましい。

「自立できなくなった高齢者の支援を、よりシンプルにワンストップで提供するのがMAIAです」と目的を話してくれる。

MAIAの対象は、

ⅰ）クライテリア１：60歳以上の高齢者で、「医学的介入が必要、また機能上の介入が必要、自己決定に問題のある人」とされており、この３つをクリアした人が対象となる。

ⅱ）クライテリア２：他のサービスが介入したが改善しなかったいわゆる困難事例や独居の人も対象にしている。

MAIAのスタッフの皆さん、老年科医師・パイロット・コーディネーター

　担当地区を分析すると、高級住宅街で富裕層が住んでいる地区からの依頼は少ない一方、低所得者が多い地区からは依頼も多く介入頻度が高いという。

　依頼ケースの平均年齢は82歳くらいで独居が約９割、サービスを拒否していた人は73％、認知症も85％、問題行動のある人も４割で、困難事例が多い。また介護サービス事業者やケアラー（家族）からの依頼もあるので、その人たちも対象としてサービス紹介や相談、ケースワークを行う。

２）ケースマネジャーの養成過程

　MAIAに配置されているケースマネジャーとは誰か？　わが国の介護保険のケアマネジャーとは少し異なっている。

　医療福祉系の資格者（看護師・ソーシャルワーカー・心理士等）で、特に在宅ケアで経験のある人が大学のコースで単位を取ってケースマネジャーとなる。

　つまり「学歴、資格、職歴」の３つが要件となり、大学医学部のマネジャー・ディプロマ（Gestionaire Diplome）コースで指定の教育を受ける。

　４週間の理論と２週間の実務演習（MAIAでの実習）がカリキュ

ラムで、ケースマネジメントをはじめ、関係法令、関係機関の組織
や業務、連携マネジメント、ケーススタディ、加えて老年科の教授
の授業等もある。修了証書を得て従事できる。根拠法もある。

3）ケースマネジャーの介入効果

　現場での業務の実際では、困難事例のチェックリストである
FAMO（Formulaire d'Analyse Multidimensionnelle et d'
Orientation）を使い、多次元なアセスメントをしてケアを方向付
ける。

　ケースマネジャーのシャルタルギオンさん（元開業看護師）は、
「医学的に問題がある、自立できない、認知症がある、自己決定に
問題がある、すでに介入しているが問題解決になっていないケース
を担当するが、大事なことは何がニーズか、一からアセスメントを
やり直すことです」と語る。

　具体的には医学面、ソーシャル面、社会医療面などから評価して
再判定をする。最終的には在宅で最期まで過ごせるよう支援するが、
医療的な介入がやり過ぎではないかという場合などは修正したりす
るという。

　アセスメントの結果、ケア方針は関係者での合意が必要で、サー
ビス事業者、保険支払者等で合意して決定し、サービスをコーディ
ネートする。また、病院から医療情報を入手しても良いが守秘義務
がある。

　「ケースマネジャーの役割はサービスを統合してシンプルに提供
すること。そして最終目的は、在宅の維持で本人のQOLを優先す
ることです。かかわるサービスの提供者各々が役割と責任をもつと
いうことになります」という。

　西地区では60歳以上は11万５千人だが、ケースマネジャーに上が
ってくる人は100人から150人と多く、９割が独居の人だという。

4）困難事例へのケースマネジメントの実際

　「いくつかの介入ケースを紹介しましょう」とシャルタルギオン

さんの話が続く。

①救急外来を頻回受診する高齢者の場合

　頻繁に救急外来を受診する高齢者がいた。あまりに頻繁なのである時、病院から連絡がありケースマネジャーが飛んで行った。そこではじめて外来担当医に、主治医のGPの情報や、手元にある検査の情報などを提供し、今後について一緒に考えることになった。結果として、症状が起きた時に救急外来に駆け込むのではなく、老年科できちんと必要な治療をしましょうということに“交通整理”でき、老年科で治療継続となった。

　ケースマネジャーの介入で、救急外来の受診が減り、無駄な検査（重複する）も減り、入院も回避できた。本人にとっても適切な医療の受診で、費用的にも効果的な結果になったという。

②かかりつけ医のいない高齢者の場合

　MAIAのケースでは約半数の高齢者がGPに登録していなかった。そのような高齢者は調子が悪くなると即、救急外来にいく。そして入院となる。

　まずはGPに登録させることから始め、在宅の介護サービスを使い、環境を整える。GPにもメリットがあり、医療費的にも節約となる。

③在宅の方が介護費用が高くつく場合も

　独居で多くの問題を抱えている高齢者の場合、在宅サービスを組み合わせるより、高齢者住宅やナーシングホームなど施設入所を進める場合もある。結果的に介護費用が安くなったこともある。

④サービス提供者側に問題がある場合も

　ある高齢者の場合、同じサービスを２つの事業所から受けていた。本人はよくわからずに受けているのだが、ケースマネジャーのほうで重複サービスを整理しカットすることもある。サービスを簡潔に安く提供するのも任務の１つとなるという。

5　地域包括ケアシステムは"インテグレート"

　2018年8月にMAIA　Paris Questのオフィスを再訪すると、パイロットのアナさんが対応してくれた。

　最近のMAIAの実績を語りながら、「サービスがワンストップで受けられ、既存のサービスがつながり、高齢者にとって、本当にわかりやすくなった」という。

　MAIAのコンセプトは「統合・インテグレート」。

　「それぞれ独立していた病院医療と在宅事業者の壁をとり、ケアプランの決定がスムーズになり、支払い者（保険者）にもコストエフェクティブでメリットが大」だと述べる。

　前述したように、困難事例のケースマネジメントには標準化されたチェックリスト（FAMO）があり、ケアの網の目の一つひとつが埋められる。

　地域には、高齢者の"ゴミ屋敷"や、寝たきり寸前で明らかにケアが必要なのに介入を拒否する高齢者、徘徊、近所からの様々な苦情等がある。病院の救急外来から連絡があり飛んでいくこともある。かかりつけ医に登録しておらず、調子が悪くなるといつも救急外来に行き入院となる高齢者もいる。また複数の事業所から同じサービスを受け続けている高齢者のサービスを交通整理することもある。

　適切なサービスにつながることで、本人のQOLが上がり、救急受診や入院の回避、無駄な医療費・介護費の抑制にもなる。

　最終目的は在宅生活の維持で、在宅看取りもする。

　わが国の地域包括支援センターに働く保健師・看護師、ケアマネジャーの業務と比較して、MAIAがシステマチックにメディカルとソーシャルの両側面から介入し、病院と地域をつなぎ高齢者のQOLと費用抑制の両面のアウトカムを出せるケアコーディネーションをしていることは大いに示唆を得る。

　地域包括ケアシステムにもフランス流のエスプリが漂っていた。

II 在宅入院HAD 「あなたのために病院が家に行きます」

パリ市立病院の「在宅入院HAD」で訪問看護に同行したのは2010年夏のことだった。

パリ市立病院HADの入り口のプレートには「あなたのために病院が家に行きます」とある。

何軒か同行訪問したが、この日は男性看護師とともに繁華街の高級そうなアパルトマンに一人住まいの高齢女性宅を訪問する。高齢者に多い難治性の下腿潰瘍の処置だったが、必要な衛生材料や医薬品はデリバリーですでに届いており、訪問看護師は簡易なガ

パリ市立病院のHAD

ウンを着て、ディスポーザブルの滅菌セットを開けて処置をする。

処置の後、体調や食事の状況を聞き、他に相談事がないかと確認して訪問が終わる。30分くらいの手際よい訪問だった。

ディスポーザブルのグッズも創の処置内容も、今振り返っても日本の訪問看護と比較してレベルの違いが如実だった。

 フランスの在宅入院とは

フランスの在宅ケアと言えば高度医療訪問看護の「在宅入院

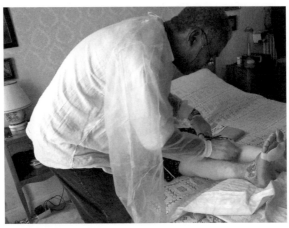

同行訪問時に立ち会った下腿潰瘍の処置

Hospitalisation á Domicile（Hospital at Home）・HAD」がまず主力として活動している。2016年の統計では全仏で308のHADが活動している。

　「在宅入院」は、1951年頃、大戦後の結核時代に市中の病院がベッド不足の解消や在宅ケアの場として始めたという長い歴史をもっている。1972年には全国在宅入院連盟が設立されている。

　近年では高齢化の進展と国の医療費抑制策による「入院日数短縮化」や「利用者のQOLと利便性」という双方のメリットで、政府の医療改革の３つの柱の一つとして在宅入院が推進されている。

　平均入院日数が５〜６日というフランスの早期退院後の「30日程度の短期集中」「在宅高度医療・訪問看護」であり、「入院と同レベルの治療が自宅で」提供される24時間365日対応の訪問看護で、自宅のベッドが在宅入院ベッドに制度上もカウントされるのが「在宅入院」。地域医療計画で病床数（何人規模のHADか）が決定される。

　現在、在宅入院とは次のように定義されている。

　「病院勤務医及び開業医により処方される患者の居宅における入院である。あらかじめ限定された期間（ただし患者の状態に合わせて更新可能）に、医師及び関係職種のコーディネートにより、継続性を要する治療を居宅で提供するサービス」（2000年５月　雇用連

帯省通達）

　HADの設置主体は公立が41％、NPOや財団など民間非営利が40％、営利が19％で、最近は営利の伸びが目立つという。

　患者規模別でみると1,600人の大規模から800人規模クラス、50人規模の小規模までの大小様々であるが、「小規模で競合するより一定の規模が必要」とは全国HAD連盟の事務局長さん。

　訪問するスタッフは、医師・看護師・助産師・介護職・PT・OT・心理士・ソーシャルワーカー・薬剤師などで、検査も薬局部門もあり、医薬品衛生材料のロジスティックスセンターも併設、病院機能がそのまま在宅まで届けられる。

　対象ケースは「急性期で頻回訪問（1日複数回訪問も）と多職種介入が必要な患者」と定義されていて、年齢や疾患に関係なくケアが提供される。対象は、周産期の産後ケア・新生児ケアや小児、がんの在宅化学療法や複雑な創傷処置、日帰り手術後のフォロー、難病、がん等の緩和ケア（パリアティブケア）、在宅の看取りまでと、赤ちゃんから高齢者まで医療と看護を提供する。

　HADは、医療保険がカバーするので患者の自己負担はない。

　訪問（入院）期間は概ね30日でHADからの退院となる。30日を超えても継続医療・看護ケアが必要な患者は、日本の訪問看護ステーションにあたる「在宅訪問看護介護事業所（SSIAD）」や「開業看護師」に連携しケアを継続する。

　2016年の統計をみると全国308のHADで10万9,866人の患者に4,877,563日のケアを提供し、うち死亡は1万5千人となっている。

Ⅲ 在宅入院HADの実際
―最大手のサンテサービスの戦略―

 サンテサービスの概要

　筆者が数回、視察している在宅入院（HAD）最大手のサンテサービスは、1957年にがん専門病院の訪問看護から始まった歴史をもち、60周年が過ぎた老舗のHADだ。在宅ケア業界のリーダーでもあり、在宅医療にかかわるプロフェッショナルの研修も行っている。

　パリ市内とイル・ド・フランス圏をカバーするが、フランスのみならずヨーロッパでベストカンパニーの在宅ケアの実績をもち、近々ロシアにも"輸出"しHADを展開する話もあるというグローバルぶりである。

　2016年10月、2018年8月の視察時はミッシェル・カルマンCEO（全国在宅入院連盟の副会長）はじめ、コーディネーター医師のニコラス・ガンドリーユ医師、看護部長のマシュウ・シルベーヌさん、薬剤部の薬剤師さんたちからレクを受け、薬剤物流センターの現場を拝見した。

コーディネーター医師のニコラス・ガンドリーユ医師

看護部長マシュウ・シルベーヌさん（左）

サンテサービスは圏内を西部・東部・南部の３ブロックに分けて在宅入院の事業所を３か所、在宅看護介護事業所（SSIAD）も３か所もち、社会福祉部門、薬剤部には抗がん剤のクリーンルームをもち、医薬品の物流ロジスティックス部門、コンサルティング業務、人材養成トレーニング部門、研究開発部門も併設している、まさにこの業界のリーディングカンパニー（Foundation）である。

　300以上の病院や施設とネットワークをもち、年間売上は１億ユーロだという。

　なお、HADとしての必須条件は、①24時間、看護師が電話相談できる体制、②医師が24時間対応、③薬局が24時間開いていることだという。

①職員数
・職員は約1,000人で、主な専門職は訪問看護師が320人、55人のコーディネーター看護師、210人のケアスタッフと11人のホームヘルパー他で全体の７割が看護介護職
・16人のコーディネーター医師（小児科、老年科、悪性腫瘍、リハビリテーションスペシャリスト、栄養スペシャリストなど）
・薬剤部門は７人の薬剤師と24人の薬剤助手
・８人の管理栄養士、6.5人の心理士、15人のソーシャルワーカー、リハビリスタッフは８人などとなっている

②利用者数
　全仏No１の業績のサンテサービスの2017年の利用者をみると、１日当り1,603人で、年間延べ利用者数は13,193人に延べ550,000日の訪問をし、年間の看取り数は500人から600人だという。

　ちなみにフランスでも７割の国民は在宅での死を望むが、実際に家で死ねるのは２割だというが、HADでは35〜45％は在宅で看取るという。

③連携している外部の専門職パートナー
　連携先は100人のGP、延べ1,850人の開業看護師、650人の開業理学療法士、270人の助産師となっている。

④ITとロボットで管理された医薬品の物流ロジスティックスセン

ター

通販のアマゾンのような巨大倉庫から毎日、抗がん剤の輸液100パックを含め800軒の患者宅に医薬品・衛生材料等を宅配している。

② コーディネーター医師・ニコラスさんに聞くHADの在宅医療

まず、コーディネーター医師・ニコラスさんからHADでの患者ケアについて詳細を聞く。

医師として20年キャリア、ベテランのニコラス医師は15年間、がん専門病院の臨床で悪性腫瘍専門医としてキャリアを積んでいたが、リクルートされて2009年からサンテ社でコーディネーター医師として従事。今も週に1回はがん専門病院で診療をしている。誠実で熱意あるタイプのナイスガイ。

サンテサービスには20人のコーディネーター医師がいて、1,200人を診ている。20人はそれぞれスペシャリストで血液内科、悪性腫瘍、リハビリ、ターミナルケア、栄養学などの専門医で、今は心臓内科医を探しているという。

「HADでのコーディネーター医師はどんな役割をしているのですか？」

「一般的なチーム全体のコーディネート、コンサルタント業務ということになるが、病院との調整や患者の家庭医（GP）との調整や、複雑になるケア内容の整理、そして自分の専門領域の診療技術の支援を行う」

たとえば、抗がん剤・緩和ケアの麻薬の処方の経験のないGPへのコンサルテーションや、気管切開の子どもの治療の経験のないGPにカニューレ交換の手技を指導したりなどを例にあげている。

HADのコーディネーター医師の方が専門的スキルは高いという感じだろうか。

問うと、「いえいえ、現場の後方支援ですよ！」と、謙虚なニコラス医師である。

1）在宅入院への患者紹介の流れとチェックリスト

在宅入院への患者の紹介は、95％が病院からの早期退院患者で、GPからは５％だという。

受け入れ手順は、①入院していた病院の医師のオーダー（フランスでは処方箋という）が出て、②患者の同意を取り、③コーディネーター医師が介入し、④かかりつけ医の同意も得て、⑤訪問の受け入れとなる。

この受け入れの入口でHADに該当するかどうかは、次のようなチェックリストを用いる。

---

①高度な検査（MRI等）
②独居かどうか（独居でも玄関が開けられるか、緊急時誰かに
　連絡がつくか）
③HADの院内薬局の薬剤を使用する（病院で使うような薬が
　必要かどうか。ex モルヒネなども）
④化学療法、疼痛緩和
⑤産後48時間で退院したケース
⑥人工骨頭置換術後24時間のケース
⑦1,800グラム以下の新生児・未熟児
⑧複雑な創傷ケア
⑨２時間程度かかる看護ケア
⑩頻回訪問の必要性
⑪今後、重症化が予測される

その結果「多職種で24時間７日のケアが必要」であればHADの対象ケースとなる。

2）コーディネーションルール

また「コーディネーションルール」があり、フランスでは基本的にかかりつけ医のGPが患者の処方やオーダーをするので、これまでHADの医師はあくまでもコンサルテーションだけだったが、

2013年にはコーディネーター医師も処方をすることができるように
なり、2017年にはコーディネーター医師もかかりつけ医のGP同様、
患者宅への訪問も可能になった。

　HAD側から見れば効率的に即断できスムーズなケアができるよ
うになったということだろうか。

3）在宅入院を提供する「場所」

　訪問する「場所」について聞くと、

　「患者の"住まい"であれば、アパートメント、メゾン、ホテル、
キャンピングカーなどもOK。高齢者施設にもHADが訪問看護でき
るが、中心静脈注射やペインコントロール、化学療法、複雑な創傷
ケアそして終末期の場合になる」と、ニコラス医師が説明する。

③ 在宅入院ではどんな医療や看護ケアが行われている のか？

　「在宅入院」は文字通り、「在宅で入院と同じレベルの医療看護」
を提供するものだが、実際にはどのような在宅医療なのか？　ニコ
ラス医師のレクが続く。

①周産期・新生児
・産前管理のケースでは、毎日助産師が訪問しモニタリングする。
・産後は正常分娩であれば２日で病院を退院するので、その後訪問
　する。
・36週未満でお産の場合は５〜７日の入院で退院するので、その後
　訪問し、新生児の授乳や母親の心理的支援をする。
・低体重児は、通常2,200g以上で退院だが、HADがフォローする
　場合は1,800gでも退院する。児には抗生物質や酸素、栄養、沐浴
　指導などを２週間程度フォローする。
・帝王切開の場合は３日目に退院するので、その後HADが訪問。
　５〜７日間をフォローする。

②小児科

　小児がんなどが多い。化学療法やターミナルケアをする。

③心筋梗塞

　発作から10日間程度フォローする。

④複雑な創傷ケア

・褥瘡や腫瘍、重度な火傷等で、複雑なガーゼ交換（1時間くらいかかるなど）や、陰圧をかけて創傷ケアをする場合など。

・エクストラ創傷ケアと呼んでいる術後1日目のガーゼ交換やドレーンの処置も。

⑤急変時対応

　プロトコール化してあるので、それに沿って対応するが発熱や炎症、通常でないドレーンからの排膿など急変時の対応もある。

⑥リハビリテーション

・一つは整形外科系の患者の通院リハと在宅リハで2〜3週間実施。もう一つは神経系疾患のリハビリ。

・いずれも住宅改修やリハビリプログラムをリハビリ専門医師と理学療法士がコーディネートする。

⑦抗がん剤の化学療法

　在宅での化学療法は、初回は病院で実施し、安定していることが条件になる。

　「また抗がん剤の新薬は、2年間は病院の中でのみ使用となっていて、HADではその薬が安定してから使える」とニコラス医師。

　中心静脈のポートで継続するが、患者が受け入れていることも重要で、環境が整っていることも条件になる。

　「ある時、車上生活の患者の依頼があったが、環境が安全でないので断った」という。

　新しい患者が来ると、「まず抗がん剤の選択について、（高いリスクのある抗がん剤は病院のみで使うので）、その薬を在宅で使用することについてリスクなどチームでディスカッションをする。コーディネーター医師だけで決定せず、薬局長と看護部長からの双方のOKが出ないとムリだ」と専門職間の水平な関係が語られた。厳密

なプロトコールがあるが、直接ケアする看護師の判断が重要になる。

　抗がん剤に係るスタッフは血液専門医２名とオンコロジー専門医１名、薬剤師２名、薬剤助手５人のチームで、サンテサービスの院内薬局から抗がん剤や麻薬を患者宅に届ける。薬局の業務とロジスティックスセンターの実際は、後で触れる。

⑧ペイン（疼痛）コントロール

　モルヒネのポンプを使用して投薬する。またはカテーテル、吸入、硬膜外注射、パッチなどで投与する。

⑨人工栄養

　点滴、鼻腔からの経管栄養、胃瘻など。

⑩緩和ケア（パリアティブケア）

　「業務全体の３分の１が緩和ケアと言える」とニコラス医師。化学療法をしながら緩和ケアが始まり、終末期に近い状態、最終末期ケアと緩和ケアは続く。疼痛管理ではメタゾラン、フェタニール、ケタミン、スコポラミンなどの薬剤を使用する。薬によっては死期を早めるものもあり、患者に告知して使う」と、ニコラス医師は患者の希望を叶えることを最優先に重視しているという。

⑪人工呼吸器

　１日に30ケースくらいあるが、家族または介護者が常時いる人のみに限定される。

⑫患者教育

　保険上は15日間と期限があるが、糖尿病の教育や胃瘻、経管栄養、気管切開など必要な患者に、栄養士やソーシャルワーカーがかかわる。

⑬看取りケア

　死亡時は、かかりつけ医であるGPが死亡診断書を書く。

　「コーディネーター医師とGPの関係性についてはどのような感じですか？」ニコラス医師に聞いてみる。

　「往診はGPの仕事なので往診はしないが、はじめてターミナルケアをするGPの場合、コーディネーター医師としてディスカッションしてサポートする。良い関係の時もあればいろいろだ。しかした

とえば、モルヒネの使い方もとんでもない量を使っているGPがいたりするが、逆にGPのファミリープラクティスから学ぶこともある」という。常にコミュニケーションと会話が大切だというニコラス医師であった。

 ## 4 看護部長マシュウ・シルベーヌさんに聞く訪問看護の実際

全体を統括する看護部長マシュウ・シルベーヌさんからは、どのような看護組織で業務をし、管理しているのかを中心に聞く。

彼女はマネジメントのMBAをもっている看護師で、ケア・クオリティ・ディレクターでもある。

1）事業所の看護チームの組織

サンテサービスでは前述したように広い地域を担当しているので、3つのブロック（支部）に分けてHADの事業所を置いている。

1ブロックの事業所は120人の看護師を配置し、患者数は500人規模となる。

さらにブロックを7〜8のユニットに分けて患者を受け持つ。1ユニットの担当は、15人の看護師で70人の患者を受け持つことになる。

各ブロックには「管理看護師、ケア主任（責任者）、そして各ユニットチームの看護師＋看護助手（15人）」がいる。

チームは朝8時〜15時、15時〜20時、20時〜翌朝7時までと3シフトで24時間の訪問看護を提供する。

20時〜翌朝7時の夜間は夜間専門の1チームが、地区を担当する各ユニットを越えてブロック全体をカバーする。

2）コーディネーター看護師の役割とケアの流れ

①ケースの依頼時（HAD入院時）

・コーディネーター看護師を各事業所に1人配置し、新規患者の依

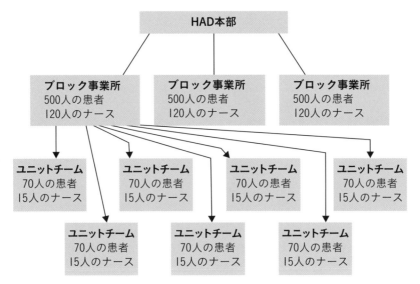

図　サンテサービスにおける事業所組織図

　頼時には患者と病院の担当医、GPを交えてのコーディネートをする。
・次に現場のスタッフに受け入れ可能かどうか確認し、
・初回訪問でアセスメントをする。
・そして患者から契約書に同意のサインをもらい、受け入れとなる。
・次にケアプランを立てるがケアプランソフトを使う。
　このケアプランソフトはサンテサービスで開発したもので電子カルテになっている。看護量測定や移動距離も出る仕組みで、それに基づいて多職種でカンファレンスをもち、情報やケア方針等を共有する。
②退院（終了時）
　終了の理由には、
・状態が改善した時・病院入院・死亡・引っ越しや個人的理由などでいずれもGPの署名が必要。
・また30日を超えて訪問看護の継続の必要な慢性疾患や高齢者では、次のケア組織となるSSIADや開業看護師につなぐ。

5 看護管理とIT

　「看護管理者の役割は業務管理、スタッフ管理、そしてリスクマネジメント、外部の機関との関係調整などとなります」とマシュウさん。夜間も電話対応がある。

　看護部全体では衛生管理チーム、ターミナルチームやストーマ専門チームなどのエキスパートチームで、業務を充実させ事業所の運営をしている。

　さらに24時間365日のケアなので、現場をリリーフするチームがあり、医師1名、看護師1名、薬剤師1名で当直をする。

　「まるで病院組織みたいですね」というと、

　「そうです。在宅入院ですからね」と笑うマシュウさん。

　また、クレーム委員会はユーザーからのクレームや連携する専門職からのクレームを受け止め、改善につなげるという。上がってきたクレームの回避や予防、業務改善もこの委員会の仕事だ。

　そして患者のカルテは患者の自宅においてあり、訪問したすべてのスタッフが記入するが、電子カルテはサンテのスタッフだけが記録する。

　またスマートフォンで処方箋を院内薬局に電送するアプリなども使って、薬局との連携をスムーズにし、患者宅に必要な薬剤や医療機器、材料等を薬局から宅配デリバリーする。

6 巨大な薬剤部（院内薬局）とロジスティックスセンター

　サンテサービスのロジスティックスセンターには驚かされる。

　薬剤師のリマバンさんたちに案内されて薬剤部事務室の扉の向こうに行くと、通販のアマゾンの倉庫のような巨大な薬剤部の倉庫フロア！

　わが国で言うなら中堅どころの医薬品卸会社の医薬品倉庫かと思うくらいである。

巨大な薬剤部（院内薬局）とロジスティックスセンター

　ロボットとITで管理され、業務が全自動化されて動いている。天井まで届く大きな何層もの医薬品棚から取り出されて、ベルトコンベアーで運ばれる薬などが自動的に箱にパッケージされ、流れていく。

　またガラス張りの部屋はクリーンルームで、2台の器械で抗がん剤のミキシングとパック、血小板のパックなどが行われていた。

　また基幹病院で治験を行っていた患者には継続して治験も行っているという。

ベルトコンベアーで運ばれる薬

クリーンルームでは、2台の器械で抗がん剤のミキシングを行う

ここには薬剤師が７人とアシスタント24人をはじめ、倉庫係や搬送のトラック運転手など総勢50人近いスタッフの陣容だ。

　１日に300枚の処方箋が届き、薬剤1,500品、マテリアル500品がデリバリーされる。

　化学療法中のがん患者が多いので、ミキシングされた抗がん剤や麻薬はここから患者宅に届けられる。

　通常の場合、その日の17時～19時に翌日分がミキシングされ、翌朝の７時～10時には患者宅に配送される。そして10時～17時の間に訪問看護師によって注射されるというスケジュールだ。

　在宅で使用後の医療廃棄物の処理もする。

わが国の訪問看護・在宅医療への示唆

　フランスの在宅入院（HAD）を紹介してきた。

　わが国のこれからの在宅医療の推進を考える時、「在宅入院」に匹敵するレベルの高度医療訪問看護と、大規模化による24時間365日のケア、医薬品・衛生材料等のロジスティックスなど、患者目線に立った受け皿の整備が急がれる。

　わが国でも2016年の診療報酬改定で「病院からの訪問看護」が評価され、退院後１か月の集中訪問看護にも報酬がついて「日本版在宅入院」の兆しかと思われるが、訪問看護は強化の途上にある。

　今後、本気で自宅やサービス付き高齢者向け住宅、特養等での「在宅医療」や「看取り」を推進するのなら、在宅入院（HAD）のような「短期集中・高度医療訪問看護」に特化した訪問看護が必要で、入院日数短縮や在宅でのがんの緩和ケア・化学療法、ターミナルケアなどが進む。

　また "特定看護師" の活躍の場としても、自律的なタスク・シフティングを計りながら、制度と報酬の再設計をしていくなど、訪問看護ステーションの魅力と実力を高める改革が、今急がれると「在宅入院」からは示唆を得た。

IV パリの開業看護師

1 フランスの開業看護師のしくみ

　フランスとわが国の医療界の文化の大きな違いは、医師だけでなく看護師、助産師、理学療法士、作業療法士、心理士など国家ライセンスをもつ医療専門職が「開業権」をもち、独立開業していることである。日本では医師・歯科医師・薬剤師以外で開業権があるのは助産師のみ。

　在宅の現場では、患者が手にしたかかりつけ医師の「処方箋（Prescription Medicale）」で、開業看護師・PT・OTや薬剤師（薬局）、検査センターなどが分業・協業するシステムで「自由・平等と連帯」の国らしいと、いつも思う。

　2015年現在、フランスの就業看護師63万8,248人のうち10万9,925（17.2％）が「開業看護師」で、そのうち男性看護師は17,588人（16％）。ちなみに日本の訪問看護師は全就業看護師の３％に過ぎず、圧倒的に少なすぎる。

　理学療法士では開業が８割を占める。開業看護師は臨床経験が３年あれば地方保健局に登録し開業できるが、2008年には新規開業看護師への地域制限がされた。

　パリのような都市部や、ニース、コートダジュールなど南部フランスは人気なのですでに過剰で、他の地方なら空いているという地域間格差も出ているという。中部や北部では市町村行政がビルを提供してコメディカルのグループ開業を招聘し、地方の医療人材不足を補う "公設民営" の開業もあるという。

　パリ北西部の17区で開業11年目のベテラン開業看護師クリストフ・ラセールさん（45歳）に話を聞いた。彼に会うのは２度目だが、

いつも忙しそうにしているのは日本の訪問看護師と同じで、訪問の合間に時間をとってくれた。

② パリの開業看護師

1）開業の魅力

クリストフさんはベテランの先輩ナースが開業していたクリニック（オフィス）に入り、3人の看護師で共同出資して（各人が月約1,000ユーロの事務所経費を負担する）のグループ開業だが、政府の補助金3,000ユーロ（年）や25％の減税などもある。

ベテラン開業看護師クリストフ・フセールさん

「クリストフさんの開業のきっかけは何でしたか？」

「開業看護師は自由な仕事で人気です」とクリストフさん。

「フランスではどんどん入院日数が短くなり、患者は必然的に病院から早く退院させられる。しかし施設に入ろうとすれば高額なので、みな、1日も長く家に居ようとする。要するに在宅での需要は伸びているのです。それに開業は十分な収入が得られる」

「訪問看護は訪問回数が増えれば収入が増える仕組みだから、中には単価の高い中心静脈カテーテルのような処置ばかりやって、どんどん稼ぐナースもいるけど、僕は注射でも患者が自己注射できるならやってください、と頼まれても自分でやってもらう看護が良いと思っている」

「でも金銭の目的だけならやはり続かないでしょう。自由裁量で"看護"をやりたいと思っているかどうか。僕はやはりこの仕事が好きなんでしょうね。それに訪問看護は楽しい」

「人助けをしているというより自分がハッピーになれる。患者さんが僕の誕生日を覚えていてくれて、ささやかなプレゼントを用意

してくれた時など、家族のようで嬉しいですね」と彼の人柄もよく
わかるようなエピソードで、訪問看護ならではの仕事の醍醐味を語
る。

2）クリストフさんの1日

　クリストフさんの1日は、17区を徒歩や自転車、スクーターで走
り回る。年間延べ2万件を超す患者をかかえる彼の日常は、朝7時
半〜夜10時半までが業務時間。訪問対象は新生児から100歳の高齢
者までいる。午前に9人、午後に12人くらいの訪問看護に加えて、
クリニック（オフィス）には1日平均35人〜50人くらいの患者が来
院する。

　ダイナミックな仕事ぶりの1日を紹介しよう。

・朝7時半の早朝から午前中の訪問看護。
・13時〜14時はクリニックで来院する患者の注射や処置、ラボ
　から依頼の検査等。
・14時過ぎから午後の訪問看護。
・17時から夕方のクリニックで患者対応。抜糸や点滴、注射な
　ど。
・19時から夜の訪問看護、そして事務処理などすると22時30分
　頃に終わる。

「ハードワークですね」と驚くと、
「体力勝負です！」と笑うが、日本の訪問看護師以上だ。
「3人でチームを組んで月に15日くらいはこのようなスケジュー
ルでハードに働き、後は自分の人生を謳歌する。看護も人生も楽し
む。バカンスもしっかり取りますよ」と、収入も勤務時間も自分で
決めるフランス流人生論が返ってきた。
「一人開業の人はいますか？」との質問には「法的には一人でも
開業できるが、一人では24時間365日の応対義務はできません。だ
から2〜3人の開業が多く、8〜9人でグループ開業をしていると

ころもある」と否定的だった。

近くに一人開業の看護師もいるが、彼女は自分が休む時はクリストファーさんのオフィスに患者の訪問看護を頼んでくるそうだ。

 ### 3 訪問看護業務と報酬・ITカード

フランスの開業看護師のできる医療行為は幅広い。日本であれば医師しかできない行為も可能だ。フランスの看護師には「デクレ」で看護行為が決まっているが、医師の指示がなくともできる行為が幅広い。

クリストフさんのオフィスでは、0歳児から107歳までの患者に、看護内容もドレーン交換、IVH中心静脈注射の管理や抜去、がんの化学療法（ミキシングも）、尿カテーテルの挿入・抜去、静脈注射、筋肉注射、手術後の抜糸や処置、下腿潰瘍、褥瘡、投薬管理、人工肛門や人工膀胱の処置などを実施している。

加えて入浴介助や清拭、おむつ交換など身辺ケアの看護も行う。

在宅の緩和ケアやターミナルケアもするが、難しいケースは「在宅入院（HAD）」や「緩和ケアモバイルチーム」と連携するという。

開業看護師には「看護報酬」が疾病金庫から支払われ、「医療看護技術（AMI）」と「看護生活技術（AIS）」で点数化されている。

2012年5月27日の改定のAMIでは、皮下注射をすると1回8.50ユーロ（処置料・移動・加算等含）、ガーゼ交換処置15～20.10ユーロ、点滴30.85ユーロ、複雑な創傷ケア50～60ユーロなど設定されていて、訪問回数と難度の高い処置が増えれば収入が増える出来高方式だ。一方AISでは、清拭や入浴介助などのナーシングは点数が低く1回17ユーロにしかならない。日本の訪問看護のように「訪問滞在時間で報酬が決まる」設定ではない。

さらに政府の2007年4月15日法令では「看護師の処方権」が可能になっており、羨ましいことに、看護師が衛生材料や導尿カテーテル、皮膚科の塗布薬、下剤、浣腸剤、ピル等の処方ができ、看護の裁量の広がりは患者の利便性にも寄与している。

　また医療現場はIT化されていて、全国民がもつ「ヴィタルカード」のICチップには社会保障番号と診療データが書き込まれており、「プロフェッショナルカード」と両方を「カードリーダー」に挿入すると、プランやデータ書き込みと診療報酬請求、患者の医療費償還までが瞬時にできる仕組みで、事務処理もスムーズだ。

 ## 地域でのチームワークと連携

　開業看護師も継続的治療をするには地域で多職種とチームワークが必要だという。
　「まずはかかりつけ医（GP）、病院の主治医、薬剤師、リハビリのPT、OT、在宅入院などと日常的に一緒に仕事をします。在宅入院からは患者が送られてきて訪問看護につながる」という。
　「特に最近は世の中も変化してきたと感じることが多い。在宅の看取りも多くなった。高齢者は自分の生まれた家で死にたいと思う。先日も90歳の人の看取りをしたばかりだ」とクリストフさん。

 ## 日本と比較して

　フランスの訪問看護は実に豊富なマンパワーと重層的な仕組みで動いている。3つの訪問看護スタイルは、
①在宅入院（HAD：高度医療訪問看護）
②在宅訪問看護介護事業所（SSIAD：日本の訪問看護ステーション＋介護事業所）
③開業看護師
で、それぞれが医療レベルや看護業務を分担シェアしながら、地域を「面」として活動し、在宅の主戦力になっている。
　制度的にも、自由な「開業権」や、衛生材料などの「処方権」をもち、報酬も「看護報酬」で出来高払い。
　インディペンダントに活躍するフランスの看護師たちの高い報酬と自律的な人間関係をみるに、日本の看護基礎教育（特に大学教育）

には大改革が必要だと実感させられる。

　また、訪問看護への人材確保も、新卒でも受け入れられる路線変更が必要ではないかと、わが国を振り返った。

Ⅴ フランスにおける終末期医療の法制化と緩和ケア・看取りの実際

1 人生100年時代の「メメント・モリ（Memento mori）」

わが国は超高齢社会の到来とともに、「多死時代」を迎えている。
「多死時代」と言ってもなじみがないかもしれないが、「死」は誰
にも、等しくやってきて、いつかは、ノックする訪問客だ。

そして、新型コロナウイルス感染拡大の最中には、死は三人称で
はなく一人称、「じぶん事」として身近になり、家族や友人と語る
ことも増えてきた。

30年くらい前、高齢化に関する講演に招かれるといつもジョーク
で、「近未来の地域は、結婚式場は閑散とするかもしれないが、葬
儀場はいつも立て込んでいるかも」というと、会場の皆さんが必ず
笑ったものだが、それが現実になった2020年代である。

2019年９月発表の人口動態調査によれば、わが国の総死亡数は
136万2,482人、出生数は91万8,397人と人口の自然減は著しく、2030
年には総死亡数は170万人と推計されている。これが「多死時代」
というわけだ。しかもこれからは長寿とともに後期高齢者の死亡が
増える。

そんな時代だから、いのちの尊厳や人々の暮らしを守る幸福追求
の新しい"ポジティブヘルス"や"共生の哲学"も生まれつつある。

そして、悩むのは人生最期の時をどこでどう迎えるか？である。

終末期医療とケアのあり方については、これまでも各界で議論が
されてきたが、2019年３月には厚生労働省から「人生の最終段階に
おける医療・ケアの決定プロセスに関するガイドライン」の改定版
が出され、医療・介護現場では終末期医療・ケアの環境整備や取り
組みの議論に拍車がかかり、メディアでも取り上げられるようにな

ってきた。

　中でも、終末期医療で重要な「アドバンス・ケア・プランニング（ACP）」については、医師・看護師はじめ医療・介護現場での理解を深めるアクションや、国民への普及が進められてきており、ACPには "人生会議" のニックネームが付けられ、ポスターも作られた（センスも哲学もないこのポスターはあまりに酷いもので、物議をかもした末に取り下げとなったが）。

　ACPを "人生会議" としたネーミングにも違和感が大きいが、超高齢社会のいま、私たち自身が自分の「人生の最期の時」は、一人ひとりが考えなければならないテーマになっている。

　しかし、一方で、わが国では終末期医療や看取りの周辺に係る法整備は何らされていない。前述したガイドラインしかない状況なのだ。

　フランスでは長い時間をかけて終末期医療の議論を重ね、世論の動向も見極めながら法整備してきている。

　2018年夏、フランスの新しい法律＝クレス・レオネッティ法と現場の終末期ケアを探る旅に出かけた。

 ## 2　クレス・レオネッティ法と終末期医療

　フランスでは、2005年に「レオネッティ法」で「人工的な延命医療の中止」を容認し、終末期医療に一定の倫理的ルールを明記したが、医療現場と国民のニーズの乖離や、実際に "安楽死" を選んだケースが社会問題になるなど、様々な状況があった。

　これを受けて2016年に、国会では右派であるレオネッティ議員と左派のアラン・クレス議員で法案作成された「クレス・レオネッティ法／患者及び・終末期にある者のための新しい権利を創設する法律（2016年法）」が２年間の議論の後、成立し、緩和ケアと終末期医療現場に新たな展開がみられている。

　オランダと異なって、カソリックの国フランスでは、「安楽死は法的にも違法」としているが、この2016年法では、「誰もが人生の

尊厳を失うことのない権利をもち、最高レベルの苦痛の除去をされる」ことを第一義に、「保健医療従事者は尊厳を保つためにすべての手段を使わなければならない」とし、「治療やケアが不合理な執拗さをもたらす場合には実行または続行を禁止し」「治療行為が無益、不均衡または生命の人工的な維持以外の効果を満たさないと判断される場合には人工栄養と水分の摂取の停止ができる」としている。

「この2つの行為が中断された時、または行われない場合、緩和ケアを提供することで医師は死に至る人の尊厳を守り、人生の質を確保する」、また、「患者の苦しみを遅らせ、不合理な執拗さを受けないように要求する」としている。

このように「患者の意思に従い、患者が表明できる状態でない場合には別途命令で定める合議手続きを踏んで、積極的な治療の中止又は差し控え」を可能にし、「緩和的鎮静（次に起きることのない深い眠り）・ターミナルセデーション」の実施が定められた。

この法律で国民の人生最期の時のその人らしい尊厳の確保と、終末期医療に係る医療者の心理的、倫理的支援（正当化）をした。

またクレス・レオネッティ法成立を受けて、2016年4月には国立緩和ケア・終末期研究所（National center of Palliative care and end of Life）が新設され、国民への終末期医療を受ける権利と自己決定、アドバンス・ディレクティブ（事前指示書AD）の普及や、医療現場での終末期医療の様々な取り組みの支援、国内外のデータ収集等の課題に取り組んでいる。

「フランスにおいて安楽死は違法であり、この法律は安楽死を容認したわけではない」と強調する研究所のフォーニエ所長。

③ 人生の最期をサポートする「対話型プラットホーム」国立緩和ケア・終末期研究所

2018年8月、前の週まで30度越えの猛暑だったパリも秋晴れのようなさわやかな陽射しに変わった1日、パリ市内の国立緩和ケア・

国立緩和ケア・終末期研究所　　　　　ベロニク・フォーニエ所長さんと

終末期研究所を訪問した。これは日本にはまだない機関なので大い
に期待していた。

　迎えてくれたのはベロニク・フォーニエ所長さん。心臓専門医で
あり公衆衛生学や政治学にも精通したキャリアをもつ。臨床倫理研
究センターで医療倫理や意思決定（Dision making）、終末期におけ
る医師・患者・家族関係などについて研究していた。

　クレス・レオネッティ法の成立を受けて設立されたこの研究所に
所長として招聘された。

　シルバーグレーの髪をゆるく束ね、淡いブルーとグレーでシック
にコーディネートした装いで現われたフォーニエ所長は、大柄で雰
囲気のあるおしゃれな女性だった。

　静かな語り口だが、信念を持った芯の強さが感じられる彼女のレ
クが始まった。

Ｉ）新法を推進するための研究所の３つのミッション

　「この研究所のミッションは2016年法の理念の普及とフォローア
ップの調査研究にあります。そのために政府は大きな予算をこの研
究所に投入して新設しました」

　「一番大きなミッションは『国民にターミナルケアを受ける権利
があることを普及する』ことで、国民への様々なキャンペーンを開
始している。2017年10月15日の国際デーにはイベントも開催した」
と説明を始めた。

　このナショナルセンターの紹介パンフには「人生の最期をサポートする対話型プラットホーム」とあり、ウェブサイトのネットワークも作っている。

　彼女がまず示したのは壁に貼られた国民啓発ポスターだ。

　居間の赤いソファに座った男性が新聞で顔を覆っている。何ともスマートなセンスあるポスターが語りかける。

「人生の終わり？
　誰もそれについては考えたくない」
「それが今日だったら、誰があなたの意見を
　知っていたでしょうか？
　今すぐにあなたの事前の指示を書いて、あ
　なたの信頼できる人を選ぶことができま
　す。
　人生の終わり
　もし、私たちがそれについて話すなら」

市民への啓発ポスター

　「新法の理念を広めるのに、まず国民が自分の人生の終わり方を考えたり、自分の意思を伝える『事前指示書AD』の存在や代理人としての『信任者』などの仕組みを知り、何よりも緩和ケア（パリアティブケア）を受ける権利があることを、TVや新聞、ウェブサイトやSNSなどを活用して広くキャンペーンをしている。またイベントも行うなど、国民とのコミュニケーションを図っている」

　「同時にこの難しい課題に対応する現場の専門職向けのオンラインコースを設けたり、ムックの発行やワークショップなどを開催している。これが一番大きな仕事ですね」と一言一言、ゆっくり話すフォーニエ所長さん。

　２番目のミッションは、終末期ケアについての国内・海外のデータ収集と普及・出版で、ヨーロッパ各国やカナダ、南米などからも情報収集している。３万ものアーティクルが収載されているWebデーターベースや、毎月のニュースレターの発行、2018年１月には

「事前指示書に関する報告書」を2冊、出版している。

　事前指示書の普及版は手引書になっていて、2千人の国民調査から見えてきた人々の意向＝事前指示書には何を書きたいのか。何を書きたくないのか？　また医療者には患者といかにこの問題を話すのか？など詳細が盛り込まれている。

　そして第3のミッションは、「法と制度のフォローアップであり、これが最重要になります。次の法改正につなげるアクションで、法施行後の現場の変化を報告することが求められているのです」と、新法をフォローし次の政策につなげる。

　「特に『ターミナルセデーション（終末期の深い鎮静）』については、臨床でも課題が多いので、国民が望んでいるのか？の調査もしています」

 ## 「ターミナルセデーション」をめぐって

　静かな会議室でフォーニエ所長のレクが続く。

　「この2016年法は医療者と患者の間の接点を見出したものとなっている。国民は安楽死の推進を求めているが、医療者は安楽死にはノー、とことん治療をしたいと思うものです。そのバランスをとったとも言える」

　2016年法は、「まずターミナルセデーションの定義と要件を明確にしたこと。①ターミナルステージでこの後、短期間で死が予想されていること。短期間とは2〜3日とか、数時間くらいの範囲をいう。そして②何をしても苦痛が取れないこと（propotionality）。③アドバンス・ディレクティブ（AD）で患者の意思・同意が明確なこと、④意図は眠らせることで安楽死ではない」。

　ターミナルセデーションについてはガイドラインがあり、使用できる薬は、モルヒネとミダゾラムだけである。

　セデーションのタイミングは2〜3日または数時間という短期間で死に至る場合で、これにより即死（安楽死）をもたらすような使い方はしないということである。

「ここが重要です！」とフォーニエ所長は強調した。

「これまではセデーションを患者が望んでも、安楽死はノーと法律にも書いてあるので、医師にとっては選択が難しいことだった。その意味では定義を明確にしたこの法律は医療現場のジレンマに恩恵をもたらした」と。

2016年法は、終末期の「不合理で執拗な、しつこいほど」の過剰医療や「積極的医療を中止や差し控え」ることができ、ターミナルセデーションの実施に関してもその手順を明確にしたものだが、政治の場での政策決定と医療現場での実際場面の状況は違う。

「政治の場と医療の現場にある乖離やジレンマなど、たくさんある複雑な課題のフォローや、現場の実態をリサーチをするのがこの研究所の大きなミッションなのです」と、確認するように再度、説明するフォーニエ所長であった。

「医師や医療界は少しずつ、ゆっくりだけれど変化している」という。

しかし、現場の医師でも緩和ケアの技術に精通している医師ばかりではない。地域ではモルヒネが容易に入手できないこともある。

また、なによりも治療中の患者が決して安楽で尊厳ある扱いを受けているとは言い難い、医療現場やケアの状況があったりする。

このような状況を受けて、医療者向けホットラインで支援しているという。

「また国民の意識改革も重要です」

冒頭に彼女が示したポスターはそのツールの一つだ。国民調査を行ったり、地域でのパブリックディベートを行ったりしている。

「私が一番楽しいと思うのは研究所を出て、パリから離れた田舎で人口も少ない小さな町村で、住民ミーティングをする時などです。フェース・トウ・フェースでこの問題についていろいろな率直な意見が出て、とても勉強にもなるし、発見もある」と市民との対話を大切にするフォーニエ所長。

「ところで超高齢社会の日本の終末期医療の状況を聞きたいわ」とこちらに話を促され、わが国も病院死は80〜90％だが、在宅や高

齢者施設での看取りにシフトし始めている政策とACPやガイドラインの話、現場での現状、課題を説明し情報交換をした次第。

　何とも有意義で共感のあふれる対話の時間となったことが嬉しいフォーニエ所長さんとの出会いだった。

フランスの緩和ケア・終末期を支える3つのシステム

　フランスでも死亡場所の75％は病院となっている。ホスピス数はまだ少なく、ホスピス入所の8割ががん患者で入所期間は3週間。入所したとしても退所後は在宅かナーシングホームで緩和ケア（パリアティブケア）を受けることになる。

　そのために病院や在宅での看取りを手厚くするする3つのシステム、「緩和ケア病棟」「緩和ケア認定ベッド」、そして「モバイルチーム」が機能している。

　病院では緩和ケア病棟で緩和ケアを行うが、専門病棟がない病院もある。そこで一般病棟のベッドを「緩和ケア認定病床（Identity Bed）」として1床単位で緩和ケア加算を診療報酬で付けている。

　もう一つが「緩和ケア専門のモバイルチーム」で、病院内や地域の在宅や施設をラウンドして緩和ケアをする。

　在宅患者の緩和ケアには24時間365日の「在宅入院（HAD）」や開業看護師が看取りをしているが、モバイルチームが必要に応じて連携する。

「在宅入院HAD」での在宅緩和ケアと看取りの実際

　クレス・レオネッティ法は、現場ではどのように受け止められているのか？　現場を視察した。

　パリの「在宅入院HAD」最大手のサンテサービスで、コーディネーター医師のニコラス医師（がん専門病院やパリアティブケアユニットで25年のキャリア後、サンテサービスに勤務）に話を聞いた（「在宅入院」とサンテサービスについては166ページ参照）。

　「在宅入院」の患者の半数が、がん患者なので在宅での緩和ケアも多い。

　「クレス・レオネッティ法は現場ではどのように受け止められているのでしょうか？」と聞くと、

　「難しいのは『セデーション』です」とニコラス医師。

　1999年6月法、2002年クシュホール法、2005年レオネッティ法など、フランスにおけるこれまでの終末期医療の法整備と、2016年クレス・レオネッティ法の現場での受け止めが説明された。

　「2016年新法は、一言で言えば尊厳死に対する倫理的指針を定めた終末期医療の基本法です。新しい法律では、『特に過剰な医療、しつこいくらい執拗な医療、リーズナブルを逸脱した医療はしない』とされた。また苦痛の緩和にモルヒネを増量できるとしたが、それは苦痛の緩和と副作用としての呼吸停止や死亡させることのダブル効果をもたらすのです」

　つまりセデーションによるダブルエフェクトを倫理的に正当化したのだという。

　「また、事前指示書（AD）の有効期間3年をはずして何年でも有効としたことで、形式に則って記入した正式なADがあれば、患者の意思に医師も反対できなくなった」ことを強調していた。

　「フランスでは2008年に、医師も看護師も“ターミナルケアをできなくてはならない”という保健省通達が出て、臨床はこの間変化してきた。しかし医療者は何としても最期まで緩和治療を続けたいと思うものです。在宅でもモルフィン持続ポンプ、酸素、硬膜外麻酔をするし、在宅で抗がん剤の化学療法をしている患者はいわば緩和ケアでもある。しかしセデーションは在宅では難しい」とも加える。

　セデーションは生命予後が明確で、短期である場合、何をしても苦痛が取れない場合、患者の書いたADに反対できなくなった場合に実施される。

　「一番難しいのは、最期の時どのようにしてほしいのかを“患者に確認する”ことで、そのことをいつ話すか、グッドタイミングを

図って患者の意思を確認するのは、まさしく医療の技、アートであると言ってもいいかもしれない」

　ニコラス医師もセデーションは「次に起きることのない深い眠りのことだが、安楽死ではない」と繰り返し話し、2018年に示された「セデーションの4つの定義」を説明してくれる。

〈セデーションの4つの定義〉
①意図的に眠らせることで安楽死ではない
②残された期間が短期であること
③比較均衡（propotionalit）：苦痛の除去に他の方法がないこと
④同意（consentement）があること

　「緩和ケア、終末期医療は人間の自然なプロセスである死にゆく過程のゴールまで、患者のQOL・尊厳が大事で、身体症状、精神心理、社会的問題、エスプリ、価値観などを慮った医療ケアで、過剰な医療はしないこと、Interdesiplineなチームケアが重要、そして安楽死は違法です」と再確認するニコラス医師。

　サンテサービスでは年間死亡は500〜600人で、うち小児は10人くらいいる。緩和ケアを受けている患者のうち約3分の1が在宅死を可能にしている。ちなみに在宅入院のタリフ（診療報酬）では、ターミナルケアの訪問看護は1日に335ユーロ〜380ユーロとされている（通常の訪問看護は1日200ユーロ）。

　実際の訪問看護ではどうしているのか？

　「終末期の緩和ケアは多職種連携チームです。患者宅に医師の事前の指示（オーダー）書を置いておく。それはこれから起きる事態、症状を予測しての指示ということです。そして空白の処方箋を看護師に渡しておき、救急時に看護師が事前指示に沿って記入して薬局に渡し、即時に薬剤の投与ができるようにしておきます」

　「35歳で幼い2人の子どもがいるターミナルステージの女性がいた。子どもの姿を見ながら家にいたいというので、夫の協力も得て家での緩和ケアを行い、みんなで彼女の望みを可能にしたケースは

いまでも心に残っている」とニコラス医師は述懐する。

　フランスで緩和ケアと看取りの法制化などが進んできた背景には、在宅入院など在宅ケアとネットワークが充実していることや、開業看護師もいて地域で24時間365日、頑張っていることなど現場の医療者の後押しもあってのことだという。これが重要なポイントだ。

 ## わが国への示唆

　「キーワードはニューマニズムですね」、フォーニエ所長の言葉が浮かんでくる。

　フランスの終末期医療の法制化と現場での取り組みからは、今わが国が抱えている、"その人の意思と尊厳を尊重した緩和ケアや看取り"に大いに示唆を得た。

　その一つは、クレス・レオネッティ法のような終末期医療の法制化の前に「患者の権利法」が、わが国ではまず急がれるということである。すべてはそこからのスタートではないだろうか。

　そして同時にもっと国民的議論を、とも思う。市民の間でも「終活」がようやく自分のこととして考え始められているが、まだまだ医療界のパターナリズムも残る現状の中で、個々の医療者の倫理観だけに依る「治療の中止や差し控え、ターミナルセデーション」では不安や危惧も付きまとう（ちょうどこの原稿を書いている時、京都でのALS患者の嘱託殺人事件が起きた！）。

　自分の人生の最期をどこでどのように迎えたいのか？　どのような姿が幸せと言えるのか？

　そんな問いに私たちは真剣に向き合わなければならない時代を迎えている。

参考文献

・終末期医療と「安楽死」「尊厳死」―法制化の現状，国立国会図書館調査及び立法考査局専門調査員，社会労働査室，岡村美保子，レファレンス 793号，p102-p108，2017. 2.

フランス編

VI フランスの認知症ケア —アボンダンス高齢者医療センターに みる医療・介護・住まいの複合体—

　フランスの認知症国家戦略は2008年1月1日のサルコジ大統領の「国家優先事項プラン（Priority National）」に始まるが、このことはすでに第Ⅰ節（P156）で紹介した。

　この認知症国家戦略から10数年、地域では認知症の医療と福祉・介護の統合的ケアが進んできているのが特筆すべきで興味深い。

　地域包括ケアシステム「MAIA」でのネットワークや、病院機能の再編、地域連携などでドラスティックに現場を変えている。

　在宅支援からメモリークリニック、デイホスピタル、家族支援、そして長期療養のケア付き高齢者住宅、認知症グループホームと連続的で包括的なシステムも功を奏している。

　その実際をブローニュ・ビアンクール市のアボンダンス高齢者医療センターで視察した。

　長い歴史をもつ地域中核病院が機能を再編成し、新しく高齢者医

ブローニュ・ビアンクール市・市立アボンダンス高齢者医療センター

療センターおよび認知症センター、高齢者住宅に生まれ変わり、地域包括ケア拠点として整備された姿は素晴らしかった。

① アボンダンス高齢者医療センターの認知症ケアシステム

　パリ市内からブローニュの森を越えて１時間余り。イル・ド・フランス地域圏第二の街ブローニュ・ビアンクール市で市立アボンダンス高齢者医療センター（Les Abondances Center de Gerontologie）を視察した。

　ブローニュ・ビアンクール市は人口11万人で、1920年代からルノー社によって繁栄してきた街で、富裕層も多く、60歳以上が21％となっている。

　市庁舎を始めアールデコやル・コルビジュなどの近代建築の傑作もある芸術の町だが、残念ながら観光はまたの機会に。

　さて、アボンダンス高齢者医療センターを訪問すると、塀の中の広い敷地にはいくつもの建物が建っていた。

　病院の歴史は古く、1892年にカソリック団体による貧困者の救護施療院から始まり、いくつかの戦火をくぐり、時代とともに改築と近代化をしてきた。講堂にはその歴史を表わす写真パネルが年代ごとに飾られている。

　一番古い本館は19世紀のもので、正面のファサードはロマネスク風で素晴らしく、内部のレトロな雰囲気もそのままで、映画や雑誌のロケなどによく使われるという。

　現在は急性期以外のあらゆるフェーズの機能を有した高齢者医療センター（Gerontologie Center）として老年科医療の外来と入院、ケア付き入居施設（ベッドから住まいへ転換）、在宅サービス事業所を併せ持つ複合体で、「MAIA92」としてこの地区の地域包括ケア

ディレクターのマリーアンヌ・フォーリアさん

を担っている。

　視察の対応をしてくれたのは長身のディレクターのマリーアンヌ・フォーリアさん。彼女はかって夫君が東京勤務をした際に3年間、日本で子育てをした経験をもつ日本びいきの方で、とてもフレンドリーに対応をしてくれる。

　3人の子育てをしながら、いまやディレクターとしてリーダーシップをとり、予算獲得や政府の行政政策にもかかわるキャリアウーマン。ジェンダー平等の国フランスの典型のような女性で、大いに意気投合した楽しい時間になった。

　アボンダンス高齢者医療センターでは、地域にある病院や在宅サービス事業者とネットワークを組み、各機能の相互作用を重視しながら認知症の地域包括ケアの中核となっている。

　その3段階の包括的ケアシステムを見てみよう。

①第1段階は、併設している在宅訪問看護介護事業所（SSIAD）と院内のレスパイトケアを使って、まずは高齢者の在宅の療養生活を支援する。

②第2段階は、高齢者に認知症機能の低下がみられる時にはメモリークリニック（外来）の受診、その後症状に応じてデイケアや日帰り病棟（デイホスピタル）を勧める。

③第3段階は、重度化した場合で、長期療養病棟もしくはアルツハイマー病棟へ入居の支援。家族の意思による入院・入居が多いが、病院としては在宅期間を長くしたいと考えている。入居は待機者が多い。

　また、転倒や脳出血など認知症の人に重大な急変が起きた場合には、急性期病院に入院支援。亜急性期病院に転院後、在宅になるかまたは介護施設への入所若しくは長期入院と、症状で分かれる。

② 「医療と介護」、「住まい」をすべて担える複合体

　アボンダンス高齢者医療センターは急性期以外の高齢者医療の全

フェーズの機能をもつ病院と介護付き住宅、在宅ケアの複合体で、医療保険からのサービスと介護手当による介護サービス・福祉サービスを提供している。

1) 医療保険でのサービス部門

①長期療養病床（110床）

　特養的な入居病棟で全室個室。望めば最期まで入居できる。

②亜急性期病床（30床）

　平均在院日数は30日。メモリー外来からの入院や近隣の急性期病院からの転院、在宅からの入院病棟。

③日帰り病床・デイホスピタル（10床）

　24時間未満入院のベッドで、プログラムは9時30分～16時30分まで。ランチとシエスタ、15時のティータイム。送迎付き。利用料は医療保険から1日200ユーロが給付され、送迎も40％が保険適応となる。

④アルツハイマー病棟（40床）

　アルツハイマー専用病棟。40人の入院患者に日勤は7名（看護師、看護助手、ヘルパー）がケアする。すべて個室でトイレとシャワー付きで、個室のしつらえが認知症に配慮されている。壁は柱などの角がなくコンセント類もない。また暴力行為のある患者が投げたりできないように、重い椅子と動かないベッドが配置されていたのには驚く。

　病棟のラウンジには、認知症に見合った環境の配慮がされており、カラフルで陽射しに満ちた居心地良い空間となっている。くつろいでいる高齢者たちはきちんと髪を結い、着ている洋服もカラフルでおしゃれだ。

　ラウンジの扉から出られる屋上の中庭ガーデンには花や野菜、ハーブが植えられており、みんなで世話をし、収穫時にはキッチンで料理して食べる。園芸療法の一環で、香りのある花や野菜、ハーブが良いのだという。

　徘徊があり病棟から出ていく患者もいるが、拘束したり無理に引

き留めることはせずに、一緒に廊下や周囲を歩き、帰ってくるという患者主体を尊重したケアをしている。

⑤メモリー外来も認知症専門医が診療している。

2）社会医療（介護・福祉）部門

①ケア付き高齢者住宅（医療の整った福祉施設 Les etablissements medico-sociaux）の通常型とアルツハイマー型で定員120人。

　入居の高齢者は心身の機能は低下しているが、できる限りの生活機能を維持し自立支援を方針にしている。個室は広々としており、シャワーとトイレ付き。自分の家具を持ち込んで個性豊かなしつらえとなっている。

②認知症デイケア

　定員が50人で１日に12〜13人が来所する。プログラムは９時〜16時まで、ソーシャルワーカーによるサービスが提供される。朝、来院するとまずコーヒータイムで新聞を皆で読んだり、話し合う。認知症デイでもランチとシエスタ、おやつを楽しむ。

陽射しに満ちた居心地良いリビング

屋上の中庭ガーデン

　視察時は、ちょうどグループで回想療法の最中だったが、「フランスの大統領は誰？」とソーシャルワーカーが問うと、「あまりに大統領がよく変わるので知らない」と、一人の女性が澄まして答えていて、「そうよね」とみんなで笑っていた。

③レスパイト（短期入院）10床

　在宅での介護疲れなどの家族支援に有効。

3）在宅部門「MAIA92」

　この地域は政府の地域包括ケアシステムのMAIAで、「MAIA92」とナンバリングされている。

　そのサービス提供事業者として、CLIC（地域包括支援センター）、SSIAD（在宅訪問看護介護事業所）、SAAD（家事・買い物等のヘルパー派遣）などを併設して、在宅ケアをしている（後述する）。

4）地域住民向けプログラム

　地域住民向けに、認知症の精神心理やオリエンテーションなどの老年学的な評価や、メモリー相談、地域の食事デリバリー等の民間サービスや認知症ケア関連の多岐にわたる情報提供など。

5）認知症の家族支援

　認知症の家族支援は、いま政府が力を入れている分野で、心理士が担当して相談外来を開いている。

　一人の心理士が約100人を受け持っていたが、家族の介護倒れや虐待等DV予防の介入に効果的だという。

　家族への疾患の説明や暴力行為への対処方法など、個別に心理士と相談をするには十分な時間が必要になる。家族が相談している間は、連れてきている認知症の人本人は、レスパイトの部屋で預かるというきめ細かさだった。

③ 院内で出会った認知症の人と家族たち

　現場の視察では高齢者たちと話をするのも楽しみの１つだ。

　ロビーに、リクライニング車いすの男性を囲んで談笑する女性たちの姿があった。声をかけてみると彼は80代で認知症があるという。情動障がいもあるようで挨拶をすると笑ったかと思うと、すぐに涙ぐむ。

　隣に座る妻は「近所に住んでいるので、毎日見舞いに来るのよ」という。彼は要介護度５くらいに見えたので介護について聞いてみると、「自宅にいる時は大変だったがここに入居して落ち着いた」という。

　この日は本人の妹、義理の妹と３人で彼の好物を持参して来たという。男性は失語で言葉が出ないが、３人の女性に囲まれて嬉しそうないい笑顔を見せていた。

　またアルツハイマー病棟でラウンドしている時、一人の男性が近づいてきた。聞くと考古学者だったという80代の男性。きちんと背広をきている。発掘調査などで世界中を歩いていたと自慢する。

　「日本人か？」と聞く。会話がしっかりしていて（この時だけかもしれないが）、日本にも行ったことがあるといろいろ話をしてきた。

　すると隣に立っていた男性が、自分はウイスキー会社の商社マンだったと言って割り込んできた。皆さん、自分のことを聞いてほしい感じで、しばし楽しい会話をしたが、さて、視察を終えて病棟の入り口から出ようとすると離れずに一緒についてくる。実はこれを狙っていたらしく、いつもエスケープするらしい。

　そばにいたスタッフが片目をつぶりながら、やんわりと、「あなたは別にお仕事があるでしょう？」と連れ戻して行った。

　また、外来棟のデイケアで認知症の皆さんのゲームを見学していた時のこと。

　ソーシャルワーカーが一人の日本人女性を誘ってきて、「タナカ

さんです」と紹介してくれた。

　80代のタナカさんは長年、ビアンクール市に暮らしているのだという。フランス生活が長いせいか、認知症のせいか、日本語があまり上手にしゃべれない。

　「何もわからないの」と言いながら、それでも一生懸命、日本語で会話をしようとしている姿が印象深かった。

4 在宅訪問看護介護

　病院の敷地にあるSSIAD（在宅訪問看護介護事業所）の事務所を訪問する。

　事務所に入った瞬間、その雰囲気がいつもバタバタしている日本の訪問看護ステーションと同じなので、看護の世界はどの国も変わらないなぁと、ふと思う。訪問から帰ってきた人、記録を書いている人、電話でやり取りしている人。2〜3人でケースのことを話し合っている人などで慌ただしい。ちょうど、午後3時の申し送りミーティングが始まる時間だった。

　訪問時間は朝8時〜夜20時だが、スタッフのシフトは朝8時〜16時と12時〜20時の2交代制。午後3時に両シフトの訪問看護チーム

在宅事業所：訪問看護と介護の申し送り

と看護助手の身体介護チームが引き継ぎを行う。

　スタッフは40名（訪問看護師10名と看護助手（身体介護）30名）で190人の利用者をかかえる。受け入れ利用者枠は行政で決められる。

　「昨年までは140人だったので大幅に増員されました。地域の訪問ニーズが増加しており、現在も新規ケースは断っている状況なのです」と管理者がいう。

　在宅での看取りも行うので、訪問看護の終了は主に死亡となる。難しい医療処置がなければ看護師のみでの最期の看取りとなることが多い。看護師が死亡時刻等を確認し報告後、かかりつけ医（GP）が死亡診断書を書くという。

　急性期の医療ニーズの多い患者は「在宅入院（HAD）」と連携し、がんの緩和ケア等では「緩和ケアモバイルチーム」と連携する。

　この緩和ケアチームは病院内にあり、医師・看護師・臨床心理士・ソーシャルワーカーなどから構成されていて、退院患者の自宅も訪問して在宅の緩和ケアをサポートする。地域の訪問看護の助っ人と言える仕組みを用意するのがフランスだ。

　さて、このアボンダンス高齢者医療センターの認知症ケアを軸とした医療と介護の統合と複合サービスは大いに参考になった。

　認知症高齢者の病状の進行パターンに応じたシームレスな支援と、"スマートなイノベーションは愛をもたらす"と、フランスのエスプリを感じたことであった。

VII 高齢者住宅は地域包括ケアの「拠点型」に

　高齢化の進展を受けて可能な限り在宅生活の継続を推進するフランスでは、高齢者のケア付き住宅など「住まい」政策にも変化がみられる。

　これまでのような高齢者施設の「単独型」から、地域の在宅支援やコミュニティの「拠点型の住まい」に、「地域密着型」にと転換してきている。

　また医療も外部の在宅訪問看護介護の利用をする「外付け」か、施設内に医療職を配置する「機能強化」か、と議論が進んでいる。

　その「地域拠点型」をパリ近郊のヴァル・ド・マルヌ県、サン・モールで視察した。中世の雰囲気の残る修道院跡に隣接する高齢者住宅「ABCD」である。

1 高齢者住宅にシアターも保育園もショップも

　公立セクター（コミューン）が運営する高齢者住宅（レジデンス）

高齢者住宅「ABCD」

「ABCD」はユニークなしつらえだった。一言で言うと "街のたたずまい" があり高齢者施設らしくない。

「ABCDという施設名はどんな意味ですか？」

「３か所の高齢者レジデンスの名前L'Abbaye（アビー）、Bords de Marne（マルヌの畔）、Cite Verte（緑の街）と、提供している在宅サービス（Domicile & Services）の頭文字をとって、ABCDとしています」と説明される。

「ここの特徴は、高齢者住宅としての個人のプライベートな空間と、地域の人が誰でも出入りできる公共の場の共役をミッションにしていることです」と説明される。

施設を入ると１階には劇場ホールがあり、保育園があり、子どもの姿がある。玄関ホールの入居者用のメールボックスの前には、黒猫が優雅に椅子に鎮座していた。

中２階は地域に開放しているショッピングアーケードがあり、美容院やショップ、貸事務室が並ぶ。フリースペースやリハ室では近所の住民がヨガ、太極拳、ジム、癒し教室などを楽しむ。

また認知症ケアの「スヌーズレン・ルーム」もあるが、入居者だけでなく在宅チームや開業看護師が利用者を連れてきてセラピーをする。

レストランも地域にオープン型で市内のレストランと遜色のない

施設内のレストラン

施設内の美容院

　華やかさでランチとディナーが頂ける。メニューは豊富で、テーブルにはワイングラス、バーカウンターにはエスプレッソマシンなどが設えられている。

　これら劇場や美容院、ショップ、事務所、レンタルスペース等の賃貸料や利用料は施設の収入になり、オープンな関係を地域と結んでいる。

　たとえば、この地域で美容院を開業したいと物件を探していた美容師がここで開業すれば安い賃料で済む。そして入居の高齢者には安い料金で美容サービスを提供できるという相互作用がある。

　劇場も収入になるが、入居の高齢者は下に降りてきて安い料金で、若い人や地域の住民と一緒にコンサートを楽しめる。

　まさに高齢者施設というよりは、地域の拠点といった感じでなかなか素晴らしかった。

② 自立支援と自由をモットーに

　ここは「自立型の高齢者アパート」だと紹介される。3か所のレジデンスには400人の入居者がいる。

　視察したアビー（L'Abbaye）は「自立型アパート」と中等度の

介護度の人がいる「ケア付き住宅（サービスハウス）」で199人が入居している。

　60歳以上が入居できるが、最高年齢は103歳の方もおり平均年齢は87歳。平均入居期間は３年間だという。稼働率は95〜97％、待機者リストは300人が１年待ちで人気のある高齢者住宅だ。

　ちなみに入居のプライオリティは、①この地区の居住者で、②独居、③認知症がある人と説明され、これらの人は優先的に入居できるということだ。

　「施設運営の３つのモットーがあります。」と副施設長さん。

　３つのモットーとは、①入居者の自由な意思に基づく選択、自由な生活、②外部にオープンな施設、③ "自宅" としての機能を充実させること。

　「何よりも地域の人が "入りたい高齢者ホーム" だと思ってくれることをモットーとしていて、高齢者の自立支援を重視して自由を尊重している」

　それは建物の構造や設備、インテリア、ケアにも反映していて、廊下を歩くと人をセンサーでキャッチしてアロマ・デュフザーから良い香りが漂ったりする。

　居室は個室で20〜25㎡でトイレ・シャワー付き、自分の家具を持ち込んで個性的にしつらえている（新しい施設は30㎡にするという）。自分の家なので鍵は自分で持っている。ケアスタッフが入る時もチャイムを鳴らして本人がドアを開けてから入室するという。ペットとの "同居" もできる。

　スタッフは400人の入居者に対しフルタイムで280人。うち180人が看護介護スタッフ。他はPT、OT、心理士、厨房のスタッフ、事務職などになる。フランスの基準ではスタッフ0.6対利用者１の配置だが、ここは0.7対１で配置していて、配置が厚いとクオリティが上がるという。

　ちなみに障がい者の場合のスタッフ配置基準は１対１なので、これを高齢者にも適応してほしいと言われた。

　入居費用は月平均2,500ユーロ（約34万円）で、日本人からみる

と決して安くはないが、高いほうではない。入居者の半数は自己負担可能な人で、50％は福祉の補助（Aid Sociale）を受けている。ちなみに高齢者の年金収入は月平均1,200ユーロだという。

施設の運営予算をみると、60％が入居者の自己負担による入居費、30％が国の疾病金庫（医療保険）からの給付、10％が介護手当APAからとなっている。

ケア内容について質問した。

「ケアマネジメントで重視しているのはどんなことですか？」

「入居者の要介護度を落とさないことです。自立支援がコンセプトですから。高齢者のケアマネジメントは６か月ごとにコーディネーター看護師と医師がチェックリストでアセスメントし、ケアプランを立てている」という。

フランスの介護手当APAの仕組みでは、施設への報酬は「全入居者の総介護度」で決定される。だから要介護度が上がれば収入も増えるが、「ウチは自立した高齢者、自立した生活をモットーにしているので」と良いケアを強調する。それにあまり要介護度が高いと、それは療養型病院（長期療養）になるのだという。

とはいえ、高齢者にとっては終の棲家でもある。

「看取りもありますか？」と聞くと、「ここの退所は死亡がほとんどですので、最期まで看取ります」と。

基本的には看護介護スタッフで看取りケアをするが、高齢者の病気や症状によって、「モバイルチーム（がんなどの緩和ケアチーム）」や「在宅入院（HAD）」からも訪問看護を受けるという。

保育園の子どもたちとの “相乗効果”

また、興味深かったのは併設の保育園との “相乗効果” だ。

視察したのは朝の９時だったので、これから出勤するお母さんたちがバギーや徒歩で子どもを送ってきたところだった。ここは18か月〜３歳までの地域の子どもたちが通っている。

「保育園を併設してみてわかったことは、高齢者への刺激や効果

は期待通りだったが、予期せぬ変化は子どもたちに表れた」

　子どもたちから励まされて、高齢者が意欲をもったり訓練をしたりという効果はよく聞く。

　「高齢者のゆっくりしたペースから、子どもたちが寛容さや忍耐力などを身につけているのです。また障がいのある人と一緒にいることで優しさを学ぶなど、成長にも変化がみられる」と、子どもたちへの相乗効果を述べる。

　フランスの若い夫婦は共働きが多く、いつも忙しい親にせかされて日常を送っている子どもたちにとって、高齢者とのかかわりが「子ども自身の癒し」になっているという発見だ。大人が教えないのに自然に子どもたちが多くのことを体得していくそうだ。

　実際、子どもたちの変化をみた両親からはここの保育園に預けて良かったと言われるそうだ。

 ## 4　地域の高齢者の在宅支援サービスも

　「ABCD」のもう一つの特徴は、「デイケア」「SSIAD（在宅訪問看護介護）」「SAAD（家事援助）」の各事業所をもち、地域の高齢者が長く在宅にとどまれる支援をしていることだ。敷地の駐車場には、ABCDのロゴの入った可愛い小型車が並んで駐車されていて、訪問看護やヘルパーさんたちがこれで家庭訪問する。

①デイケア

　デイケアは1週間に70人くらいが利用する。プログラムは転倒予防や認知症予防など多彩だが、施設内だけでなくピクニックや観劇、展覧会、レストランに食事に行ったりする。

　「社会性を高めること、ソーシャルなかかわりが重要です」と楽しみながら、文化の香りのするところへ行くのだという言葉からは、いかにもフランス人だなあと感じる。

　また子どもと一緒に音楽活動もしたり、子どもに読み聞かせをするなど高齢者のもてる能力を活かしたプログラムもあるという。

②SSIAD（在宅看護介護事業所）

在宅介護の利用者200人に訪問看護と身体介護を提供している。

訪問看護は医療保険から給付される。外部の開業看護師に依頼することもある。介護ケアワーカーは50人（非常勤）で身体介護に訪問するが、介護手当からの給付サービスとなる。

③SAAD（家事援助）

家事援助は医療や介護の保険対象ではないので自費になる。

 ## 5 現場から見た課題は

「ABCDは、他の民間施設より質が高いので、待機者が300人いるが１年待ちです」と、施設の人気とクオリティの高さを誇るのは副施設長さん。

「今の課題はどんなことでしょうか？」と聞くと、「課題は人手不足と政府の予算削減です」と開口一番に返ってきた。

「長寿化や認知症の増加でスタッフの労働も過重になり、政府の予算も不足している」ので、結果的に「高齢者の自己負担にしわ寄せがいく」と嘆く。施設運営に今の状況ではいろいろ課題が多いという。

政府ではここ10数年「介護の保険化」をめぐってディベートが続いているが、議会でも「政府は在宅推進なので、在宅に関する議論が主流で、施設をどうするかはあまり議論になっていない」と、施設運営側としては忸怩たる思いがあるようだった。

「介護手当では不十分だ」として施設関係者もロビー活動を行っているが、政府は介護保険化するなら民間保険でと考えているようだという。

さて、高齢者の尊厳と自立支援をコンセプトに地域の拠点として頑張る姿には文化の裏打ちとフランスのエスプリが感じられた。

その一方で、ある意味わが国の介護保険制度の優位性をあらためて実感する視察にもなった。

VIII 大きく変化するフランスの病院機能 —急性期病院から高齢者医療センター へ、「病床」から「住まい」への転換—

1 パリ市内のフランス赤十字アンリ・デュナン病院老年科センター

フランスも医療改革で病院機能の再編成が進んでいる。

パリ市内のフランス赤十字アンリ・デュナン病院では急性期病院を建て替えた際、高齢者医療センターとして病床機能を転換し、地域の高齢者医療・認知症ケアの拠点になっている。

パリ16区にあるフランス赤十字アンリ・デュナン病院老年科センター（Croix-Rouge Franceise Hopital Dunnt Centre de Gerontologie）を視察したのは2016年10月のことである。

緩やかな曲線でカーブするガラス張りの外見の近代的な建物は、赤十字マークがなければ美術館かと思うくらい美しい。

パリ市内のフランス赤十字アンリ・デュナン病院老年科センター

テイ病院長（右）とシカー事務長

　2006年に古い病院を建て替えた際に、それまでの一般急性期病院からケアミックスの高齢者医療センターと高齢者の住まい（長期療養）にドラスティックに戦略的に改革し、生まれ変わった。

　案内してくれたのは病院長のテイ医師。22年この病院で勤務している院長で、病院経営にも手腕を発揮しているが、気さくでユーモアいっぱいの方。院内を見た後、経営ディレクター（事務長）のシカーさんも加わってディスカッションをした。

　新しい病院になってから、診療報酬や介護手当、政府の包括予算等の削減もある中で3.4％の増収になったという。スタッフのリクルート強化もし、経営改革にも成功したケースのようである。

② 老年科センターは「急性期からロングステイ（長期療養）」まで

　入院ベッド総数は急性期病院時からダウンサイジングして158床。入院患者の70％が他の病院からの紹介、30％が自宅からの入院となっている。入院は70歳以上の高齢者とされている。

①外来フロアと検査センター

　病院の外来にはフリーの受診はなく、すべてGPや他の病院からの紹介患者となる。

外来検査センターには画像診断センターがあり、MRIやCT、骨密度装置、マンモグラフィー、心エコーなどが整備されているが、画像診断とラボ（検査）の部門は株式会社に外部委託し、家賃が病院の収入になるという。検査センターは地域のGPも活用する地域オープン型。

　また認知症の早期診断のメモリー外来もある。

②急性期病棟

　急性期病棟は24床。入院基準は70歳以上の高齢者で急性期症状のある者となっている。平均在院日数は11日。一般の急性期が5〜6日なので若干長い。急性期の入院1日単価は600ユーロ（医療保険適用）だという。

③亜急性期病棟（回復期・リハビリ期）

　亜急性期は56床で、2階3階の2フロア。亜急性期病棟は45日で退院するが、退院支援室がありソーシャルワーカーが業務にあたる。病棟は電子カルテで管理されている。

　9割が自宅への退院を希望するので在宅サービスと連携し、開業看護師やSSIAD（在宅訪問看護介護事業所）、HAD（在宅入院）などにつなぐ。自宅に帰れない高齢者は長期療養病棟へ移る場合もある。

　亜急性期は回復期・リハビリ期なので歩ける患者は食堂まできて食べる。栄養が口から摂れなくなった高齢者には経管栄養などをするというので、「胃瘻」について聞くと年に2〜3件で、ほとんどしないという。

　この病棟では平均年齢は88歳、心疾患や肺炎、骨折などが多いが9割に認知症もある。ターミナルも多く、最後まで看取る場合が多い。

④長期療養病棟（ロングステイ・ケア付き住宅）

　長期療養病棟は、4階から6階まで78床。

　急性期と亜急性期は医療保険で支払われるので患者負担はないが、この長期療養病棟はいわば「ケア付き高齢者住宅」の扱いになるので、利用者は病院と「契約」し、居住費は自己負担となる。

居住費は月に3,900ユーロ（約46万8千円）と高額だ。これはどの保険も償還しないので自分のお財布から支払うことになる。資産がないと入れない。

しかし、78床のうち5ベッドは市の福祉の生活保護で入れるベッドが確保されている（このような仕組みはイギリスなど他国も同様）。地域医療機関としてのミッションということか。

視察した郊外のケア付き高齢者住宅の入居費用が2,500ユーロだったのを思い出し、「ちょっと高いですね」と言うと、「ここはパリ中心部ですからね。標準的な価格ですよ」という答えが院長から返ってきた。

「ですから入院時の入院審査が重要なのです」と言うのは、隣にいた事務長さん。

「入院の申し込みの時点で、資産テストをして支払い能力を確認するのが私の仕事です」と言って笑う。

「院長は疾患から判断して入院を決めますが、私が経済面から判断して入院を決定するのです」と。

「ケアが良いので、2006年の開設当時から居住している人もいますよ」と院長が返す。103歳とか105歳とかの「長生きリスク」もあるという。

パリのリッチな方たちの老後を見たような気がした。

③ 強みはケアミックスとストラテジー

病院内を見学した後の、病院長と事務長＝臨床と経営の二人のディレクターとの議論がなかなか面白いものになった。

日本でも療養型病院が廃止の方向の中で、介護医療院に転換を余儀なくされている昨今、高齢者医療の経営課題は国の医療費削減の中で深刻になりつつある。

一方で、高齢者と家族の立場からみれば、質の良い医療、質の良い介護を受けようと思えば、施設も「お金次第」になってきて格差も生じている。

さて、この病院の成功要因は何だろうか？

　「まず戦略的に病院改革をしました。ドル箱は急性期なので、朝、患者が退院したら夕方には次の人を入れるといった、ベッドの回転率を上げるために看護師の数を増やしました。そのために長年勤務してサラリーの高い看護部長クラスの１人に去ってもらい、看護師を５人入れるなどリクルートを見直しました。またアウトソーシングしていたケータリングや清掃会社も見直し、25％の経費削減で年間30万ユーロを節約できました」という。

　現在は3.4％の増収だというので、「今後の課題は何でしょうか？」と聞くと「Ｔ２Ａ、診療報酬が毎年改定の度に下がっていくこと。DRGなどの包括予算も下がる。またAPA（介護手当）が県から出ているが、それも下がっていく」。医療費介護費削減の厳しさを指摘する。

　「まず経営は重要で、１年に４回、経営戦略委員会を開催します。また第三者評価が来年あるので、良い成績でパスすることが目下の戦略上の目標です」という。

　病院にとって医療の質は最大のストラテジーになる。

　クオリティ・アシュアランス委員会や感染予防委員会、栄養管理委員会、ペインコントロール（疼痛管理）委員会、さらにクレーム対応の委員会もある。

　「政府の在宅推進への誘導策を受けて、今後は、より在宅の受け皿の方にも力を入れることになります」と今後の展望も語ってくれた。

　何とも明るくジョーク交じりに説明をしてくれたテイ病院長。フランスの厳しい医療費問題も理解できたが、高齢者医療に情熱をもっているのもよくわかり、楽しい視察となった。

4　パリは美味しい

　パリは美味しい！　もちろんです！

　街の通りのカフェ、家庭的なビストロ、多く
の多国籍料理、そして星付きフレンチレストラ
ンなど、美食の街ですね。

　朝、焼きたてのバゲッドとカフェオレの朝食
も良し、夕暮れ時のカフェのテラスの冷えた
白ワインは疲れを癒します。

　私の好きなロケーションはオルセー美術館。
時間ができれば必ず立ち寄り、しばし19世紀
印象派の絵画と会話をし、そしてランチは優
雅なミュゼ・ドゥ・オルセー・レストラン
(Restaurant Musee d'Orsay) で、旅行者よろし
く。

　ここは1900年のパリ万博のとき建てられたオ
ルセーの駅舎＆ホテル。フランス南西部やス
ペイン・ポルトガルの外国に向かうかつての
駅で、優雅なレストランは当時を忍ばせます。

ミュゼ・ドゥ・オルセー・
レストラン

　同じくパリのリヨン駅にある「ル・トラン・
ブルー」もバロック調の豪華絢爛なレストラン。
ワイン片手にひと時の美食に酔いながら旅情
に浸ります。

　この２つのレストランは映画の世界の一コマ
のように、料理の楽しみと同時に日常を離れた
エスプリに満ちているのです。

オランダ
編

Netherlands

I オランダの訪問看護「ビュートゾルフ」 ─在宅ケアのリーディングカンパニー─

1 ユニークな福祉国家オランダ

オランダはなかなか興味深い国である。

九州ほどの国土に人口1,723万人で65歳以上は約230万人、高齢化率は19.2％（2018年）となっている。

かつて「オランダ病」と呼ばれた経済低迷を奇跡的に脱却した国で、医療・介護・高齢者ケアにおいても"実験国家"として、改革を重ねてきた歴史も長い。

筆者は1980年からオランダを訪れているが、当時、オランダ全国に公的サービスであまねく広がっていた訪問看護や在宅ケアを勉強したのを思い出す。

その頃わが国ではまだ訪問看護制度は誕生しておらず、全国でも私たち少数の実践者が先駆的に実践している状況だったから、視察ですっかり意気投合した訪問看護師のリーダーを日本に呼んでセミナーや講演会を開催して、オランダの情報を仲間たちと共有したものだった。オランダは障がい者支援も含め、学びの多い在宅ケア先進国の一つだった。

最近のオランダを理解するヒントに、2013年９月に即位したウィレム・アレキサンダー新国王の議会演説がある。

「…ネットワークと情報化が進んだ今日、人々は自身で選択、自身で管理、以前より自立し、互いの助け合いをしたいと考えている。能力を有する人は自身とその周囲の人々の生活に責任をもつ、参加型社会への移行を」と、財政悪化と歳出削減の中で、「従来型の福祉国家」から「参加型社会」への転換を提唱した。

一方で、オランダは2002年４月に「安楽死法」を"世界で初めて"

施行した国であることも忘れてはならない。

　さらにオランダのユニークな「世界初」の場面は、労働問題と雇用の柔軟性にもみられる。「世界唯一のパートタイム経済の国」などと評されるように、雇用を増加して失業率を下げるとともに、正職員でもパートタイム（短時間労働）でも待遇は同じ。同一労働同一賃金で、ワークライフバランスやワークシェアリングの多様な働き方でも世界の最先端を行く。

　そして今、EUの他国同様にIT活用のe‐Healthで、国民のパーソナル・ヘルス・レコードが進捗している。

 ２　オランダの高齢者医療と看護・介護

　オランダの高齢者の医療・介護制度をごく簡単に紹介すると、1968年にオランダの「介護保険」と言われた「特別医療費保険制度（長期ケア保険）AWBz」がスタートしている。

　90年代には「ケアと住まいの分離」というコンセプトで脱施設化を図り在宅ケアを推進する。

　2000年代に入ると高齢者の自立と互助を国民に求め、地方分権と並行してインフォーマルケア（伝統的なマントル・ケアなど）も推進されてきた。

　2015年の医療保険改革では、それまで病院などで看ていた高齢者の長期ケアの医療と介護を改革し、施設介護も長期ケア保険から地方保険局に移管した。在宅ケアは「社会サービス法WMO」で地方自治体に移管し地域包括ケアが進行中である。

　また看護・介護職などヘルスケア専門職資格の改革で、教育の統合化や国家資格のライセンスの整理をしている。

　ケアに従事する看護と介護職は一体的なライセンスで５段階になっている。〈Revel１〉は家事援助や生活環境の整えをするヘルパー、〈Revel２〉は介護ヘルパーで介護、生活支援、身体介護、アクティビティなどを実施する。〈Revel３〉はヘルスケアワーカーで介護計画を立て、身体介護や心身の健康状態の観察、一定の医療処置がで

きる。〈Revel 4〉は一般看護師、〈Revel 5〉は上級看護師で統合的マネジメントやコーディネートのできる看護師。さらにナースプラクティショナー（NP）やナーススペシャリスト、医師補助者（PA）などが上級実践看護師として自立的に業務を行っている。

　さて、オランダの「ビュートゾルフ」と言えば、わが国の介護や在宅ケア・訪問看護業界でもその名は知れ渡っている。

　看護職にとっては魅力的な仕事の仕方と組織のようで、数年前に来日した創業者のヨスさんと面談した際に、一度お訪ねしたいと約束したのだったが、ようやく訪問が叶い、2018年夏、現地を視察した。

③ 「ビュートゾルフ（Buurtzorg）」とは？

　ビュートゾルフはオランダで有名な在宅ケア組織である。

　2007年に看護師のヨス・デ・ブロックCEOが立ち上げた訪問看護介護事業所で、「Buurt」は近所・コミュニティを意味し、「Zorg」はケアを意味する。

　そのコンセプトは「近所の身近な住民を小さなチームで小回りよく看護する」。

　2007年にヨスさんが創業した時、ビュートゾルフはわずか仲間4人の1チームだったが、10年経過した2017年には、全国に960チーム・約1万人の看護師が働き、年間利用者8万人にケアをするオランダの「在宅ケア・リーディングカンパニー」に成長している。

　"コストを抑え、質の高いケアを提供する"ティール組織ビュートゾルフは、オランダ国内で優良企業表彰もされ、EUはじめ日本、中国など世界24か国に事業展開するグローバル・カンパニーに成長している。

　ビュートゾルフは、1社で看護師1万人を擁する訪問看護介護事業会社。わが国の訪問看護ステーションは全国で1万か所を超えたが、訪問看護師総数は5万人余り。ビュートゾルフのスケールとマ

ビュートゾルフのマデロンさんと

グネットぶりがよくわかるだろう。初期には毎月50人〜100人の看護師たちの新規応募があったというから、ウェーブの大きさを感じる。

　さて、今回の案内人はマデロン・フォン・テルブルグさん。訪問看護のベテランで、今はInternational Teamで７年半のキャリアをもつ。ブルーのシンボルカラーのトレーナー姿で現われたマデロンさんは、極東を担当するマネジャーでもあり、日本にも何度か足を運んでいる。日本法人のビュートゾルフ訪問看護ステーションは柏市で活躍している。

　「ビュートゾルフ誕生の動機、背景はどんなことだったのでしょうか？」まずそこから聞くことにする。

　「背景には、2006年当時の政府の医療・介護制度の改革があったといいます。オランダの在宅ケアは80年代から、公的機関による小規模で地域密着だったのが、90年代以降の在宅ケア拡大と民間参入、市場志向の中で事業者も大規模化し、治療・予防・ケアの分断でコスト至上主義的になり、提供されるケアも質の低い細切れケアで、利用者の満足度も低かった。専門職はやりがいを失い、人材不足に全国でデモも続いたのです」と、マデロンさんがプレゼンを始める。

　その行き過ぎた市場原理が医療現場や在宅現場の“崩壊”を招い

た状況に、"小さな地域を担当しITでつなぐ、地域に貢献するケア"を展開しようと誕生したという。

ICTでつなぐフラットな組織「Humanity above Bureaucracy」

ビュートゾルフは「自立した小規模ユニット」で「近所をカバー」し、「ICTでつなぎ」、「利用者の自立を支える」訪問看護をビジョンに業務を展開している。

本部（バックオフィス）が、管理と請求などの事務作業を担うので各事業所には事務員は不要で組織もシンプルだ。

各事業所のサイズは「看護師は最大12人までとし、チームに管理者なし、平均利用者65人」でオフィスを構える。人口5,000人から1万人くらいの地域を看ることになる（1事業所に12人までとしているのは、オランダでは職場の労働者が13人を超えると労働組合を作らなければならないという規則があるのも関係している？）。

「具体的には、どのようにして事業所を立ち上げるのですか？」

「簡単です。やりたい看護師たちが仲間でチームを組んで手上げして、ビュートゾルフに参加するのです」

「利用者を確保するのも、スタッフの求人も自分たちでやるのです」。日本の"雇われた訪問看護師"たちとはずいぶんスタンスが異なる。

「ビュートゾルフの傘下に入って具体的にはどんな支援があるのでしょうか？」

「ビュートゾルフ本部が立ち上げ3か月のランニングコストの一部を支援します。3か月後は"自立運営"ですので、目標を達成できずにつぶれて閉鎖したチームもあります」という。3か月後からは売上から本部経費を負担していく。

ビュートゾルフの組織は、「現場のチームが一番上」に、次いで「チームコーチ」、そして「本部のバックオフィス」が一番下にくる。

⑤ 運営は「Keep it Small & Simple」

　アムステルダム市内で訪問したビュートゾルフ事業所のオフィスは普通のマンションの１階の３DKの部屋で営業していた。通りに面した玄関横の窓にビュートゾルフの看板が貼ってあるだけだ。

　ここは男性看護師が元勤務していた病院の同僚ナースと開業した事業所である。

　わが国の訪問看護ステーションによく似たしつらえで、備品なども日本でよく見るものだったので近親感があったが、とてもシンプルなオフィスだ。

　現場ではどのように業務を進めているのだろうか？

　「利用者を探すのも地域のGPや他の在宅サービスと連携して、依頼はいつも断らない。24時間７日間、利用者からの電話を受ける体制もどのようにするか皆で考える。勤務時間も自分で自由に決めている。セルフマネジメントで自律的に仕事をするのです」と、何も特別のことはないボトムアップの「自律・独立・自己管理・自主運営」の水平組織だと強調された。そもそもオランダ人は自律的で独立心の強い国民だ。

　「みんな水平な関係で仕事をしていますので、現場の事業所には管理者・マネジャーはいないのです」。これは日本ではちょっと想像がつかないかも知れない。

　本部（バックオフィス）には50人のスタッフがおり、各事業所をラウンドする21人のチームコーチがいる。

　「バックオフィスの役割はヘルプデスク、保険請求事務、労働契約、給与支払いなどの事務業務と、ICTによる業務の『標準化』です。標準化は業務をシンプル化することです。そしてオーダーメイドで『最も良い形の看護を提供する』のです」

　業務ツールは「オマハシステム」を使っている。

　まさに水平で管理コストを抑えたティール組織だ。

ビュートゾルフのケアポリシー

ビュートゾルフのケアポリシーは、

①ホリステック（包括的）なケア：オマハシステムで看護業務
　を展開しクライエントの自立支援を図る。と同時にケアを
　「見える化」する
②顧客ファーストのリレーションシップ
③結果重視のベストソリューション
④ICTでスマートソフトを開発し書類をなくす。事務作業を減
　らしケア時間を増やす
⑤ケアとバックオフィスの分離
⑥本部（バックオフィス）は現場のチームをサポート、業務の
　標準化や最適化を図る
⑦インフォーマルネットワークのケアへの活用

としている。
　「ベストソリューションについて少し説明してください」と問い
直すと、
　「たとえば、在宅でも病院のような指標でケア時間も査定委員会
が決定した訪問時間だったりと、患者にそぐわないことが多かった。
またケアマネジャーのケアプランよりも訪問看護師のアセスメント
の方が良いアウトカムを出していたという実績もあったので、それ
らをデータ化して、制度改正にもつなげた」という。

 顧客ファーストのリレーションシップ

　「訪問すると、最初にまずはコーヒーを頂くのです」
　「顧客との人間関係が大事で、それにインフォーマルケアをケア
プランに巻き込んでいくのも重要です」

「ある80代の一人暮らしの女性のケアで、彼女は足の浮腫みを取るために弾性包帯のストッキングを履いていました。きついサポートのストッキングで、自分では着脱が難しいので、毎晩、寝る前にストッキングを脱がすだけの短時間の夜間訪問看護をしていました。でも訪問するといつも一緒にお茶を飲んでいる近所の人がいたのです。聞くと毎晩、寝る前にお茶飲みに来ているという。それでは就寝前の弾性ストッキングを脱がすだけをお願いできないかというと、快く引き受けてくれたので、夜のその時間の訪問看護が要らなくなったのです」という。

8 オランダの「安楽死法」

　オランダは世界で初めて「安楽死法」を制定して、2002年4月から施行している国である。

　法制化に至るまでには、1973年に起きた"ポストマ女医事件"（母親の安楽死の意思を受けた娘の女医が死に至らしめた）以来、30年間にわたって、現場で起きた同様のいくつかの"安楽死事件"の裁判の判決や、医学界、法曹界の議論、政府の委員会による5年毎の国民調査などの国民的議論を経た結果、法制度化したという長い経緯がある。

　その背景には「自分のことは自分で決める」という自律意識と、「個人主義」の強い国民性があると言われている。

　もう一つ加えておくと、オランダは全国民が家庭医（GP）に登録する。GPには単に病気の時に診てもらうだけでない信頼関係で、その家庭との日常の付き合いがあるのだという。

　そしてオランダの在宅看取り率は31％、日本の12％の2倍で、病院死は日本の半分以下である。

　では、実際に現場ではどのように終末期ケアや緩和ケアをしているのだろうか？　安楽死の経験はあるのだろうか？

　マデロンさんに質問してみた。

　「緩和ケア（パリアティブケア）や看取りのこと、安楽死の経験

についてお話して下さいませんか？」

「各事業所で異なるが、概ね訪問看護業務の25％はパリアティブケアですね」と、緩和ケアと在宅死の看取りは日常的だと業務を紹介しながら、

「安楽死については、本人の耐え難い苦痛があることや、患者の希望と強い意思を受けて、家庭医のGPが6要件[注]で検討して実施されることです。他に独立した医師によってセカンドオピニオンが必要になります。安楽死に至るには正式なプロトコールがあります」

「事例はありました。あるケースで、患者さん本人は意識がなく、もう看ていられないと娘が安楽死を望んだのです。そして決定していいかどうかが裁判になりましたが、実行はされなかったのです」と、在宅では経験がないという。

⑨ 「制度に縛られない」看護職に

ビュートゾルフの求める看護師のコンピテンシーは「自律」していること、そして「信頼あるジェネラリスト」であること。

基本的に働き方は時間も「自由」だが、各人が「自分の業務に責任」をもつ。

「ところでサラリーはいいのですか？」と待遇について聞くと、

「オランダは同一労働同一賃金の国ですから、病院でも在宅でもどこで働いてもサラリーの差はありません。看護師労働組合の『NU'91』が政府や雇用サイドと交渉して決めているのです」

「それにサラリーよりも、看護のやりがいをみんな求めてますね」、ここにもビュートゾルフの価値があるという。でも実際には、「医療制度がナーシングを縛っている」と、業務の壁について語るマデロンさん。

どの国でも"制度"は、時として先駆的な現場実践の前に立ちはだかる壁でもある。そしてここが重要だが、いかに「制度に縛られない看護師になるかです」。

たとえば「利用者の査定委員会が決定したケア時間のケアプラン

より、訪問看護師のアセスメントの方が良いアウトカムを出している」というベストソリューションを現場から引き出し、制度改正などにつなげてきたという話などは本当に素晴らしい。

今、フランス、ベルギー、イギリスなどと、医療制度とナーシングのあり方の研究プロジェクトを組んでいるところだという。

ビュートゾルフではスタッフのサポートを重視し、看護師それぞれがもつ専門性をビュートゾルフのWeb上で交換し、スキルをシェアリングする。

難しいクライエントの看護で悩む時も、Web上で専門看護師の助言や双方向のやり取りが効果を発揮している。また自己学習のための予算を各事業所が確保して最新の技術を学ぶという。

こうしたICTによる業務効率化やCost Benefitと高品質のケアを求める経営戦略が成功要因であることに違いない。

ビュートゾルフがエクセレントな経営に送られる賞を受賞して以後、企業や警察など他の専門領域からビュートゾルフモデルを学びたいと、国内ばかりでなく各国から組織作りにオファーがあるのだという。なかなか刺激に満ちたビュートゾルフである。

わが国も医療・介護界の文化を変えることが急がれている。

注：「安楽死法（Termination of Life on Request and Assistance in Suicide〈Review Procedures〉Act）」（2002年4月施行）による6要件とは、
　　①患者の自発的で熟慮に基づく要請であること
　　②患者の苦痛が耐えがたく絶望的なものであること
　　③医師が十分に状況を説明していること
　　④苦痛の緩和に利用可能な理にかなった手段がないこと
　　⑤他の独立した医師に意見を求めること
　　⑥慎重な方法で実行したこと

II オランダの認知症ケア： ケアファーム「ブーラの農園」

 オランダのケアファーム─その歴史と現在─

　2018年の夏、ケアファームの視察にアムステルダム郊外に向かった。アムステルダム中心部から車で約1時間のヘッケルドルフ村。

　世界に冠たるオランダの干拓技術（ポルダー）によって造成され、地平線まで続く田畑と水路の風景が美しく続くグリーンハート地帯。

　ケアファーム「ブーラの農園」はそんなオランダの原風景の中にあった。

　「ケアファーム」「ケア付き農場」「農場で認知症ケア」と聞くと皆様はどんなイメージをもたれるだろうか？

　EU各国では「農業・酪農など農場を主体にケアなどを提供する場」として「ケアファーム」が展開されている。

　EU議会では2012年1月に「社会的農業のあり方に関する提言書」が採択されており、2014年から2020年まで補助金が増額されたりしている。提言書では社会的農業を「多面的機能を発揮する農業」と「治療・援助・ケアの地域社会サービス」の二つの異なるコンセプトを組み合わせた革新的アプローチとしている。

ケアファーム「ブーラの農園」

オランダの「ケアファーム」もその社会的農業の一つと位置づけられる。

わが国でも2006年の障害者自立支援法に基づく障がい者の就労を主とした農福連携の実践があり、2016年には政府の「1億総活躍プラン」で「農福連携」が位置づけられるなど、事業の普及が図られているが、障がい者や高齢者等のケアと農業を結びつけた「農福連携事業」は、コンセプトや効果も含めまだ発展途上にあると思われる。

オランダのケアファームは、農業生産場所である農場（含む酪農）で、高齢者や障がいのある人など様々な住民のケアや癒し療法、また健康増進として様々なプログラムをもち、特に昨今では認知症ケアのデイケアサービスとして介護給付の対象になっている。

ケアファームは3年に1度の適性試験に合格し基準を満たしている施設である。

ケアファームの歴史をみると、古く14世紀に発祥したともいわれているが、近代の1950年代には主に精神科病院で農作業療法が行われていたが、「無報酬で農作業に参加させられること」に人々は納得できず、ケアファームは衰退していったという。

しかし1980年代には、自然と触れ合いながら健康を保つ自然回帰ブームとなり、ケアファームも再び見直されるようになった。

さらに高齢化とともに精神科や障がい者領域の活動から、現在の高齢者ケアや認知症ケアのデイケアとして広がってきている。

1989年にはオランダ全国で75か所だったというケアファームが現在では全国で約2,000か所、うち1,500か所が全国ケアファーム連盟（本部はユトレヒト）に加入している。

ケアファームの利用者は、知的障がいや精神障がい、認知症等の通所（＆泊り）サービスとして、特別長期医療保険（介護給付）、市町村の社会サービス法、パーソナルバジェット（個人現金給付）のいずれからも給付対象となっている。

たとえばケアファームに来る利用者には、重度別に1日に60〜90ユーロ（8,100円から12,150円）が保険から施設に報酬が支払われ、

利用料の自己負担分は本人の所得によって決定される。

　特に福祉や訪問介護・通所などの介護サービスを市町村に移譲した新法の「社会サービス法」以後は、査定や給付など市町村との密接な関係で運営されている。

　ケアファーム開設にはレギュレーションがあり、ケアのクオリティ（品質）の確保や安全、品質認証、衛生的な環境、そして動物の管理などについて定められている。

　ケアファームを利用する高齢者は、GP（かかりつけ医）や家族が市町村の担当課に申請をして査定を受け、審査後、通所が可能となる。ケアファームは、かかりつけ医のGP、在宅ケアチームの看護師や介護スタッフと日常的に連携し、緊急時の対応等もされている。年1回は家族も含めて運営会議がもたれるという。

② 「ブーラの農園」に見る認知症の人のケア

1）開設した看護師コリーさんの動機

　農園の庭で遊ぶ鶏や猫と一緒に迎えてくれたのはオーナーのコリーさん。夏の陽射しの中、周囲の牛舎や畑から立ち上る土と田園の匂いに、まるで北海道の農場のようだと全身が寛いでいくのを感じた。

　夫のブーラさんは酪農（牛・羊）と農業を家族経営している。妻のコリーさんはナース歴30年、訪問看護師の経験もある彼女が2か所のケアファームを運営している。

　2010年に農場内の倉庫を移してケアファーム用に2階建てを新築、三角屋根の素敵な家だ。建設費用にはEUの補助金（16万ユーロ）も受けた。翌年の2011年には近所にある修道院とコラボしてその庭を借り、修道院からの初期投資も受けて2軒目のケアファームを始めている。

　「どうしてケアファームを始めようと思ったのですか？」と開業の動機を問うと、「30年のナースのキャリアを活かして、認知症のケアをよく知り、高齢者の課題もよくわかっている自分が、他とは

オーナーのコリーさんと

違う質の高いケアファームをやりたいと思ったのです」と気負いのない優しい口調で語る。

「特に認知症のケアファームはまだ少ないので、認知症の人が自分自身の価値を高められるような場をケアファームで、と考えて始めました。少ない政府の介護予算で質の高いケアが提供できるのはプロだから」と小規模だが、看護職ならではの差別化した運営を自負する。

「ブーラの農園」の命名の由来を聞くと、「町の人は住所ではなく"ブーラの農園"でわかるのです」と、田舎らしくなじみの"屋号"をそのままケアファームの名前にしたという。

2）ケアファームの認知症ケア

「オランダ人は勤勉な国民性で、みんな、人の役に立つことをしたいと思っているのです。ですから、認知症になっても受け身ではなく、小グループで一人ひとりが互いのもっている力を互いに活用して、自由に1日を過ごすのはとても効果的なのです。人の役に立っていると。けれど、認知症の人には決まった日課やルーチンワークも、大切な記憶のオリエンテーションになるのでプログラムはあります」

「ブーラの農園」の日課にも、ケアファームの"優位性"が見られる。

①朝９時〜９時半に到着するとまずコーヒータイム。新聞を読んだりしてゆったり顔を合わせる（これは体調管理の観察にもなる）。

②10時30分には外に散歩（寒い冬でも欠かさない）やスポーツ。

③11時30分には農園の野菜や果物を採ってきたりして、皆で昼食の準備。

④12時30分に昼食。

⑤13時30分頃には後片付けや昼寝。

⑥14時30分、午後のレクで音楽・絵・手芸・ゲーム・庭仕事・農作業などそれぞれが自由に過ごす。

⑦15時30分頃には午後の外出で、家畜と触れ合ったり、散歩、近くの果樹園に行くなど。

都会のビルの中のデイケアだとこうはいかないし、わが国では農村部にあるデイケアでも室内の画一的な集団プログラムに終始しているのではないだろうか？　つい比較する。

「ブーラの農園」で過ごす高齢者

約20人の高齢者が通所してくるが、常勤スタッフは５人で20名の
ボランティアとともに運営している。常時、看護学生が実習に来て
いるということで、この日もランチの準備をしていたのは女子学生
だった。送迎も近所の人がボランティアで行い、ガソリン代を支払
う。

　視察時には近所の幼児２人と犬が１匹、リビングで遊んでいたが、
まるで自宅のリビングで孫と遊んでいるような雰囲気で認知症の高
齢者が寛いでいた。

　農場や自然の中で１日を過ごすケアの効果は大きい。

　「認知症の人には外の空気や農園の環境、運動、作業などアクティ
ブなことが進行を遅らせるのです」

　「それに皆さん、昔やっていた仕事や趣味は、人に指示されなく
とも自然に体が動きます。ですから自発的に自分のやりたいことを
して１日を過ごしています。ここでは働かない人にはお食事が出ま
せん（笑）」とジョークまじりにコリーさんが説明する（庭で私た
ちにまとわりついていた飼い猫が姿を消したと思ったら、突然、話
に夢中になっている私たちの前にネズミを加えて現われた！ 猫に
もワイルドな仕事があった！）。

　たとえば、朝来るとすぐに牛舎に向かい自発的に牛の世話をする
男性がいる。彼はかつて酪農を自営していた人だという。また毛糸
車を回して毛糸を作っている人もいる。羊から羊毛を取り、毛糸に
紡いでいた昔の習慣を思い出してスムーズにできるのだという。

　昼食の用意には男性もキッチンに立って料理している。日本のデ
イケアでは見かけない光景だ。

　しかし、ケアで困難を抱える時はないのか？

　「認知症のケアで難しいのは徘徊やいらつき、暴力的、他の人と
相性が悪い場合などあります」、そんな時は徘徊につきあったり、
興味を別に向かわせたり、来所の日を変えて対人関係など個別の工
夫をしたりしながら、薬物には頼らないという。

　ケアファームの居場所としての良さ、ケアの効果を出すには認知
症の専門的アセスメントが不可欠なのだとコリーさんが話す。

「ブーラの農園」の牛舎

③ ケアファームのこれからの課題

　「ブーラの農園」は、ケアと環境の質を評価されて、EUの「Publieksprijs（観客賞）」を受賞、看護専門職ならではのリーダーシップを発揮している。

　視察の終わりに、ケアファームの課題をコニーさんに聞いてみた。

　「ここは自分の理想があって開設したので、今のところうまくいっていると思う。認知症には予防的ケアが治療より良いし、状況設定が大切です。その意味ではケアファームは有効と思う。今は達成感もある！」と語ってくれた。しかし国の制度への意見もある。

　「国の医療や介護の保険制度が短期間でよく変わるので業務が大変です。また社会サービスは市町村の業務になったので、市町村間のサービス給付や報酬金額のばらつきもある。行政から業務への規制があまりにも多いのも事実だ」と。日本でも現場でよく聞く話だ。

　「ブーラの農園」のリビングでくつろぐ高齢者のきちんとした身なりと明るい顔を見ながら、アウトカムも収益性も良いここは成功事例の一つと見た。

4 わが国への示唆

　「ブーラの農園」はサイズ的には20人程度の小規模のデイケアだが、大型の農業や酪農の作業をしたり、収穫した農作物や家畜を6次化と言われるように製品化し販売するケアファームもある。

　さらにコンセプトも多様化しているオランダのケアファームであるが、農業サイドからは「農家の生産活動と持続的な農業システムの構築につながる」という期待もある。

　一方、わが国では厚生労働省が主導した地域包括ケアシステムや地域共生社会づくりが、医療介護分野をベースとして出発したが、他分野も巻き込んだコミュニティづくりにようやく広がりつつある。

　農村では豊かな自然環境と、新鮮で美味な安心安全の食の提供という優位性をもちながらも、なかなかそれが地域活性化に結びついていないが、農業とケアを結びつけ、都市から人を呼び込む方策の一つとしても、「ケアファーム」による地域づくりも期待できるのではないかと筆者は考えている。

　ケアファームが「共生社会」のデザインの一つとして、認知症の人や障がい者だけでなく、そこに住む子どもから高齢者まで全世代の多様な人が、各自の能力を活かして参加したり、孤独解消や食事とケアを受ける「居場所」となればいい。

　全国の農協の資源や地域の厚生連など病院などのマンパワーと医療介護専門職のノウハウを活かした連携で、小規模農家の庭先や、病院の隣接地で「ケアファーム」が展開できると面白いのではないだろうか。

　ケアファームが単なるケアの場だけでなく、地域再生のデザインを考える際の参考になればと願っている。

参考文献

・鄭 玉姫, オランダ混合農業地域の農家におけるケアファームの運営とその意義, 立教大学観光学部紀要第19号, 2017年3月.

Ⅲ アムステルフェーン市にみる 地域包括ケアと住民参加

1 社会サービス法と医療介護改革で市町村へ移管

　2018年夏、オランダの「社会サービス法」と「ソーシャルチーム」の実際をアムステルフェーン（Amstlveen）市役所で視察した。

　アムステルダム・スキポール空港近くのアムステルフェーン市は、比較的富裕層の多い住宅地で、2009年には「オランダで最も魅力的な住みたい街」に選ばれているという。人口は約9万人、65歳以上は19％である。

　市庁舎を探して歩くと公園の噴水の向こうに、本を広げたような3階建の美しいデザインの木造建物があった。言われなければこれが市庁舎だと思わないだろう。中に入るとホテルのロビーのようで役所の匂いがしない。受付＆相談手続きコーナーもパーテーションで一人ずつゆったり座れる。

アムステルフェーン市市役所の受付

多目的の会議室はバー・コーナーまでありパーティもできるようなしつらえで、大きなステンドグラスが壁を飾っている。

　ロビーに迎えてくれたのは長身のプラム・ハウスマンさん。まだ若いが社会支援部のチームリーダーだという。車のディーラーから福祉の仕事への転身をしたという青年だ。社会サービス法と2015年医療介護改革以後の行政と地域の変化をつぶさに聞くことができた。

　オランダでは2007年１月に社会サービス法（Wet Maatschappelijke Ondersteuning：WMO）が施行されて、高齢者の在宅サービス提供を基礎自治体（市町村）に移管した。地方分権の考えのもとに中央政府ではなく自治体が裁量と責務をもつことにした。

　さらに2015年の医療保険改革で、長期療養保険（長期ケア法・介護保険）を改正し、重度者の医療処置やリハビリなどは医療保険で行うが、在宅の介護の大部分を地方保健局に移管し、市町村の業務とした。また障がい者支援も自治体に移管した。

　これらの在宅サービスの自治体への移管は、ステークホルダーそれぞれに課題が生じたという。市町村の立場からは、住民に近いところでサービス提供ができるのはウェルカムだったというが、財政的に負担も増え、市に入る予算減には国の予算上の補填などをめぐってバトルが続いている。

社会サービス支援部のチームリーダーのプラムさんたちと

　また財政的に裕福な自治体とそうでない市町村間で、サービスに
バラツキもでた。

　一方、事業者の立場からは、長期ケア法より報酬が25％ダウンし
たという。事業者は市町村ごとに契約してその地域の高齢者等にサ
ービス提供するが、事業所の利用者は複数の市町村にいるので、時
にはそのサービスはウチの市町村では支払い対象にしていないとか、
ネゴシエーションが大変だという話も現場で聞いた。

　受け手の市民の立場からは、それまで無料だったサービス利用に
自己負担額が生じ、負担が増えたことで、意識改革がなかなか大変
で不満も出ているという。

　さらに「ソーシャルチーム」というインフォーマルケア推進にも
意見が出た。オランダの特徴である、困っている人を優しくマント
で包むような「マントル・ケア（インフォーマルケア）」の歴史を
踏襲して、住民参加のインフォーマルケアをどう再編成するのか。
また、個人の自助努力のあり方も議論されているという。

② アムステルフェーン市の在宅サービスとソーシャルチーム

１）社会サービス法で何が変わったか？

　「社会サービス法と医療介護の大改革はどんな変化がありました
か？」

　「社会サービス法で市町村の福祉サービスは大きく転換しました。
一つが財政問題です。利用者の自己負担も増えた。市町村の財政負
担も出てきた。またソーシャルチームでケアを提供するなどインフ
ォーマルケアの推進を図って、住民の意識改革も余儀なくされたの
です」と、まず住民の自立と責任、公的支出の削減などをした社会
サービス法を説明するプラムさん。

　「ソーシャルチーム」とは地域のことは地域で解決を目指すとい
う「近隣支援チーム」の取り組みのことである。

　「市役所ではワンストップの窓口を開設して地域にサービスを提

供している。人口９万人で高齢者では17％くらいです。社会サービス対象者は約3,000人です」

プラムさんの担当部局では「若者・障がい者・高齢者」の３領域のサービスを統括する業務をしている。

「まず、①社会福祉サービスとして、社会的サポート、最低保障、緊急住宅、借金の補填援助など。次に②仕事と収入支援（就労支援）で、就職紹介から手助けの必要な人の給与管理や困難支援。③青少年支援やソーシャルチームの運営、他との連携などです」

2）自立支援をゴールに

「社会サービス法のゴールは、できるだけ長く在宅生活を維持して、社会参加を促すこと。つまり自立支援です。本人のできることを強調したケアです。利用者の本当のニーズが何か？　将来に向かって何が必要か？から始めます」

本人が24時間７日のケアが必要になった段階からは「長期ケア保険」に移行する。

具体的なサービスは、①家事援助、②生活指導、③住宅改修、④移動手段（公共交通、タクシー、電動車いす、バイクなど）、⑤障がい者パーキング、⑥障がい児（21歳未満まで）の通学支援──など、地域で暮らすために多岐にわたる。

これらの業務を担当する市役所の職員は、「直接サービスに係るのは、査定専門員（アドバイザー）が18人、新規の利用者は必ず家庭訪問して審査する。チームで業務をしている。また、事業者との契約担当、福祉機器担当など事務職員がいる」という。

3）パーソナルバジェット（現金給付）

オランダも介護家族に「パーソナルバジェット」という形で現金給付をしている。これはドイツの介護保険同様だ。

まず介護認定の段階ではサービスの現物給付か現金給付かを決める。現金給付は必要な支援サービスを購入するためだけに使う、という規定になっているので生活費ではない。

　社会保険金庫がパーソナルバジェットをマネジメントしているので、市町村経由の本人からの請求書に基づいて支払われる。

４）サービス利用の自己負担額

　福祉サービスを受けるのにそれまでなかった自己負担が生じて市民には不満があるという。自己負担額の決定は、年齢、本人とパートナー（配偶者）の所得、本人とパートナーの支払い能力、２年前の所得税申告額、どのような施設、どのようなサービスをどのくらい使うのか、などで決定する。全員が一律の自己負担額は月に17.50ユーロ。障がい児など子どもには自己負担はない。

③「ソーシャルチーム」は住民参加の地域包括ケア

　さて今回、市役所を訪問したもう一つの目的は「ソーシャルチーム」。どんな働きをしているのだろうか？

　「私たちの活動は３つかそれ以上の複数問題を抱えている家庭にフォーカスをあてている。自分たちでは解決できない人たちです」

　「問題を発見したGP（家庭医）や、訪問看護師、学校の教員、ソーシャルワーカー、警察、市役所担当者などが申請（や通報）をしてきます」

　「市内を地区割りしてチームで担当している。担当職員は就労支援や債務カウンセリングなどの社会支援のプロと、精神医療などの専門職のミックスチームです。この他に必要なアドバイスをする専門家も控えています」

　「依頼があるとチームが動くが、プロフェッショナルチームと近隣の人のネットワークで具体的には支援に取り組みます」

　それがソーシャルチームだという。どのように進めていくのか？

　「まず専門チームと近隣ボランティアがコンタクトし、問題を共有し、専門チームと在宅ケア事業者、近隣のボランティアで、その利用者を支援する"近隣チーム"を作ります」

　「目的は小さな問題でも早期に介入することで、悪化予防でき、

高額なケアサービスの導入を予防し、減らすことができる」と早期の支援がキモだという。

市役所の福祉や介護担当課だけで地域の問題に対処やケアをするのではなく、地域の近隣を巻き込んだケアチームを作り、本人たちの自立を一緒に支援していく。まさに地域包括ケアシステムの真髄だとプラムさんの話にうなずく。

住民参加の地域共生社会を創ろうとしているわが国にも大いなる示唆を得る。

 ## 2015年改革の影響とこれからの課題

それにしても、国から地方分権の流れで市町村に移譲されてきた社会サービス法と医療介護改革のキャッチアップは大変だったのではと推測される。

「これまでの福祉サービスと違っているので、市の担当者にとっては市民のいろいろな要求やクレームにも応じなければならなくなった」ので大変だったという。

「市民側からみれば、サービスを受けていた人はこれまで自己負担はなかったのが、自己負担が増えてサービスが不足したとクレームも多かった。"自立自助"ということで、住民が自分でできることは自分でするという意識改革は大切だが、市民の不満は大きかった」

「しかも市としては国からの補助金が大きな減収になった」

「今後の課題はどのようなことですか？」

「政府の改革のスピードが速くて先が読めない」と、まず答えるプラムさん。

具体的な課題として挙げたのは、窓口へのアクセスの問題や良いケアを維持しながらいかに予算を減らすか。そのためには家族、友人、近隣などのインフォーマルケアのアピールが必要とも。

ITデジタル化の問題もある。政府のデジタル政策には苦労しているという。

　「社会サービス法の狙いは国の財政カットなので、市町村の行財政を圧縮しており、市町村間の格差も出てきている。アムステルフェーン市は財政的にも平均以上の割に裕福な市なので、市民は良いサービスが受けられるが」と指摘する。

　「また事業者からみれば、各市町村のサービス給付のバラツキがあり混乱もしているが、全国共通のデジタル化が進めば、それは解消されるかとも思っているけど」と付け加える。

　市の財政が減収になっていることに関してはサービス低下につながると、国民健康省大臣に全国市町村連合等で国が補填すべきとロビー活動していると語る。

　さて、視察の時間も終わりに近づいた。プラムさんとの最後の会話が印象的だった。

　「自分には障がいをもつ兄がいて、幼い時から母親の介護の大変さを見て育ってきた。その反動で福祉にはかかわりたくないと思って、大学を出た後は会社務めをしたが、ふと、ある日、人にかかわり社会にかかわる仕事で人生を送りたいと思えたのです」と。それで車の販売ディーラーから転職したという。

　「いまは充実してますか？」

　「社会支援部の仕事は、毎日がやりがいある良い日々でエンジョイしている」と笑顔を見せていた。

5 アムステルダムは美味しい

海運王国オランダ。アムステルダムで泊まったホテルはグランドホテル・アマラス・アムステルダム。中央駅から数分の運河沿いにあります。

1912年に建てられた海運業会館（スヘープファールトハウス）をホテルに改装したもの。オランダ海運の栄華の歴史を見るアールヌーボー様式の優雅な建物は建築遺産です。迷路のような館内ですが、天井までのステンドグラスは航海の光景、室内プールもレトロです。レストラン「Seven Sea」はフレンチ料理。お薦めのホテルです。

さて、ニューマルクト広場にある老舗レストラン「カフェ・イン・デ・ワーグ（Café in de Waag）」は、かつての"計量所"の建物をそのままレストランにした雰囲気の良い店です。

定番のステーキと食後にチーズを注文、ハウスワインで乾杯しながらアムステルダムの長い夜を楽しみます。オランダチーズも欠かせない1品。

老舗レストラン「カフェ・イン・デ・ワーグ（Café in de Waag）」

カフェ・イン・デ・ワーグのステーキ

フィンランド
編

Finland

I 高福祉とICT先進国フィンランドの「全世代型社会保障」

1 幸福度・No.1の国フィンランドの素顔

　フィンランドはいろいろな意味で魅力的な国で、一度は行きたいと憧れていたが、2019年夏にようやく訪れることができた。

　人口550万人の小国フィンランドは、戦後、「全世代型社会保障」を構築・維持し、充実した子育て支援や高い教育水準、幸福度、男女平等などいずれも世界トップクラスの国。見事なICT先進国で一人当たりGDPも高い。

　訪れた首都ヘルシンキは、旧市街も、モダンなデザインの建造物も美しく、人々が本当に優しい街でホッとさせられるが、中央駅構内から大通りに続く岩肌むき出しの地下道は、有事の際にはシェルターになると聞いて、東西冷戦の記憶とともに、この国の地政学的立場を再認識させられる。

　12世紀から約600年にわたるスウェーデンの統治後、19世紀にはロシア帝国の属領となり、1917年にロシアから独立した農業と林業の国だったが、第二次世界大戦では隣国ソ連との戦いで崩壊の危機にあったという。

　国土の一部を占領され、戦争に負け、多くの国民（特に男子）を失い、資源もなく、政治外交的にも翻弄された小国が、戦後、"人こそ国の力"だと自立した能力の高い人間を育てる教育や、全世代の社会保障を充実させてきた背景がよくわかる気がした。

　ITを駆使した教育は、幼児教育から大学教育まで学費無料でOECDのPISA世界ランキング（教育ランキング）も常にトップか上位を維持しているのだ。

　フィンランドの「高福祉」を支える国民負担率は62.4％（vs日本

43.3％・2017年）と「高負担」であるが、しかし、生まれてから死ぬまで人生の各段階で、全国民が、何らかの形で"給付"を受けるので"見返り感"も大きい。いわば、税として国家に"預金"しているような感じがするくらいだ。

「人生にかかわる変化をサポート」し、「普通の日常生活の保障」をキーコンセプトにしていると聞くと、日本の社会保障が貧困や障がいなど"一部の弱者への福祉"として、整備されてきたのと対極にあることがわかる。

福祉は人間の幸福追求のツールで、社会からの疎外の「予防」の装置でもある。

その「全世代型社会保障」の効率と効果に寄与しているのが90年代からの国家戦略による世界に先駆けた急速なICTテクノロジーで、医療も福祉も国民番号カード一枚ですべてが処理され、データが保存されている。

ITでは、本当にわが国が世界から周回遅れだと実感させられた。今般のコロナ禍で、それは国民の前ににわかに周知されたのだが！

また、フィンランドはEU内でも急速な高齢化が進んでいる国の一つで、22.1％（2019年）の高齢化率も2040年には30％と推計されている。

これを受けた保健医療福祉改革＝SOTE改革が2016年から進められており、保健医療と福祉のバランスや効率化・合理化、コスト削減と、地域格差のある基礎自治体の行財政再編を同時に進めるドラスティックな改革が進行中でもある。

 「国民の普通の日常生活」を保障する

ヘルシンキ市内で社会保険機構Kela（ケラ）を訪問し、担当者から全世代型社会保障の概要と予算や実績をヒヤリングした。

Kelaはこの本部に加えて国内160か所に事務所があり、職員は7,732人。7か国以上の多言語に対応し、申請手続きの7割はインターネットからというデジタル社会だ。

つい日本の厚生労働省や年金機構等の行政機関の業務の非効率と比較してしまう。

「フィンランドの社会保障は、国民の『普通の日常生活の保障』をキーコンセプトに、『人生にかかわる変化をサポート』するのです」。プレゼンのはじめにまずコンセプトを述べる専門官のトウイヤ・コルペラさん。

人生で変化のある時、「国民の普通の日常生活の保障」をする、何とストンと落ちる言葉だろうか。

Kelaのトウイヤ・コルペラさん

誰でも人生で変化はあり、時には危機もある。社会の変動で受ける影響は自助だけでは解決できない時もある。感染症やパンデミックもその一つだと私たちはコロナ禍で体験したばかりだ。

サービスを受けて、また元の生活に戻れれば社会保障の支援はもういらない。いわば「トランポリンスタイル」と言える。

日本の社会保障は"転落してきた"人を最後に受けとめるセーフティネットなのだが、弾力性に欠ける。それも時折、ネットに穴が開いていたりして受け止められない。

しかしセーフティネットをどのように張り巡らすかは、その国の国民の選択によるのだ。

そして、そのネットワークに寄与しているのが国民番号とITによるデジタルシステムという訳だ。

③ 「全世代型社会保障」とKelaカード

提供される社会保障サービスは、妊娠出産から育児・学業・就

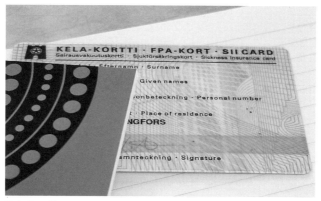

Kelaカード

労・住宅・医療・障がい・高齢者・年金等の現物給付（実際のサービスは基礎自治体が提供）と現金給付で、全国民がもつKelaカードには社会保障番号が記載され、ヘルスケア関連のデータも個人に紐付けされている。カード一枚ですべてが瞬時に処理できるのだ。

このKelaのカード一枚による「一気通貫のサービス給付」をみると、わが国の霞が関の縦割り行政がいかに時代遅れで、非効率で書類が多く、中間経費の無駄があるのか、グローバル標準から周回遅れを実感させる。

全世代型社会保障の給付内容を概観すると次のようになる。

①出産から育児：Baby Boxの給付、育児休暇・扶助、両親休暇、17歳までの子ども手当、保育・プレスクール
②教育：大学まで学費無料、一人暮らし学生の家賃補助
③徴兵：家賃補助
④退職・年金：最低保障（760ユーロ＝約91,000円）
⑤失業手当
⑥住宅保障：住宅、家賃補助
⑦医療保険：医療費・薬剤・リハビリ・検査・疾病手当など
⑧障がい：障がいに応じた給付、手当、年金
⑨離婚時の養育費・慰謝料の補てん

「ベーシックインカム」の実証実験

　Kelaでは2017年から２年間、「ベーシックインカム」の実験も実施し、データを取りまとめている。

　ベーシックインカムとは「すべての国民に政府が生活に足る一定金額を無条件で支給するもので、貧困対策や少子化対策になり、また今の生活保護や失業保険を廃止してこれに一本化することで支給の行政コストが抑制できる」とされている。

　実証実験はKelaから失業手当を受給している人のうちからランダムに抽出された2,000人を対象に行われ、ベーシックインカムと労働、就労意欲の関連などを検証した。

　本来、失業手当は失業者の求職活動状況や手当以外の収入などを毎月レポート提出して、月に560ユーロ（約73,000円）が支給されるものだが、実験ではレポートなしに給付した。

　「実証実験の結果はどんな評価なのでしょうか？」とトウイヤさんに質問した。

　「ベーシックインカムを導入する前と比べて、失業者の雇用（就業率）には変化は見られなかった」が、実験に参加した人からは「ストレスがなくなって精神的に安定した」と560ユーロでも安心感が生まれ、「政府への信頼感が高まった」「生活の質が変わった」「健康と幸福面で効果があった」など評価されているという。

　基礎的な収入は、人々をストレスから解放し、望まない劣悪な労働から解放し、人生を容易にするという本来の効果もあったようだ。

　しかし「実際に導入するには財源や方法に課題もあり、政党間でも賛否両論がある。また現政権には“高負担”に『負の所得税構想』がある」という答えが返ってきたがこれもまだ未知数だ。

　「負の所得税（Negative imcome Tax）」って何？と聞きなれない言葉だが、私たちが徴収されている所得税はいわば「正の所得税」。課税最低限を超えた所得があれば税を徴収され、可処分所得が減少

する。

「負の所得税」は、1962年にミルトン・フリードマンが提唱したもので、「最低生活の所得水準を保障するために、所得が一定基準に満たない人に、最低所得との差額の一定率のお金を逆に給付する制度」で、ベーシックインカムの由来の1つとも言われている。

国家が実際にそれを実施すれば、貧困は改善するのではないか？とも言われているが、一方でいつも反論？されるのは納税義務と勤労意欲との関係である。

ベーシックインカムも提案する人の立場によっては解釈も具体策も違うようだが、いずれにしろ「幸福追求の社会変革」のためのツールとして、わが国でも検討の余地はあるだろうと思う。

ポスト・コロナ社会の課題に浮上している。

5 "高負担" 維持と改革推進を両輪で

フィンランドの「全世代型社会保障」は、ここまで保障するのかというくらいの手厚い高福祉（＆高負担）の姿だった。幸福をもたらす福祉の到達度は、わが国の比較ではない。

また、ICT先進国のデジタル（モバイル）社会は、すべてを可視化しながら、社会システムを変え、"生産性" にも大いに貢献している。これには日本も早く追いつきたい。

が、一方で超高齢化とグローバル経済の影響もあって、当然ながら経済成長と行財政改革の課題もかかえている。

現在進行中のSOTE改革は、「高負担」維持に合理的な医療福祉の制度改革と、基礎自治体の合併再編や行財政改革を両輪で推進していて、公的サービスから民間活力へのシフト、グローバル企業の参入なども進行中である。

フィンランド福祉は、岐路にきているのではないかとの指摘をする日本の研究者もいるが、国や公的サービスがすべてを担う福祉国家モデルはすでにヨーロッパでは転換していて、どの国も地域で民間参入と住民参加型にシフトしている。

私は“福祉国家”というスキームが岐路にきているのではなく、グローバリズムとICT・AI時代の情報社会の変化を受けた生活文化や若者世代の意識と、思想哲学の変化が、社会システムに変化をもたらしつつあるのではないかとみている。

その現象の一つが近年の合計特殊出生率の低下である。フィンランドはそれまで1.87をピークに1.80台をキープしてきたが、2019年には1.49にまで低下している。その背景には何があるのか、明確な答えは返ってこなかった。

そのシチュエーションは、フィンランドといえども他山の石ではない。

視察の最後に、「国民の幸福度にKelaのサービスは貢献しているか？」と担当官のトウイヤさんに聞いてみた。

そんなあたりまえのことをなぜ質問するの？という感じでやや戸惑いながらも、「当然でしょう！」と答えていたのが印象的だった。

⑥ “福祉国家” の将来像

2019年12月、連立政権は３人目の女性首相として、サンナ・マリア首相（34歳）を誕生させたが、フィンランドは1906年に男女ともに参政権・被選挙権を同時に確立した最初の国である。

現在、国会議員の46％を女性が占め、閣僚19人のうち女性が12人（63％）、また主要政党５党の党首がそろって女性である。

サンナ首相は、「私が女性だから、若いから、選ばれたのではなく政治家としての能力を認められたと思っている」と、性別や年齢を認識したことはないとインタビューに答えている。まさにそれがフィンランド社会なのだろう。

国民に身近でフラットな政治体制と政策決定の場のジェンダー平等が、手厚い全世代型社会保障の維持と無関係とは思えない。男女平等が“普通”の国は、政策も人に優しい。

ちなみに、政治分野における女性の進出が進んでいないわが国は、

世界経済フォーラムの男女格差指数（ジェンダーギャップ指数）が153か国中121位（2019年）と先進国で最下位に順位を下げ、その最大の要因が、国会議員に占める女性割合が約10%で144位と下から10番目のワーストランク国なのである。

　さて、全世代型社会保障の国フィンランド、"実験国家"はこれからも目が離せない。

参考文献：
・在日本フィンランド大使館提供の資料等
・横山純一，転機にたつフィンランド福祉国家　高齢者福祉の変化と地方財政調整制度の改革，2019.1, 同文館出版.
・ジャレド・ダイアモンド，危機と人類　上巻，2019.10, 日本経済新聞出版社.

Ⅱ Welcome Baby！ 「社会で子育て」と幼児教育

　フィンランドは、子育て支援でも他国に先駆けた優位性あるシステムをもっている国として、つとに有名である。

　そして、男女平等が普通の暮らしになっている国の施策は見逃せないものが多い。

　「乳母車を押していると公共交通機関がタダになる国」と「乳母車を押していると公共バスにも乗れないような国」、「保育園全入」と「待機しても保育園に入れない国」の違いは何だろうか？

　合計特殊出生率1.8を目指すわが国への示唆は？

　「社会全体で子育て」の国の秘密を探った。

　そもそも社会保障とは「全世代型」なのだ。

1 Baby Box：妊娠期からの手厚い子育て支援

　フィンランドの子育て支援は妊娠5か月頃から始められる。それはBaby Boxのプレゼントだ。

　社会保険機構Kelaから「母親手当」の一つとして支給される国民に人気の「Baby Box（育児パッケージ）」は1937年に導入され、戦後は妊産婦と乳幼児死亡率低下に貢献してきた。

　所得制限はないが、ネウボ

Baby Box

ラか医療機関での妊婦健診の受診が支給条件なので、安全なお産のために妊婦さんの健診の動機づけにもなっている。

　デザインの可愛いBaby Boxには、新生児の育児に必要な衣類やおむつなどグッズ一式と母親の避妊具等、約300ユーロ（約45,000円）相当の物品が入っている。

　170ユーロの現金支給も選べるが、ほとんどの親はBoxを選ぶという人気の箱だ。

　中身を出したBoxは、新生児の最初のベッドにもなるという。

　Boxのデザインは著名なデザイナーなどに依頼されるようで、市内のヘルシンキデザイン美術館にもムーミン模様の「Baby Box」が展示されていて可愛らしかった。

 ## 「両親で育児」、支援は休暇と手当支給

　保育は「未来への投資」として、格差をなくし「平等の精神で、社会全体で子育てをする」のがコンセプトだ。

　母親だけが育児を担う国ではないので"イクメン"などという言葉は存在しないようだし、日本の某大臣が取ったような数日の育休取得がメディアのトピックにはなることはない。

　育児休暇と手当は「３つの柱」で両親をサポートしている。

---

①「母親休暇」：産前30～50日から産後まで105日ですべての女性が取得する。最初の56日は給与の90％、その後は70％が支給される。

②「親休暇」：母親か父親か又は両者が取得できる。母親休暇終了後の158日間取得可能で給与の70～75％が支給。約25％の男性が部分的に取得するという。

③「父親休暇」：54日間、給与の70～75％が支給される。１日～３週間は母親休暇中でも取得可。36日～54日は母親が不在の場合に取得。

---

③ 子ども手当

子ども手当は、17歳になるまで支給される。

さらに保育園は全入できるが、保育園に入らず家で子育てを選択する場合は、在宅子育て手当が3歳になるまで支給される。

④ 「ネウボラ（Neuvola）」

ネウボラとは、日本流に言えば、「出産・子育て・家族支援センター」。フィンランド語でアドバイス（neuvo）する場所という意味で、1944年に法制度化し基礎自治体に設置が義務付けされた。

子育てに関するワンストップ相談窓口で、担当保健師がMy保健師として継続的に妊娠期間中から小学校入学までの定期健診、家庭訪問、両親学級、ワクチン接種などを提供する。

子どもの成長、発達支援だけでなく、両親や兄弟、その家族全員の心身の健康サポートをするという。医療機関や家庭医、心理、セラピスト、言語聴覚療法士、リハビリスタッフ、保育園、ファミリーワーカーなどと連携して支援する。

日本でもいくつかの自治体が、ネウボラに取り組み始めているが、"My保健師"と呼べるくらい継続的に多面的な業務になっているだろうか？

⑤ 保育園は全入─待機児童のいないフィンランド─

保育園は全員入園できるように整備されている。

1973年に「保育園法」で制度化し、自治体の責任で保育園を整備し、出生率向上と女性の社会進出に大きく寄与してきた（合計特殊出生率は1.87〈2010年〉、現在は1.49〈2018年〉）。

最近の改革で保育園は、「保育」から「幼児教育」にコンセプトを転換し、6歳児はプレスクールとした。したがって職員も幼稚園

の教諭と保育を担当するラヒホイタヤがともに働く。

　法的には親は「子どもを預ける権利」をもち、全員が入所できる。したがって待機児童という入所困難問題はないという。保育費用は低料金で、親の収入により無料から最大300ユーロ（約36,000円）／月の負担で、朝食・昼食・おやつが込みになっている。

III 保育から幼児教育へ：
ヴァンター市の保育園を視察して

1 保育と教育

　ヘルシンキ市の隣にあるヴァンター市で市立カルタンノンコスキ保育園（Kärtänonkosken Päiväkoti）を訪れた。

　ヴァンター市は人口20万人で129の保育園（幼稚園）がある。

　朝の出勤時間の住宅街を歩いていると、前を行くのは二人の幼児の手を引く若いお父さんの姿だ。何となく後ろをついていく感じになったのだが、その先には学校や市の体育グラウンドなどのエリアがあり、子どもたちが大勢サッカーに興じていた。

　その敷地のプライマリースクール（小中学校9年制）に隣接して、カラフルな可愛い木製の遊具の庭と保育園があった。

　この日は避難訓練の日だということで、合図のベルが鳴ればすぐに外に出られるようにと、スキーウェアのようなつなぎの防寒着と

カルタンノンコスキ保育園

靴を履いた子どもたちが玄関ロビーに集まっていた。北海道か東北の子たちと同じようないでたちに思わず微笑むと手を振ってくれる。

この保育園には、1歳児から6歳児のプレスクールまで100人の子どもが通園している。特別支援の必要な障がい児のクラスもある。

園は朝6時30分から17時30分までオープンしていて、24時間預かる場合もある。親の時間に合わせて子どもを預かるシステムだという。

朝食・昼食・おやつが提供される。朝食は全員ではなく、親が早い出勤で時間がない場合など保育園で食べる子がいる。

「1歳から通ってきますが、6歳児はプレスクールと位置付けています。ですから小中学校卒（9年制）までのプライマリ教育は、15年教育とも言えます」とイレーネ先生がレクを始める。

「80年代は仕事など社会的要因で子どもを預ける親が大半でしたが、政府の方針転換で保育園は保育から教育の場に位置付けられ、ここ20年で幼児教育の方法論も大きく変わりました」

かつては幼児教育も「大人が子どもに教える」スタイルだったのが、「子どもの主体性を尊重してサポートする」ことに転換したという。

「子ども一人ひとりのケアプランを作成するのです」という。

小中学校でも先生が一つの教科書で一方的に「教える」のではなく、子どもたちが自分で考える授業が展開されるので教師のレベルが高い。教師は修士卒だと聞いた。

ここでは年齢別や言語などで子どもたちを6つのグルー

カルタンノンコスキ保育園のイレーネ先生

プにしている。

---

①１〜２歳が12人

②３歳、４歳、５歳がそれぞれ21人ずつ

③６歳のプレスクールが21人

④発達障がいなど特別支援の必要な子のクラスは12人

⑤スウェーデン語の学習クラス。フィンランドの公用語はフィンランド語とスウェーデン語の２つなので、親がスウェーデン語を話せない場合はここで教える。

⑥フィンランド語のクラス。これは移民などの子のためだという。

---

２ 保育環境の違い

　園の中を回ると、玄関の廊下にずらりと下げられているのは子どもたちの持ち物の入ったずたぶくろ。日本の保育園と同じ光景だ。

　教室にはカラフルな飾り付けや玩具が揃っているが、面白かったのはお昼寝のスタイルで、畳とベッドの習慣の違いが興味を引いた。

子どもたちの持ち物が入った廊下の棚

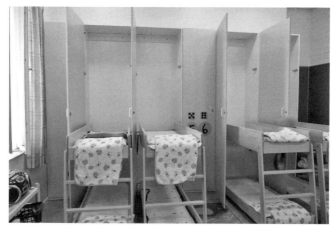
お昼寝の二段ベッド

　お昼寝室の壁際にロッカーのように並んだ60センチくらいの幅の扉がある。その扉を手前に引き開けるとそれは低い二段ベッドになる。

　その二段ベッドをずらりと並べて、所せましとお昼寝する子どもたちの寝顔を想像する。日本の保育園の雑魚寝スタイルとは違っている。

　また子どもの障がいに合わせたオーダーメイドの車いすにも目を引かれる。

　特別支援のクラスでは「スヌーズレン療法」の道具が備

オーダーメイドの車いす

えてあったり、黒板には顔イラストで意志表示（感情表現）ができるパネルや、マジック付きのアルファベットが１文字ずつ用意されていて、それを子どもが黒板に並べれば言葉を作ることができる。

　「発達障がいの子たちが多いのです」とイレーネ先生。

3 教諭の充実と進化する幼児教育

　職員の配置も充実していてフィンランドらしい。

　職員は、幼稚園の教諭（大卒）、保育をするラヒホイタヤ（保育や介護・准看護師・リハ職など10の職種を統合した福祉職＝後述する）、ソシオノミー（社会教育の専門学校卒）、調理員、事務員などが働いている。特別支援を担当する教諭は大卒後さらに1年間、大学で障がい児の特別支援の課程を修了しているという。

　「職員の人材不足はないのですか？」と問うと、「ラヒホイタヤは簡単に雇えるが、教諭の確保は難しい」という答えが返ってきた。

　「2030年までの目標はプレスクールとして、全員、大卒教諭で採用し、ソシオノミーは廃止の方向です」

　職員の就労時間は週に38.45時間となっている。

　「お給料はいいのですか？」と聞くと、「月収平均が2,500ユーロですから、もう1,000ユーロはアップしてほしいですね」と笑うイレーネ先生。

　「首都圏の人材不足は給与を上げれば解決するかも」と加えた。

　ちなみに小学校の教師のサラリーは3,000ユーロ〜4,000ユーロだという。

　国が幼児教育のガイドラインやフレームを示しているが、各自治体でプログラムを考える。一例として、ヴァンター市は移民も多いのでフィンランド語を学べるよう力を入れているという。

　案内してくれたイレーネ先生は「自分は37年のキャリアだが、保育から幼児教育への転換も良い方向に進んでいると思う」と胸を張っていた。

フィンランド編

Ⅳ 高齢者介護とサービス付き住宅の グローバル化

 「施設」から「住まい」へ、民営化も促進

　フィンランドには介護保険はなく、高齢者の介護や福祉は税方式で運営され、基礎自治体（市町村）が直営または民間委託でサービスを提供している。

　1990年代には施設から在宅へ、また公から民への政策転換や医療費削減を実施し、老人ホームや病院の長期療養病床は3分の1が削減された。

　代わって高齢者や障がい者の「サービス付き住宅（24時間対応のあるものとないもの）」が民営化で拡充されてきたが、最近はさらに市場化・グローバル化が進んでいる。

　一方で、75歳以上の90％は自宅暮らし（2019年）で、男女共働きが普通のライフスタイルもあって老親のための介護離職はないに等しいが、2005年には行財政改革の中で「近親者介護支援法」を制定、親族介護の社会化・手当支給をし、インフォーマルケアも推進している（オランダでも同様な政策で現金給付をしていた）。

　また介護人材では、保育士と介護職、准看護師、リハビリ助手など10の資格を統合したケア専門職「ラヒホイタヤ」が養成され、現場で活躍しているのも独特である（P275で紹介する）。

② サービス付き住宅「エスペリ（Esperi）」を訪問して

　ヘルシンキ市に隣接するヤルヴェンパー市で高齢者のサービス付き住宅の一つを視察した。

　ヤルヴェンパー市と言えば、市内の湖畔に作曲家のシベリウスが

高齢者住宅エスペリ

　妻と長年住んだ家があり、夏の間だけミュージアム的に見られるというので、シベリウスファンとしては寄ってみたいところだが、残念ながらその時間は取れなかった。

　サービス付き住宅「エスペリ」は、1993年に市立の老人ホームとして開設されたが、2016年からはEsperi Care社に民営化されている。24時間ケア付き住宅と自立型住宅（24時間ケアなし）、認知症のケアユニットがある。

　Esperi Care社は、フィンランドでも５本の指に入る大手介護会社で、全国200の自治体（300自治体中）から委託を受け、サービス付き住宅を展開している。入居者総数8,000人、看護やラヒホイタヤなど専門スタッフ6,300人を擁するグローバル介護会社で、UKのファンドICGグループ傘下でもある。

　午後の時間に訪問すると、前庭の木立から素敵なデザインの建物が見えた。玄関前の広いガーデンテラスには三々五々、きちんとした身なりの入居者の皆さんが楽しそうに談笑していた。

③ 入居者とラヒホイタヤのケア

　ケア責任者・ラヒホイタヤのメルイさんは、20年キャリアのベテラン。フィンランドのファッションブランド「マリメッコ」を思わせる赤と白のストライプのユニフォーム姿で案内してくれた。

　市の直営時代からここで仕事をしているのでEsperi Care社に移行してからも変化があったという。

　施設内はシンプルながら美しいデザインのフィンランド調。明るい色彩で飾られているがインテリアなどには認知症への配慮がみられる。

　日本との大きな違いはどのフロアにも「サウナ室」があること。身体の清潔や健康目的だけ

ラヒホイタヤのメルイさん

でなく"社交も商談もサウナで"というフィンランド人の生活に欠かせないのがサウナ！（視察した介護専門学校にもあった）

サウナ室

１）入居者60人にケアスタッフ40人

　高齢者住宅の自立型には10人、24時間ケア付き住宅には要介護の人が60人入居している。入居者は高齢者・障がい者・精神疾患・アルコール中毒などで、重度別や認知症の有無で少人数のユニットケアがされている。

　24時間ケア付き住宅の入居基準は、「在宅ケアを受けていて、1日に3回以上の訪問介護」が必要になった時で、独居にリスクがあったり、徘徊など認知症の進行した場合などが入居対象になる。

　入居者60人にスタッフ40人の配置で、ラヒホイタヤと看護師の割合は4対1。介護する職員は主にラヒホイタヤだ。

　重度なユニットには、寝たきりで胃瘻や点滴等の重度介護者も入居していて、終末期まで看取る。

　認知症のグループホームは4ユニットで、1ユニットは精神疾患の人となっている。5人から7人が1ユニットで生活する。

　スタッフには外国人労働者もおり、アンゴラ、フィリピン、マレーシア、エストニア人など多国籍だ。

　「要介護の人のケアは混合介護で、ラヒホイタヤは主に身体ケアや医療的処置をします。看護師はラヒホイタヤより広いノウハウをもっているので全体のマネジメントですね」とメルイさん。

　ラヒホイタヤとして経験の長い彼女は今、看護学校に在学中で看護師を目指しているのだという。

　「ラヒホイタヤは、子どもの保育から高齢者ケアまで幅広い教育だったので興味深いし良い仕事だと思っているが、看護師はさらに責任ある業務とポジションなのでチャレンジしている。後1年で卒業できるので」と、努力家の一面を見せた。

２）入居費用と暮らしぶり

　フィンランドもEUの他の国同様、入居者の費用負担は家賃のみで、ケア費用は自治体から給付となり自己負担はない。

　毎月の家賃は600〜700ユーロだが、「高齢者の収入の20%は手元に残さなければならない」という規定があるので、年金を含めた収

入の80％が入居費用として支払われる。

　各部屋はそれぞれ18.5㎡、22.5㎡、25㎡、27㎡の広さで、ワンルームか2部屋の個室でシャワーとトイレ、キッチンもある。

　あるフロアを回っていると、どうぞ部屋を見ていって下さいと、80代の男性が招き入れてくれる。

　自立している彼の部屋はリビングとベッドルームの2部屋でトイレとシャワー、小さいながらキッチンも付いている。

　「わが家から好きな家具をもってきた」と簡素な暮らしぶりで、楽しみは毎日入るサウナだという。

　また、下肢に障がいのある70代の女性は電動車いすで自由に行動できるが、在宅で1日に数回の訪問介護が必要になったので、ここに入居したという。

　それまで在宅で頑張ってきたが、慢性疾患で医療ケアもあり、家庭医の往診と看護師のケアを受けてここは安心だという。時々は街へ外出するというアクティブな感じの人だった。

3）看取りケア

　館内の一角に礼拝のチャペルがあった。静寂な雰囲気を醸し出すその部屋では、週に1回礼拝が行われるが、宗教を問わず誰でも好きな時間にきて祈ることができる。

　「どのように看取りをしていますか？」と看取りについて聞く。

入居者の個室のしつらえ

チャペル

「本人の自己決定が大事になりますが、家族や家庭医、ソーシャルワーカーなどで意思を確認しながら、どのように看取るのかを決めていきます」

高齢者住宅には医師はいないのでスタッフの看護師やラヒホイタヤが中心となって看取りケアをするが、往診してくる家庭医がその本人のことをよくわかっているので、最期に救急車を呼ぶようなことはしないという。

「がんなど緩和ケアの必要な人には、地域の在宅ホスピスチームがやってきて一緒にケアをする」という。

「死亡確認はどのようにするのですか？」

地域の第一次医療を担うヘルスセンターに運び、死亡確認をしてもらうという。これは自宅で死亡した時も同じだという。

介護認定とケアの質評価

フィンランドでは基礎自治体（市町村）が、高齢者の自立度を5段階で評価して要介護認定を行い、ケアプランを作成、サービス給付をしている。そのツールとして日本でもおなじみのMDSやRAI-HCを使用している自治体も多い。

また、ケアの質の評価をInter RAI方式で行っており、現場のデータがTHL（国家厚生局）にインターネットで送られ、個々の施設の質の測定と結果をベンチマークで公表している。これは、わが国も大いに参考にすべきだろう。

さすがIT先進国、これもデジタルヘルスの一環だ。増大する介護の長期ケア費用を抑制しながら民営化する背景に、質の確保という政策のグリップも効かせているようだ。

参考文献：

・Vincent Mor ;Brown University 他, 訳：今野広紀, 長期療養ケアに対する質の規制〜国際比較研究〜, Regulating Long−Term Care Quality An International Comparison, 2018.8, 現代図書.

フィンランド編

V モバイル大国の高齢者医療とデジタルヘルス

 1 フィンランドの医療

　人口550万人のフィンランドはモバイル大国と言われる。

　90年代から2000年代にかけて、急速なICT産業への転換で世界有数の情報技術大国になった。5Gの普及はすでに次のレベルに転換、そしてキャッシュレス社会が浸透している国でもある。

　高い技術力を背景に政策の後押しを受けた起業ブームは、ビジネス的にもグローバルな吸引力をもち、ヘルスケア領域でもe-ヘルスの進展でオンライン診療やスマホで自分のカルテが見られるようなデジタルサービスが進んでいる。

　AIでもグローバルなリーディング国にと戦略的だが、その鍵となる領域はヘルスケアテクノロジーだという。

　さて、フィンランドの医療制度は公的医療保険で、第1次医療・第2次医療・第3次医療のステップケアになっている。

　プライマリケアの第1次医療は地区にあるヘルスケアセンターで受け、第2次医療は20の医療圏の公立病院、そして第3次医療は5つの大学病院と機能分化しており、民間病院は少ない。

　政府の行財政改革（SOTE改革）では、現在18ある地域Maakunta（県に類似する）を10くらいに減少させようとしていて、現在20の2次医療圏の地域医療にも変化がみられる。

　EUの他の国同様に、地区の住民が家庭医GPに登録する制度を最近まで行っていたが、GPへの登録方式はやめたのだという。

　ファーストエイドは地区にあるヘルスケアセンターに受診する。さらに必要があれば、2次医療、3次医療に紹介というシステムになっている。

② 国立ヘルシンキ大学ハールトマン病院にて

　フィンランドの高齢者医療や介護について、ヘルシンキ大学老年科のテイモ・ストランドバーグ教授に、お話を聞くことができた。

　約束の時間にヘルシンキ大学ハールトマン病院の玄関で迎えてくれたのは、長身のテイモ教授。

　大学病院は、疾患別・臓器別に数棟の建物が治療センターになっている。学生の教育棟や様々なビル群が立ち並び、圧倒される広大なキャンパスだった。

　興味深かったのは、ヘルシンキ大学病院（HUH）とヘルシンキ市の間での地域医療提供システムのリフォームだ。ヘルシンキ市は人口60万人だが、ヘルシンキ・ウーシマ圏（首都圏）で言えば人口100万人となる。

　地域医療のリフォームでヘルシンキ大学病院（HUH）の老年科外来はクローズし、ヘルシンキ市立病院に統合になったという。

　同じ建物にこの地区の第１次医療のヘルスケアセンターもあり、15人の医師が配置されている。

　テイモ教授に紹介の労を取ってくださったのは、このヘルシンキ大学ハールトマン病院の心血管セ

ヘルシンキ大学老年科のテイモ教授

ヘルシンキ大学病院

ンターに日本から留学中のMドクター。

「日本とフィンランドの臨床はどんなところが違いますか？」と心臓血管専門医のMドクターに聞く。

「全くシステムが違いますね。すべての仕事が分割されていて無駄がない。仕事を細分化して割り当て、スタッフを増やして雇用を増やしている」、アメリカのような「ジョブ型」だ。今どきの日本の医療現場の働き方改革が周回遅れのようだ。

「医療レベルも日本と比べてダントツに高い。心臓の弁置換手術でも当日入院して翌日には退院する。内科で平均3.5日の入院期間で、老年科でも1週間から2週間で退院する。入院前に退院後のことがすべて計画されている」という。

「ドクターも患者さんも日本とは違いますね。自己決定がクリアで、たとえば胃瘻や人工呼吸器をつけるかどうかといった時の意思決定など、回復の見込みのない人にはつけない。医療のコスト意識も高い。もちろん、リビングウィルがあればそれを尊重しますが」という。

「自分はTAVI（大動脈弁狭窄症の経カテーテル大動脈弁留置術）の新しいデバイスを日本に導入する仕組みを検討しているが、こちらでは10種類くらいのデバイスを使っているけど、日本では2種類ですからね」とため息をつかれた。TAVIの手術件数も比較にならないくらい多いという。

そして、「フィンランドは本当に住みやすい良いところです。帰りたくないと家族も言ってるくらいです」とこの国を褒めていた。

半年間、共同研究でフィンランドの大学に滞在した友人もそう言っていたのを思い出す。皆、フィンランド贔屓になるらしい。

③ 高齢者医療の実際

さて、ヨーロッパ老年学学会の重鎮で元会長もお勤めになった老年科教授のテイモ先生のプレゼンが始まる。

「フィンランドの医師数は約27,400人で、78％が女性医師で平均

年齢は44歳」と女性医師が多い。

「フィンランドの老人医療とケアは、急性期病院、メモリークリニック、リハビリテーション、長期療養病院、老人ホームなどが担っている」

「高齢者ケアの課題は、老化や認知症などの知識の普及や、行動の理解、リハビリテーションの普及や寝たきりの問題、高齢者のポリファーマシー（多剤服用）などがある」と列挙する。

高齢者の急性期医療でもフレイルの問題が浮上している。

「高齢者のロングタームケアでは、いかに在宅生活を継続させるかが重要で、高齢者の90％は家で過ごしている。ホームケアチームがあり、医師も訪問診療をする。高齢者施設への入所は認知症の場合が多い。家族のケアギバー（介護者）の能力向上が進められている」

「高齢者ケア現場では民間事業者が増えているし、今後も増加するが、フィンランドの高齢者ケアの質は良いと思う」とレクを締めくくる。

ドクターの案内で老年科病棟を見学する。24床の病棟は75歳以上の高齢者が入院対象で、最大入院期間は２週間だが平均入院日数は6.5日だという。

89％が自宅や入院前にいた高齢者施設に退院できるが、２週間を過ぎても自宅等に退院できない患者は、２次医療病院か長期療養病院に転院させるという。

「ここの特徴はマルチケアですので、毎朝カンファレンスを全職員でする」とのこと。病棟には老年科のシニアドクター、看護師、理学療法士、活動セラピスト、ソーシャルワーカーなどがいて、皆がカンファレンスに参加する。

「入院中に退院計画を立て、自宅でホームケアか長期療養施設かとなる」

自宅に退院する場合は、ヘルシンキ市ではホームホスピタルと呼んで在宅ケアをしているので在宅介護看護と連携する。

救命救急センターにて

　病院の１階は第１次医療のヘルスケアセンターの外来と救命救急センター。

　一般の外来は１日に約200人が受診する。フィンランドの国民は日本人と違ってそんなに頻繁に病院受診はしないという。もちろんダイレクトに大学病院には受診できない。第１次医療からの紹介が必要なのだ。

　救命救急センターは、ヘルシンキ市の救急車がここへ搬送するので大きなセンターとなっており、50床の24時間ベッドがある。

　24時間365日の救急外来には１日に80人くらいが受診するが、そのうち８割が救急車で来院。

　受診から４時間以内にはトリアージをすることになっていて、処置をして在宅へ帰すか入院させるかを決める。見学中も救急隊がひっきりなしに患者を運んできていたが、あまりバタバタとしていないのがフィンランド風なのだろうか？

　救急車の他に「Kela タクシー」と呼ばれる移送手段があり、社会保険機構Kelaのサービスで受診に利用できるという。

5 e-Health（デジタルヘルス）の進展

　医療分野でもデジタルヘルスの進展が著しい。日常診療ではオンライン診療が定着している。

　特徴は全国民がもつ「国民番号（henkilotunnus：HETU）」を行政サービス、税、医療、銀行等様々な分野で横断的に活用し、健康保険のkelaカード（kela karti）をヘルスケアセンター、薬局で提示することで、個人情報が紐付けされてデータが蓄積されていることだ。

　2007年からKelaが運営する国民電子カルテネットワーク「Kanta・全国医療情報アーカイブ」がスタートしている。地域レベルで患者

情報を共有していたのを全国展開したもので、電子カルテ、電子処方箋、医療データベースなどの全国ネットワークだ。

　サービス内容は、①診療情報がどこでも共有できる、②電子処方箋、③患者向けのポータルで、My Kanta（私のカルテ）利用者は202万人（2017年）とされている。スマホでデータベースにアクセス、自分のカルテを見られる。

　ヘルシンキ・ウーシマ地域医療圏HUSでは、地域で医療福祉サービスを一貫的に扱える情報システム「アポーティ（Apootti）」を稼働しているという。

フィンランド編

VI 「ラヒホイタヤ」＝10職種の資格を統合したケア専門職

1 教育国フィンランド

　フィンランドメソッドと呼ばれるフィンランドの教育は、ユニークでレベルが高いことで世界的に有名である。

　幼児の保育と教育の一体化によるプレスクールや、小中学校のプライマリスクールでは、教科書で"子どもに教える"教育ではなく、子どもたちが自分たちで考える"子どもの主体性を尊重しサポートする"教育に転換して久しい。幼少時から自分で考え、自分で物事を解決する能力と資質＝自立を身につけるという。

　さらに義務教育はもちろん、若者世代の職業教育や大学教育も学費無料で、国家が「人こそ国の力」を保障している。

　ICT先進国よろしく学校のデジタル化は整っていて「子どもたちはそれぞれに自分の端末で好きにやっている」と評される。

　教員は修士課程卒でレベルが高いというのも周知のことだ。

　そんなフィンランドで、医療と福祉職のライセンスを統合したケア人材「ラヒホイタ

バリア職業専門学校

ヤ」養成の現状を、ヴァンター市のバリア職業教育学校で視察した。

② ラヒホイタヤ（Lähihoitaja）とは？

　ラヒホイタヤは、10の保育や医療福祉職を統合した国家資格で、高齢化対応の保健医療福祉改革の中で1993年に誕生している。

　背景には「施設ケア中心から在宅ケアへの移行」政策がある。

　「介護人材のマンパワー総量は変えずに、一人ひとりの能力を上げ、多職種横断の人材を育成、合理的なマンパワー配置を」狙いに制度改革されたという。

　教育の充実はケア技術の底上げになり、多職種の理解が深まり、またライフステージに合わせた働き方が可能になるなどメリットが多く、職業間の流動性は人材不足解消、他産業への転職解消を狙ったという。

　また移民政策の一つとも言えるようで、視察した専門学校のクラスで学生に聞くと、見事にみんな国籍がばらばらだった。

　ラヒホイタヤとは、フィンランド語の「Lähihoito（日常のケア）」に語源をもつ。「Lähi」は身近な、「hoitaja」は世話をする（ナーシング）という意味。

　具体的には、保健医療資格の7分野＝准看護師・児童保育士・歯科助手・リハビリ助手・精神看護助手・救急救命士－救急運転手・ペディケア士（足治療）と、社会福祉資格3分野＝知的障がい福祉士・ホームヘルパー・保育士を統合した資格である。

　中卒3年教育（共通基礎科目2年/専門分野1年）で、卒業時ライセンスが付与される。社会人入学は2年教育。

　ラヒホイタヤは准看護師（Licensed Practical Nurse）と訳されることもあるが、医療行為などの業務範囲は日本の准看護師相当で、一定の範囲の指示された医療処置は行えるが、看護判断（診断）や疾病マネジメントはできない。

　ラヒホイタヤの就職先は、高齢者施設や自治体の在宅ケア（ホームヘルプ）や保育園が多いが、障がい者施設、病院など、広い領域

で働いている。

　自治体の在宅ケアでホームヘルパーとして従事した後、独立して起業し、自治体から請け負って仕事をする人たちもいるという。

③ バリア（Varia）職業教育学校を視察

　バリア校は、1963年に設立されたヴァンター市立の職業教育学校で、市内５か所の校舎に学生3,800人が学んでいる。美容・建築・ITなど20以上あるコースの一つがラヒホイタヤ養成で、学生数は600人だという。

　私たちを迎えてくれたのは、音楽療法を担当しているアヌ・セッパネンさん。ピアノのある大きな階段教室でレクが始まった。

　「学生数は600人ですが、義務教育終了の中卒が300人と社会人入学が300人の半々となっています。教員は50人です」

　中卒は３年教育、社会人は２年教育である。学生は女性が８割、男性が２割だという。

　それぞれのコースには、母国語がフィンランド語以外の「移民クラス」が用意されている。３分の１が移民の子だという。介護実習室を見学したが多国籍の学生であふれていた。Kela（社会保険機構）から学費が支給されるので、学費は無料ということになる。

　「実習は１年目で幼稚園にまず行きます。２年目、３年目で高齢者や障がい者、薬物依存症施設などの実習です」

　「国語、数学、科学などの

専任教員のアヌさん

基礎学科と、専門科目では保育、介護、障がい、精神、薬物依存など多様な病態やケア方法論を学びます」

「また3年目の実習は、EU内の外国にも4週から10週間実習に行きます」。スウェーデン、イギリス、スペイン、ドイツ、フランス、ギリシャ、エストニアなどだという。

EU内の他国に交流実習にも行くことで、国際クライテリアをクリアするためかとも思われた。ラヒホイタヤは、ヘルシンキ首都圏だけで4,000人を養成している。

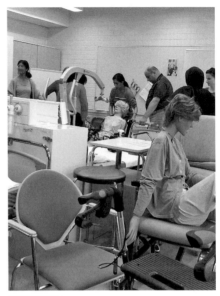

実習室風景

卒業後の就職先は、高齢者施設や在宅サービスが半数を占めるが、保育園、病院、精神科や薬物治療領域、障がい施設など多様である。

平均給料は約2,000〜2,200ユーロ（看護師が2,600ユーロ）で労働条件は良く、現場の人材不足はない。

「若者全員に資格教育をして、社会からドロップアウトさせないことが重要です。また人間性の教育やチームの一員として業務ができ、またリーダーシップを取れるように」と、教育方針を説明する教員のアヌさん。

ラヒホイタヤ教育についてプレゼンが終わると校内ツアーの前に、「皆さんもお疲れでしょうから」といってピアノの前に座ると、しばし優雅なメロデイーのピアノ演奏を聴かせてくれる。

人間教育のフィンランドらしいおもてなしのひと時になった。

変化するEU各国の介護人材資格

　EUではケア等専門職人材の養成に資格枠組みを提示しており、各国も制度改正などしながら、域内での労働市場の流動化にも対応している。

　オランダでも1997年から新しい資格構成で看護と介護職のライセンスや待遇を「レベル1～5」の5段階に統一し、レベル1から3は介護職、4から5が看護師で教育を充実した。

　また、ドイツでは老人介護士と看護師資格を一本化する「看護介護職改革法」が2017年に成立しており、2020年から新しく統合された制度で「看護介護士」となる。ドイツの国家資格の老人介護士は、EU内ではこれまでは看護助手扱いだったが、今後は看護士として就労できる。

　わが国でも厚生労働省で「2021年をめどに、各職種の共通基盤課程の検討に入り、各専門課程の検討を経て、新たな共通基盤課程の実施を目指す」として「医療・福祉人材の最大活用のための養成課程の見直し検討会」が開かれていたが、今後も介護人材の資格統合等の議論がされていくのかどうか。

　いずれにしろラヒホイタヤの例を引くまでもなく、高齢社会の今後のケアニーズに対応して、看護・介護・保育・リハ等の近接領域の知識と技術を、共通基盤として共有できるケア職養成の検討は急がれるのではないだろうか。

リトアニア

編

Lithuania

I ICT先進国リトアニアの高度医療と高齢者福祉

 ① リトアニアという国

バルト三国の一つ、リトアニア共和国。

ヘルシンキから飛行機で1時間15分。憧れの国をようやく訪問できたのは2019年8月のことだった。

ランドマークの大聖堂を中心とした首都ビリニスは美しい街だ。

白亜のネオクラシックの宮殿のような大統領府、古典様式の建物の大学、ロシア帝国時代を思わせるゴージャスな雰囲気のホテルなど、旧市街は世界文化遺産になっている。

大統領府の庭には、2018年に建国100年を迎えた記念の「#LT100」のモニュメントが飾られている。

市内各所の観光スポットの案内板は、QRコードにスマホをかざ

大統領府の中庭

すと故事来歴や最新情報が得られ、またキャッシュレスのモバイル社会。

　石畳を歩くとロシア・旧ソ連時代の名残りの街並みと、モダンでスマートな現代が見事に融合しており、伝統料理と蜂蜜酒ミードのスピリッツは楽しい宴となる。

　けれど一歩、通りを入るとゲットーなど戦争の影が身近にある。隣国との間で幾度もの占領と独立を繰り返したという壮絶な民族の歴史は、極東の島国、日本にいては考えられないような苦難の連続で胸を打たれる。

　1990年３月にソ連邦から独立再回復し、現在の共和国になって、まだ30年しか経っていないのだ。

　なぜリトアニアでITが急速に発達したのか？　それは歴史的、地政学的背景に答えがあった。「歴史を知らずしてリトアニアのIT社会は語れない」とレクをしてくれたのは在リトアニア日本大使である。

　リトアニアは11世紀からの歴史をもつ王国だが、18世紀の終わりにロシア帝国に支配され、1918年に独立回復した。そこから数えて建国100年という訳だ。

　しかし戦時下の1940年には再びソ連の支配下におかれ、その後、占領してきたナチスの支配下に置かれた。ナチス時代には、リトアニアのホロコーストといわれるユダヤ人や共産主義者のおびただしい数の虐殺があった。

　杉原千畝領事代理（当時）による6,000人のユダヤ人の国外脱出の支援は歴史に残るが、この当時の出来事だ。ナチスの後は、またソ連の支配下になり、50万人のリトアニア人が強制収容所に送られ、国外追放や殺害されたのだという。「今を生きている私たちの皆、家族や親族の誰かが犠牲になっているのです」と、現地の方に言われてハッとする。

　独立にむけて最後の終止符を打ったのは1989年８月の「人間の鎖」だという。バルト併合に抗議して、エストニアの首都タリンからラトビアを経て、リトアニアのビリュニスまで600キロを200万人が手

をつないだという（600キロは東京から広島あたりまでの距離だろうか。北海道なら札幌〜稚内を往復の距離）。

　そして、1990年３月にソ連邦から独立再回復し、2004年にEUに加盟し、現在は中東欧のICT先進国の一つとなった。

　独立再回復からまだ30年だが、リトアニアはライフサイエンスやバイオテクノロジー、レーザー技術などで最先端を誇る。

　国家経済をけん引するのはIT業界で、政府は「ヨーロッパにおけるフィンテックのHub、ブロックチェーンセンター」を目指した政策をとっているという。

　リトアニアは人口290万人の小国だが、フィンランド同様、子どもたちの教育水準は高い。小学校２年から英語教育をし、小学校６年で第二外国語（ドイツ語、フランス語、ロシア語、ポーランド語など）を始めるという。

　母国語リトアニア語の他に80％が英語を話し、50％はそれ以外に２〜３か国語を話すという。また理工系の修得者数はEU内で１位だという。教育水準の高さに急速な国家の発展をみる気がする。

　一方で人口流出の悩みもあり、EUの他国の大学に留学する子どもたちも多く、卒業しても帰国しないのが悩みだと聞くと、地方の若者が東京や首都圏の大学に行って就職し、故郷には戻らないわが国の現象と重なる。

　さて、そのリトアニアで最先端医療の現場と高齢者施設を視察した。

リトアニアの医療と高齢者福祉

Ｉ）リトアニアの医療

　リトアニアの医療は、国民皆保険制度でほぼ無料で受けられる。社会福祉サービスは基礎自治体が担う。国民の税負担をみると、所得税20％、社会保険料19.5％、そして消費税は21％となっている。

　医療提供体制は、第１次医療である初期医療は家庭医による外来診療（メディカルセンター）、第２次医療は総合病院、リハビリテ

ーション、第３次医療は専門病院、大学病院・疾患センターなどに分かれている。

　国民はかかりつけの家庭医（第１次医療）に登録する。

　第１次医療のドクターからの紹介状を持って、第２次、第３次医療にアクセスした場合は医療費の負担はないが、自己判断で直接、第２次、第３次医療に受診の場合は全額自己負担となる。

　専門機関として、がんセンター、医療革新センター、遺伝子センターなどもあり、ICTによるe－ヘルスシステムやインターネットでの受診予約や検査、オンライン診療なども普及、ハイレベルの医療が提供されている。

２）リトアニアの高齢者福祉

　リトアニアの高齢化率は22.4％で平均寿命は74.9歳（2015年）、2060年には高齢化率37％と予測されており、高齢者福祉が整わない中での高齢化の進行とケアサービス整備が課題となっている。

　高齢者福祉は施設系ではケアハウス（老人ホーム）、ケアファミリー、一時居住ハウス、デイセンター、自立生活ハウス、ケアセンターなどがあるが、施設は不足しており、大多数が旧来型の家族等によるインフォーマルケアを家で受けている。

　リトアニアでは126か所の高齢者施設に6,071人が居住（2018年）しているが、入居までの待機期間は長い。

③ ビリュニス大学病院サンタロス・クリニックを視察して

　ビリュニス大学は1579年創立の東欧で最古の名門大学で、国内最大規模で最高ランクの大学だ。全学で14の学部があり、21,000人の学生が在学している。医学部は学生数500人だという。国内に２つある大学医学部の一つ、ビリュニス大学病院サンタロス・クリニックを視察する。事前に視察の詳細なリクエスト項目を送っていたことや、大使館のアテンドもあり、視察当日は医学部長さんをはじめ経営担当ディレクター、イノベーション担当ディレクター、医療担

ビリュニス大学病院サンタロス・クリニック

16世紀からの古い校舎にあったステンドグラス

当ディレクター、6つの臓器・疾患別治療センターの各センター長のドクターたち、計12人がVIP会議室にご参集で対応してくれるという歓待ぶりだったが、経営担当ディレクターはじめ半数が女性医師だったのが何とも嬉しい。

　広い会議室の壁には、建て替え前の創設時の古い医学部校舎にあったというルネッサンス様の「死神と闘う近代医学」を描いた素晴らしいステンドグラスが飾られている。

I）ビリュニス大学病院サンタロス・クリニックの概要

2,000床の大きな大学病院で、敷地にはいくつものセンターの建物が並び、廊下でつながれている。案内がないと目的の場所に行きつけない（実際、病院内を見学中に迷子になった人もいた）。

ビリュニス大学病院サンタロス・クリニックは、1980年に開設され、ビリュニス大学と保健省の管轄にあり、リトアニアの高度医療とリサーチそして教育を受け持つ。ビリュニス市とリトアニア東部の高度専門医療を担っている。

病院のベッド数は2,012床でスタッフは5,372人。年間、約10万人の新患があり、約90万回の外来診療を行っているという。外来を受診するには家庭医の紹介状が必要になる。手術回数は年に4万回。33のセンターと部門をもっている。リトアニアで唯一高度なICTネットワークをもち、診療・治療、手術などに際して外部の専門家とともに共同で仕事ができるテレメディシンも導入中だ。

中でも循環器は国内で最も充実しており、世界的知名度をもつ循環器疾患センターがある。

また臓器移植センターも有名で、最先端の技術を有し、リトアニア全国の臓器移植の60％をここで実施している。

初めての心臓移植は1987年だったという。1987年から2016年までに120件の心臓移植の実績をもち、子どもの心臓移植の実績もある。

「"From cradle to grave（ゆりかごから墓場まで）"、人生のすべての年齢に、すべての領域の手術をしている」と全体像を説明する経営担当ディレクターのモティエユーニエネさん。おしゃれでやり手経営者タイプの女性だ。

2）ICTイノベーションの開発とe-ヘルスのリーダーシップ

「ナショナルセンターとしてこの分野でもリーダーシップを取っています」と、次のようなICTネットワークやe-ヘルスなどを紹介される。特にe-ヘルスはリトアニア全国で普及している。

・電子カルテ
・統合された病院情報

- イメージングと臨床データのマネジメント
- 病院管理
- オンライン診療
- 患者情報のインターネットアクセス：患者が自分の国民番号で インターネットにアクセスして自分のカルテを見られる
- 電子患者予約システム
- 多言語の個人健康ポータル
- テレメディシン：家庭医との双方向の読影や診断など。また遠 隔手術なども工業大学との医工連携で進めていて、2020年には 地方の病院とネットワークを開始する
- 国の科学データアーカイブ
- 国の臨床診断サポートシステム

3）EUの先端をゆくゲノム編集や先端医療ネットワーク

　個別化医療、ゲノム研究に関して欧州委員会が推進するネットワークに参加し、ゲノム編集の高度医療へのアクセスと安全性、質向上等を目的に推進していると説明された。

　この協力メカニズムでは、2022年までに100万のシークエンスゲノムのコホートが、個別化医療と研究にアクセス可能にするために加盟国が緊密に連携してバイオバンクが推進されている。個別化医療の迅速でディープな進捗のための地域間連携をしている。

　また、サンタロス・クリニックは、各種のヨーロッパ先端医療ネットワーク（European Reference Networks：ERN）に正会員として参画していると説明された。

- 先天性障がいと知的障がいのERN
- 遺伝性代謝障がいのERN
- 神経疾患ERN
- 血液疾患ERN
- 腎臓疾患ERN
- 泌尿器生殖器疾患ERN
- 子どもの臓器移植ネットワークERN

・小児がん

　最先端医療に邁進するリトアニアの高機能医療である。医療とライフサイエンス分野での先端ぶりを垣間見た視察となった。日本の大学や企業との共同研究やプロジェクトも多々進んでいる様子だった。

II リトアニアの高齢化への挑戦
─福祉と医療のインテグラルケアに─

1 ケアホーム・セネビタ（セネビタ・シニア・センター）を訪ねて

　ケアホーム・セネビタは、首都ビリュニス近郊のネメンチネス地区リーシニンコ村にある。自然環境豊かな別荘地だったという広大な敷地の中に白い建物が見える。高原の唐松林の中の保養所という感じで爽やかな風が気持ちいい。

　訪問すると、玄関の前庭には100人はいるだろうか？　高齢者たちが車いす等に思い思いに座り、初秋の陽に日光浴をしながらスタッフの奏でる音楽を楽しんでいた。

　木立の庭に面した光あふれるホールで迎えてくれたのはペトラス・ユルギラス施設長さん。臨床の小児科医だったというが25年間、この高齢者施設の施設長をしている。

　隣には副施設長のインドレ・タニューニエネさん。看護師でソー

ケアホーム・セネビタの全景

ペトラス施設長 インドレ副施設長

シャルワーカーでアドミニストレーターだ。

「遠い日本からようこそセネビタへ」と挨拶からレクを始めるペトラス施設長。

② 労働者のリハビリ施設から高齢者ケアホームに転換

「セネビタは、旧ソ連時代に開設されたもので、工場労働者の労働災害や傷病のリハビリテーションセンターでした。それが1995年に高齢者施設に転換したのです。1997年にはケアハウス（株）セネビタが設立され、現在は高齢者ケアホーム・医療リハビリテーション・認知症ユニットの３部門で、セネビタ社が運営しています」

セネビタ社は他に３つのリハビリセンターを運営しているという。2018年には施設を拡大して、全体で320人がここに入所している。高齢者ケアホームは、要支援レベルの自立の人から、医療ケアの必要な重度者まで、短期・長期の入所者が280人、医療リハビリテーションの病棟は44床で若い世代もいる。

リトアニアで初だという認知症ケアユニットは、20人が入居している。

スタッフは約200人で医師６名、看護師25名、ケアワーカー125名、リハビリ職、ソーシャルワーカー、アクティビティ担当、事務、管理職などが勤務している。

「常に規模を拡大しているにもかかわらず、当施設への入居希望の順番待ちは、12か月にも及ぶことがあります」と高齢者ケア施設の拡大が必要だという施設長さん。

③ 入居条件と入居費用

ケアホームの入居のルートは、施設に直接申請する場合と市役所経由がある。

施設に直接申請の場合は、待機が3か月から4か月で入れるが入居費用が全額自費となる。市役所経由だと待機期間が半年から1年と長いが、公的補助がある。

入居費用はケアのタイプ別で異なり、介護だけの場合は26ユーロ／日、看護（医療処置）と介護の場合は29ユーロ／日となっており、平均で月900ユーロ（約11万7千円）程度がかかる。

入居する高齢者は年金の8割分を費用負担として支払い、2割は手元に置く（フィンランドも同様だった）。

さらに資産収入のある人はその収入の10%を支払い、それでも費用負担に足りない場合は市が公的補助をする仕組みだという。

本人への介護手当は、280ユーロ／月となっている。

「ビリュニスなど都市部の高齢者は、住宅をもっているなど資産もあり、あまりお金に困っていないので、ほとんどが市からの補助を受けずに入っています」と言われる。

④ ケアの実際

「それでは4階からご案内していきましょう」と副施設長のインドレさん。

280人の入居高齢者の中で113人には認知症もある。4階のフロアは認知症専用となっている。部屋のしつらえはベッドと椅子、ロッカー、シャワートイレ付の簡素な病室タイプ。

「認知症のユニットは8人から12人のユニットケアをしている」。

なじみの関係でケアをするのが良いと取り組んでいるという。ユニットケアはどの国でも標準になっている。

「病棟にあるリハ室やデイルームでのアクティビティ、野外活動など積極的に行い、日中は居室に居ないケアをします」とインドレさんが言う。

その通りで部屋には誰もいない。玄関前の庭での野外レクのシーンがうなずける。

「２人部屋でトイレとシャワー付きですが、理想は１人部屋です」

認知症の人なので入居者同士の喧嘩やトラブルも多々あるが、その時は部屋を交代したりして、しのいでいるのだという。

「全室個室のユニットケアにしたいが資金がない。旧ソ連時代の建物をそのまま使っているのでリフォームしたいのですが」と嘆くインドレさんだ。

たしかに病棟内は花や置物などできれいに飾られているが、建物の各所にその古い時代の名残りがある。窓の外のベランダも相当古そうで、手すりが腐食していたりした。

興味深かったのは、食事である。

「ここのキッチンで調理するのではなくケータリングしています」という。日に４回、三食とおやつが配食会社からケータリングされ、ここで温めて配膳される。

２階は比較的年齢の若い障がいの人たちのフロア、１階は集中ケアの必要な重度介護者のフロアで、看護師が多く配置となっている。ここには特殊浴槽などもある。

施設内を一回りして、旧ソ連時代の"遺産"が残る施設とケアの近代化の狭間で悩むリーダーの姿を垣間見た気がした。

庭に出てみると、東屋のベンチに３人の女性たちがくつろいでいた。話しかけると、ビリュニス市内に住む高齢の母親とその娘、そして孫だった。

80歳の母親に半年前から認知症の症状が出て、家で看ていたのだそうだが、家に一人で置いておくことができなくなり、先週、ここ

に入所したばかりなのだという。

「慣れない環境で心配だったけど、何とか慣れてくれているようで安心しているところなの」と娘さんがいう。それまで笑顔も見せなかった女性は、お孫さんが話しかけるとようやく笑顔が出てきた。

どこの国も高齢者と家族の佇まいは変わらない。

入居したばかりの女性と面会に来た孫娘

 福祉と医療のインテ グラルケアに

リトアニアでは多くの高齢者がいまだに家族、近親者、隣人等によるインフォーマルな介護をされているが、国は高齢者の長期介護および看護は、"高齢者ができるだけ長く自宅で生活し、自主的あるいは助けを得て自分の世話をして社会生活に参加できるようにオーガナイズされなければならない"としている。

大統領府は「リトアニアには67万人の高齢者が居住し、要介護の障がいをもつ高齢者は6万4千人を越えている。高齢者は、ヘルスケアとソーシャルケアの2つのシステムの間に入り込み、ほとんどの場合に両方のサービスを必要としているにもかかわらず、抜け落ちてしまっている」（2018年 ニュースサイト 15min）として、「福祉と医療のインテグラルケア」を開始し、急増する高齢者福祉費に対応している。

自宅においても施設においてもソーシャルケアと健康管理や医療の統合されたサービスが必要であり、公的な長期介護および看護サービス提供者の拡大が不可欠であると。

2018年には、高齢者へのサービスの不足に関連して、地方自治法

やヘルスケア・ソーシャルサービス法令改正等、一連の法令案が国会に提出されている。

　ミスター介護保険と称された山崎史郎在リトアニア特命全権大使を表敬訪問したが、大使がリトアニア保健大臣に日本の高齢者ケアのレクをした際には「日本の介護保険と地域包括ケアシステム」に大いに関心をもたれ、リトアニアでも、と受け止められたと聞く。
　福祉と医療を統合する包括ケアに改革の方向が進む中、日本の地域包括ケアシステムはリトアニアからも関心を寄せられている。

6　ビリュニスは美味しい

　リトアニアは旧ソ連時代の生活文化が残る国で、リトアニア料理もロシア料理に似た雰囲気を味わうことができます。

　市内のレストランでのお勧めは、冷製ボルシチのピンクの冷製スープ「シャルティ・バルシェチャイ」です。赤いビーツの冷製スープで一瞬これは？　と思いますが、デイルが爽やかで美味です。

　また伝統的な料理は、挽肉を包んだじゃがいも団子の「ツェペリナイ」でボリューム満点。少し楕円形でもちもちのじゃがいも団子が「ツェペリナイ＝飛行船」に似ているのでこの名前らしい。

　さて、リトアニアと言えば蜂蜜酒ミードが有名です。最古のお酒と言われているそうですが、アルコール度５％から70％までバラエティに富んだ伝統酒。50％のミード酒はウォッカに似たドライな味ですが、ショットで一度お試しを！

　そして、ホテルの朝食ではビリュニス名物の蜂蜜をお勧めします。

シャルティ・バルシェチャイ　　　ツェペリナイ

中国
編

China

Ⅰ 中国の高齢化と介護保険：
巨大な人口と高齢化の大波

 中国・巨大人口の高齢化

　隣国中国も、高齢者ケアに関心のある人にとっては目が離せない国であろう。

　しかし、わが国との特徴的な違いは、広大な国土に人口規模の大きさ、多民族の国で文化も政治システムも異なるなど、列挙するといとまがない。

　筆者は90年代から中国とかかわり、医療、看護、高齢者ケア等の交流や、日中で連携している護理学会に招聘されたり、各地で視察をしてきたが、訪れる度に変化が大きく驚かされる国である。

　特に昨今の高齢者ケア・高齢者施策に関してはその発展のスピードが速い。以前、病院などを視察し始めた時は、20年か30年前の日本でもこうだったなあというような場面やエピソードによく遭遇した。

　しかし、いつも現場は自国のプライドと共に、先進国に追いつけ追い越せというポテンシャルにあふれていて、改革のスピードとスケールの大きさには目を瞠る。

　高齢者ケアに関しては、高齢化先輩国である日式（日本式）を導入したいと往来も激しい。

　たとえば認知症ケアを見ても、前年に視察した時には「まだまだ何も着手していない」と言っていた高齢者施設の現場が、翌年視察すると、「日本に学んで認知症ケアユニットを作った」と言って、きちんとしたケアにトライしている嬉しい場面に遭遇したりする。

　また、日本側からは巨大人口の中国にビジネスチャンスを求める動きも加速している。成功例もあるが、政治システムの違いや国民

性の違いからなかなか苦戦している話もよく聞く。

そして介護人材の相互交流や人材確保の面でも中国からの人材は貴重な存在だったが、最近はここにも変化がみられる。

「未福先老」で対策が大幅に遅れてきた中国も「介護保険」等の政策導入で進化してきた。

そして「上有政策、下有対策（上に政策あれば、下に対策あり）」というのも、けだし名言の中国である。

いま中国は人口13億9千万人と14億人を目の前にしている。65歳以上は1.69億人で高齢化率は11.9％（2019年）となっている。高齢者人口だけで軽くわが国の人口を超えている国だ。

課題は高齢化のスピードの速さで、日本がわずか24年で高齢化した際にはヨーロッパの4倍速と言われたが、中国はわずか14年で高齢社会になった。2050年には人口の3分の1が60歳以上で、約5億人と将来予測されている。

「未福先老」とは、「国の経済が豊かになる前に高齢化が進んできた」という意味である。

要介護高齢者はどのくらいいるのだろうか？

「失能老人」（要介護高齢者）は約4,000万人、「空巣老人」と言われる子供が巣立った後の老夫婦世帯や独居も増加し全国で1億人を超え、60歳以上高齢者の約半数（47％）、そして、貧困と低所得の高齢者が2,300万人を超すという。

中国にとって急速な高齢化と経済格差、都市と農村の格差、そして介護サービスシステム発展は、喫緊の課題でもある。

2015年10月に中央政府が「人口高齢化への積極対応」として、一人っ子政策を止めたのにもそのような背景がある。

② 高齢化政策のロードマップ

政府は高齢者ケアに関する法律や対策を次々に打ち出しているが、国民の「親孝行」を義務化しつつ、外資の養老機構設立を可能にす

るなど、ロードマップは全方位的でもある。

　これまで国として統一の高齢者福祉制度や介護保険はなく、政策の基本方針は「家族扶養・家族介護」に委ねられていたが、2000年以降は変化が起き、「社会的介護」にシフトし、3本柱で目標値を立てている。

　①まず「家族・在宅介護」を基本にしながら、
　②「社区（居住の最小単位のコミュニティ）による地域密着型在宅介護サービス」を整備し、
　③「施設介護」を整備する。

　これに沿って、たとえば上海市では、市の高齢者事業発展5か年計画（2016年～2020年）で、「9073政策（90：7：3）」を整備目標にした。つまり90％は自宅で老後（家族介護）を過ごし、7％が社区の在宅介護サービスを受け、3％が施設介護としている。

　北京では「9064」を目標として、自宅90％、社区の在宅サービス6％、施設介護4％の方針で整備するとしている。

　また大連市では、社区による在宅サービスを全国に先駆けて取り組んだが、政府方針を受けて「医療と介護の結合施設（医養結合）」を公設民営で展開するなど、各地で進化がみられる。

　また2015年までに「地域密着型介護ネットワーク」を都市部では80％に、農村部でも50％に行き渡らせる施策をとった。

　また、AI基幹産業やロボット産業発展計画（2016年）など、野心的な目標も公表されており、この分野と連動したITによる「スマート医養結合」の地域医療ネットワークも進展している。AIやITは、わが国への中国から輸出もありか、という勢いでもある。

③ 中国の長期介護保険の動向と上海の介護保険

　中国は、医療保険も国民皆保険の国ではないので、国民の受けられる医療格差（官と民・都市部と農村など）が大きい。

　一旦、高齢者が要介護状態となれば病院に入院しても経済的負担が大きい。さらに要介護者の長期入院はかつての日本同様、「社会

的入院」として医療保険財政上の課題でもある。

　それら介護問題に中国政府は2016年５月「長期介護保険試行拠点の展開に関する指導意見」を出し、介護保険導入にむけて上海や北京など全国15都市でパイロットを試行し、2020年に全国導入を目指した。

　また、2017年２月の「第13次５か年国家老齢事業発展養老体系建設規画（2016年〜2020年)」では、高齢者産業の発展を示したが新たな方向性として次の政策を打ち出している。
　①介護保険の導入
　②在宅サービスや社区の養老サービス施設（約670万床）の整備
　③スマート養老（IT化）
　④「医養結合（医療と介護の連携・結合)」の推進
　⑤人材育成の強化

　いち早く上海市では2018年１月１日から「上海市長期介護保険制度」を市全域で実施、介護保険がスタートした。

　上海市の介護保険では、利用対象者は要介護度１から６と認定された60歳以上の高齢者となっている。サービスは在宅サービス、介護施設、社区のコミュニティサービスをカバーする。

　長期療養病院における介護サービスの一部の医療も介護保険でみる。利用料は、在宅サービスは１割負担、施設は15％の負担となっている。

 「医養結合」政策

　「医養結合」とは、「医療」と「介護・養老」を一体化した施設で、高齢者に医療と介護を提供するもので、2015年11月に国務院弁公庁から出された。

　2017年までの目標を、①医養結合政策体系の構築、管理制度、②医養結合医療機関の建設、③社区による在宅高齢者への訪問サービス能力の向上、④80％以上の病院における高齢者専用受付・診療窓

口の開設、⑤50%以上の養老施設における入居高齢者に医療衛生サービスを提供する。

2020年までに100%を目標に、次のように推進している。

①医療と養老施設の合体（社区の病院に療養病棟・護理院（老人ホーム）の一体化）。

②養老施設に高齢者専門病院、リハビリ病院、護理院、中医病院、ホスピスなどの併設を奨励。

③65歳以上の高齢者の健康管理サービス。健康カルテで管理し、社区の低所得高齢者に定期健診、訪問診療、在宅治療（訪問看護）、介護、健康管理を提供。

④民間の「医養結合」施設への参入奨励で高齢者介護を市場化。また、予防保険やリハビリ健康器具、生活支援、精神的ケア、食品、薬品など高齢者向け商品やサービスの開発も期待され発展している。

⑤「医養結合」施設として、高齢者専門病院、リハビリ病院、護理院、ホスピス病院を重点的に強化し、プライマリケア（社区1級クリニック）におけるリハビリと介護ベッド比率の向上。

⑥施設建設時の補助金制度や運営補助金、介護ベッドに対する特別補助金など。

この「医養結合」は各地で高齢者施設を視察した際にも現場で異口同音に言われ、政策が順調に進んでいる様子をみることができた。

⑤ 1,000万人の介護人材を

中国では今後、1,000万人の介護職が必要とされているが、現在、介護従事者は22万人しかいない。しかも有資格者は2万人とされていて、各地で人材不足解消が加速している。

2011年の「社会介護体制整備計画」では職業資格試験認定制度を確立し、介護人材の養成も拡大している。大学での「高齢者介護管理」学部や学科の開設を後押ししてきた。

また、養老護理員（老人介護士）や高齢者専門看護師、医療ヘル

パー（在宅で医療行為のできるヘルパー）など、介護専門職の養成も促進している。

　しかし、中国でも介護職は「三低」と言われ、「社会的評価が低い、賃金が低い、専門性が低い」、そして補助金も少ない、人材の流出が激しいなど、若者が就職したがらない仕事なので、内陸の農村部などから都市部への出稼ぎ女性に委ねられてきた。

　人材の養成と確保は中国にとってもこれからの大きな課題でもある。

 ## 6 高齢者への補助金（給付手当）制度

　地方行政によって異なるが、上海市の場合を紹介すると、
①訪問介護の補助金：収入・要介護度によって支給額が設定され、チケット制。軽度は540元（8,100円／月）、中度720元（10,800円／月）、重度1,000元（15,000円／月）
②高齢者総合補助金：3か月ごとに敬老カードにチャージされる。65歳〜69歳＝75元／月、70〜79歳＝150元／月、80〜89歳＝180元／月、90〜99歳は350元／月、100歳以上＝600元／月
③高齢者医療保障制度：入院中の介護補助金。75歳以上、入院中の介護費用は政府が8割負担する。

参考文献
・中国における高齢者産業関連政策動向調査報告書，2017.12, JETRO.
・介護サービス等の国際展開に関する調査研究事業報告書，2016.3, 平成27年度老人保健事業推進費等補助費，老人保健健康増進等事業.
・日中福祉プランニング代表 王 青さん提供資料等.
・ジェトロレポート，2018.3.

Ⅱ 家庭医療から高機能病院まで連携する ICTプラットホームとオンライン医療情報

1 上海の社区健康センターで

　2018年6月、2年ぶりで訪れた上海は連日30℃と暑かったが、それ以上に官民による高齢者関連事業発展のスピードは速くポテンシャルは熱かった。

　「近代」は加速化して進行する——まさにそれが実感される視察となった。

　医療介護界でも前回の訪問時にはなかったサービスが提供され、日本やヨーロッパ諸国に追いつき、追い越して自前のものにしている。しかも現代においてはITデジタル社会だ。

　中国の急速なIT化は上海だけでなく大都市は見事にキャッシュレスで、生活基盤のすべてがIT化しているから、これからやってくる高齢化の大波にどんな政策を発展させて乗り越えるのか？　本当に目が離せない国だ。

　「中国ではスリという言葉がなくなりました！」と笑いを誘ったのは通訳の陸さんだった。会うたびに彼の日本語でのジョークも卓越してきた。

　今回は上海で最先端の医療連携システムや高齢者施設、社区の住民の小規模多機能ケア、超高級CCRCなどを視察した。

　中国では住民は社区単位で医療や介護サービスの提供を受けるが、社区健康センターは、プライマリケアの場であり、加えて養老（高齢者ケア）サービスのシームレスな連携、65歳以上の高齢者の健康管理サービス・健康カルテ、社区の低所得高齢者に定期健診、訪問

診療、在宅医療、社区介護、健康管理を提供している。

その家庭医によるプライマリケアの実際とICTを駆使した高度医療との連携を上海市虹橋社区健康センター（Community Health Service Center）で視察した。

「社区」とは耳慣れない言葉なので解説しておくと、都市部の行政の基礎区画を言う。中国では従来は「職場単位」で住民管理や社会保障サービスをしてい

上海市虹橋社区健康センター

たが、時代の変化とともにそのシステムがうまく回らなくなり、21世紀に入り住民の居住地の「地域単位」に切り替えたという。

「社区」とは英語のコミュニティの中国語訳で、上海から始まったので上海モデルと言われてもいる。

② 「1＋1＋1組合せ契約」：ICTでつなぐ家庭医と高度医療

2014年に新設されたプライマリケアの「虹橋社区健康センター」は、家庭医（欧米のGP）33人のクリニック、小児保健センター（予防接種から小児科外来まで）、中医（漢方）の診療所、リハビリテーションセンターなどが合体している。子どもから高齢者までの予防接種や健診・健康管理から外来診療、リハビリ機能、そして社区行政の保健医療の管理本部機能を併せ持つ。

この虹橋社区には他に2つの分院と8つのクリニックがあり、それぞれに3名の医師が配置されている。

　社区の人口は15万人で、65歳以上の高齢者は23,000人、高齢化率は15％。家庭医一人あたり約700人の住民が登録しているという。

　「ヘルスセンター」はイギリスと類似したシステムで、住民は家庭医に登録し、家族ぐるみの健康管理や第１次医療を受ける。

　ちなみにイギリスのヘルスセンターは、家庭医（GP）のグループ診療クリニックとその地区の訪問看護師や保健師のステーションとなっていて、プライマリケアを担っている。

　イギリスのヘルスセンターとの違いは、むしろ中国の方がIT化で発展していて、第１次医療（プライマリケア）、第２次（２級）医療、第３次（３級）医療が瞬時に連結していることで、これには驚かされた。

　2018年から始められた「１＋１＋１組合せ契約」は、日本より先行くシステムだ。

　中国の医療は「分級診療制度」で１級のクリニック、２級の一般病院、３級の高機能の大学病院や国立病院に分かれており、無駄な受診を抑制している。

　医療費の患者負担率も各級病院で異なっているなど、なかなかよく考えられている。１級の家庭医のクリニックは１割の自己負担だ

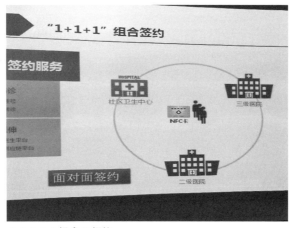

１＋１＋１組合せ契約

が、3級の高機能の大病院では5割負担となる。

「1＋1＋1組合せ契約」システムは、家庭医から2級・3級の通院先を選択・契約登録するもので、ICTの「患者情報共有プラットホーム」がネットワークを動かし、オンラインによる医療情報の共有ができる。

具体的には、社区健康センターの家庭医のデスクのパソコンから、大病院の専門医の予約も優先的に予約ができ、患者のスマホに予約内容がショートメールで届く。

さらに投薬も「処方延伸」ということで、高機能病院の受診後、患者のスマホに処方内容が届き、患者は自宅の最寄りの薬局センターで薬が受け取れる仕組みだ。抗がん剤のような特殊な薬でも、処方が出た段階で薬剤物流センターから最寄りの薬局に薬が届けられる。これも日本より進んでいる。

このシステムの利用対象患者は0歳から6歳以下の子ども、妊婦、60歳以上の高齢者、障がい者、精神疾患患者、慢性疾患（高血圧・糖尿病等）のリスクファクターをもつ患者、低所得層とされている。

患者の利便性もあるが、無駄な受診抑制と医療費の適正策は成功している。

ICT先進国のフィンランドやエストニアなどの国と類似したオンラインシステムだ。

③ 社区健康センターのプライマリケアの実際

この健康センターは上海市の大学でトップの復旦大学の内科関連病院となっている。

健康センターの玄関を入ると、ロビーには自動チェックイン機しかない。普通の病院のように受付のカウンターはない。

患者は自分の健康カードをチェックイン機に入れるだけで、病院の受診予約、診察受付、支払、処方までオンラインで完結できる。

2階に上がると廊下の壁には、子どもたちの喜びそうなアンパンマンの漫画風の絵が描かれていて小児科だとわかる。

　しかし、よく見るとこの絵は「社会主義のコアバリュー」とあって「公正」「愛国」「友善」「富強」「民主」などが花で描かれていて、子どもたちの思想教育！　さすが中国だ。

　ここでは妊婦健診から乳幼児の健康管理、ワクチン予防接種なども行う。待合のフロアも３～４室ある診察室も広くゆったりしている。

　次は家庭医の診察室。医師の机にはパソコンだけのシンプルな診察室。このパソコンから２次医療、３次医療の専門病院や復旦大学病院などにアクセスして優先的予約などをし、また患者データが３次医療の専門病院から返送されてくる。

　さらに広い部屋はリハビリテーションセンター。可愛らしい子ども用のリハビリ器具もあり、高齢者から障がいのある小児まで地域のリハビリセンターになっている。一人の子どもが補装具を付けて理学療法士と下肢の訓練中だった。

　廊下を隔てた別棟は中国医学・漢方の診療所と鍼灸などの治療室、そして漢方の薬局がある。中国の病院には必ず中医も併設されている。

社区健康センターの玄関受付で

子どものリハビリ室での訓練

先進的なICTプラットホーム・オンライン医療

先進的な中国医療のICTシステムを見てきたが、その入り口は社区住民がICTの「健康カード」をもつことだ。わが国もマイナンバー制度がスタートしているが、国民自身のカード取得率も低く、医療情報等との紐付けには程遠い状況になっている。

社区住民が自分の「健康カード」で、受診予約から診療受付、会計、処方までオンラインでOK。支払いもカードやスマホをかざせば瞬時に済むキャッシュレスだ。

また患者の診療情報も地域の1級、2級、3級の医療機関で共有されており、患者自身も共有できる。

肝心なのはアプリ化により患者自身がシステムに連結されていることで、IDとパスワードがあれば自分の医療情報を一部閲覧できる。自分の情報だけでなく家族＝子どもの情報にもアクセスできる。また、生涯管理的に、小児期からのワクチンや健康管理情報も統一管理されているという。

地域バージョンの電子カルテの共有とも言えるシステムで、連結医療のオーダリングや電子カルテのみならず、たくさんの追加コンポーネントが稼働という。

これは上海市内246か所の社区健康センターがすべて同じシステムで連結している。

上海市は人口2,680万人の巨大都市だ。単純に人口割りすれば、一つの健康センターのカバー人口は10万人〜11万人程度になり、地域包括ケアの人口規模ということか。

わが国では医療界のIT化は本当に歩みが遅く、先進国の周回遅れの状況だ。オンライン診療もようやく診療報酬が解禁したが本格化とは言えない。

日本の先を行く先進的な上海市のICTプラットホームと連携システムであった。

Ⅲ 1,000万人の介護人材養成への道

南京市を訪れたのは2018年6月のこと。

南京市は長江流域・華南の中心地で、歴史的古都である。今でも北京に対抗する "南の首都" 意識が高いという。

戦後、植えられて年輪を重ねたプラタナスの巨大な街路樹が、中国三大ボイラーと言われるほど暑い街の市民に、木陰の涼をもたらす美しい街でもある。古都の城壁と摩天楼が不思議にマッチする新旧の街並みは悠久の歴史を忍ばせる。

950万人の大都市南京は、銀座のように繁華街に立ち並ぶ海外ブランド店も、高層ビル群も、600年前の明の時代の城壁の間を縫う高速道路群も、6車線の車の渋滞も、東京以上の大都会だ。

さてその南京市内で「江蘇省経貿職業技術学院（大学）」を訪問した。広大な大学のキャンパスにはいくつもの高層の校舎ビルが立ち並び、学生数の多さを誇るようだった。

目的はその学部の一つ、「老年産業管理学院（学部）School of Juirn Elderly Industry Management of JVIC」で介護人材養成の視察だった。

江蘇省経貿職業技術学院キャンパス

① 江蘇省経貿職業技術学院の老年産業管理学院（学部）

　大きな会議室で迎えてくれたのは幹部教授陣で、王宏海会長（党支部書記長）、前書記の蒋教授（江蘇省の養老教育促進協会会長）、石養老学部院長、王介護教育担当教授など５名。

　江蘇省経貿職業技術学院は、1952年開校という歴史ある商業学校を前身とし、現在は12学部、学生数12,000人、教員数700人の大規模な商業、工業、技術系大学である。

　2007年に「老年産業管理学院」を発足、現在1,300人の学生がこの学部で学んでいる。老年サービス管理、ソーシャルワーク、リハビリテーション学科がある。「医養結合」で各省の政府、各施設も動いているので、2016年、医療学科を新設、リハビリなど医療職の養成にも拡充している。

　また、「2016年には全国のモデル教育校に、2017年には江蘇省政府からハイレベルの賞を受賞している」と学部長や教授陣が、高いレベルの教育を自負していた。

５名の幹部教授陣と意見交換

発展のスピード早い介護福祉分野の養成教育

　中国における介護分野の人材（含む管理・経営）の大学教育は1999年にスタートし、政府の重点政策でもあり発展が早い。

　2002年には政府が介護士資格を創設している。2015年には国家衛生部と中国老年産業協会で「医療衛生介護人材育成計画」を提言して推進している。

　現在、全国の介護福祉人材養成校は150校だが、学生数の多さ（ここでも1,300人）は、日本の介護士養成校（約400校）の比ではない。

　江蘇省では8大学で養成しているが、江蘇省政府が学生や教職員に奨学金や補助金を出し、また施設職員の現任研修にも力を入れている。

　「中国の高齢化はスピードが速く、養老問題は政府と教育現場と施設の協働で解決していく問題だと捉えている」と王会長。

　「10年前、老年産業管理学院（学部）を開設したのも政府の高齢化対策の一環です」と江蘇省の養老教育促進協会の会長も務める蒋教授が説明を始める。

　「人材育成は、企業合作、施設建設、海外交流（スイス・ドイツ・オーストラリアなど）も教育の柱として、IT企業や養老施設と連携した医養結合や社区養老の合作で行っています。また施設現場の卒後研修など、現場との連携も密に行っている」という。

　江蘇省の高齢化は、2017年で65歳以上は約1,200万人（15%）、毎年57万人ずつ増加している。

　「長寿化で80歳以上は250万人にも達している。高齢者の52%が独居、10%が要介護、3%が重度介護であるのをみると、必要な介護人材は15万人」と江蘇省の人材養成計画を話す。

　「現在5万人だから圧倒的に不足している」という。

　「日本との介護人材の交流についてはどのように考えてますか？」と聞くと、

　「介護人材を日本の現場に送るというよりは、日本との教育・研

修の交流に期待する」と答えたのは学部院長の石教授である。

特定技能実習生などで間口を広げて、中国からの介護人材に期待する日本側とは真逆な答えだ。

急速に高齢化する中国こそ、1,000万人の介護人材を必要とする巨大国家だった。

なお、中国の現場で働く介護人材は、①短大卒、②職業高校卒、③短期研修（180時間）、④現場経験のみの4ランクになっていて、現場では「初級から中級、高級」とランク付けされている。

 ### 3 どのように若者世代を介護分野に引きつけるか？

「中国でも介護職は若者にはあまり人気がない傾向で、学生の志望を見ても老年学科は第1志望にはならなかったが、近年は増加している。これまで内陸部からの学生が多かったが、沿岸部や都心部からの入学応募者が来るようになった」と胸を張るのは介護担当教授の王さん。

介護は「三低二高」と言われ、①収入・社会的地位の低さ、②社会的責任意識の低さ、③サービス水準の低さ、④仕事・業務負担の高さ、⑤離職・転職率の高さから、若者には人気とは言えない職業であるが、最近は変化がみられるという。

中国全国では将来「600万人～1,000万人の介護職」が必要と推計されているが、現状では就労数は68万人、うち13万人しか有資格者がいない（2016年）と言われている。

国の「介護の社会化」施策とともに、介護職の社会的ステータスをどう引き上げていくのか。中国にとっても解決が急がれている課題に違いない。

IV 南京市の在宅ケア：小規模多機能型在宅サービスセンター

1 多様な在宅サービスと全世代型生活館

　南京市の大手介護事業「南京東方頤年養老服務有限公司（Nanjing Eastern Senior Living Service Co〈ESL〉）」社の運営する「興隆社区・居家養老中心」（社区の在宅サービスセンター）を視察した

　日本の地域密着型の小規模多機能施設に類似する在宅支援と、地域の全世代型コミュニティセンター（生活館）の機能を併せ持つセンターだが、10年前に開発された大型団地の住民に身近な「社区センター（区役所住民センター）」の３階ワンフロアーにあった。

　この在宅サービスセンターには、社区の在宅サービスとしてデイサービス、訪問介護、リハビリテーション、レクリエーション、配食サービス、食堂、11床の短期入居（ショートステイ）がある。

　そして子どもから高齢者まで誰でも立ち寄れる自由な「居場所＝生活館」になっている。生活館では住民が立ち寄って、図書コーナーで本を読んだり、リハ室の運動機器を無料で使用できたりする。また手芸などのサークル活動や法律相談会も開いている。

　「社区の公設民営の施設です。

南京市の在宅ケア「興隆社区・居家養老中心」で

314

ここでは地域の高齢者のケアと健康管理ができます」と案内の施設
長さんがいう。

　社区の1,000人くらいの高齢者の在宅生活を支援している。

　「３Ａのランクの評価をもらってます」と高い評価の業務を誇る。

　案内されたロビーの壁には、事業所の認証などとともに在宅サー
ビスの料金表が貼られている。

　南京市にはまだ介護保険がないので、訪問介護などのサービスは
自費となる。

　「それぞれの料金はどのようにして支払うのですか？」と聞くと、

　「プリペイドシステムになっていて、サービスを受けるにはまず
サービスカードを買い、自動引き落としになります」という。

　ここにもICTが行き渡っている。

　各サービスを見てみよう。

② 訪問介護

　南京市には介護保険がないので、在宅訪問系サービスの価格は、
事業者の自由設定で有料だが、施設には市からの補助金が入る。

　訪問介護では基本料金が月に900元（13,500円）、反失能老人（半
介助）で2,100元（31,500円）、失能（全介助）で2,700元（40,500円）
の料金となっている。

　さらに介護行為ごとに料金設定されており、家事援助30元（450
円）、食事介助は12元（180円）、入浴介助50元（750円）、全介助の
入浴は100元（1500円）など。健康管理では、血圧測定は無料、血
糖値測定は３元（45円）など。リハビリでは、上肢と下肢の訓練は
20分でそれぞれ25元（375円）。

　通院介助は30元（450円）、救急時の通院付添いは全介助で50元
（750円）、救急車を呼ぶ電話は無料といったようにそれぞれに料金
設定されていた。

③ 食堂・食事のデリバリー

食事サービスはチャットグループで300人が登録しており、自宅のパソコンやスマートフォンでメニューを見て事前に食事の予約ができ、センターに来て食べたり、自宅へのデリバリーもできる。プリペイドカードを事前に購入して料金は自動引き落としとなる。

朝食が10元（150円）、昼食は15元（225円）、晩御飯は12元（180円）となっている。流動食や軟食などもあり、その手間として5元（75円）がプラスされる。

食事サービスでの家庭料理

視察の私たちもランチを頂いたのだが、一汁三菜で汁物とフルーツ付きの庶民的な家庭料理で美味しい食事だった。

④ デイサービス

デイサービスには、毎日30〜40人が利用している。

リハビリ室での訓練や趣味の手仕事、書道、また読書をするなどレクリエーションで自由に過ごす。きれいな中国手芸の作品などが展示されていた。

5 短期入居・ショートステイ

　ショートステイは11床あり、個室と二人部屋になっている。お部屋は簡素なベッドと椅子が一つだけ。ショートステイで長期になれば、ESL社の別の高齢者施設に移すのだという。

　部屋を見ていると一人の男性が声をかけてきた。92歳になるという。ここからバス停2つの近所に自宅があり娘と暮らしていたが、ここに入居して半年になるという。一見元気そうに見えたが、心臓の慢性疾患があり、24時間ケアワーカーのいるここが安心だと話す。

　「興隆社区・居家養老中心」は、小規模多機能の在宅サービス拠点として、地域の元気高齢者と要介護者の双方にメリットの大きい施設となっていた。

　それにしても、チャットで自宅のスマホやパソコンからメニューを見て食事を注文し、プリペイドカードで自動引き落としとなるICTシステムを見ると、わが国の介護サービスや在宅ケアが本当に旧態依然とした仕組みになっているなあと実感させられ、何とかせにゃと思うことしきり！

　ICTで先行く中国の在宅・地域ケアは目を見張るように進化してきた。

中国編

V 上海のCCRC・高級路線の有料老人ホーム

　近年、中国政府は高齢者住宅や施設の供給を高めるために、外資系の参入に門戸を開けてきた。外資系参入に規制緩和したことでアメリカなどの大手企業が運営する高齢者レジデンス・有料ホームやCCRC[注]も増えている。

　また、ノウハウのない民間ディベロッパーは、アメリカだけでなくカナダ、ヨーロッパ、北欧などの事業者と提携したり、大学との提携でノウハウやスキルをキャッチアップしているのがめざましい。

　高齢者住宅は公設、公設民営、民間企業、外資系と、ハイエンドなものからローエンドまで多様化しているのも、またトレンドのようだ。

　ハイソな富裕層向け高級有料老人ホームは、外見もゴージャスで欧米様式のクオリティも高そうなところが増えているが、業界の課題は高齢者の購買力とケア水準の見合った「中間層」対象が少ないことだという。さて、ここでは上海市内の2つのCCRCを紹介しておこう。

1 アメリカ大手との合作CCRC「星堡（Star Castle）」

　上海市で2016年に視察したCCRCの一つが中国の大手ファンド「復星集団（Fusun International）」のCCRC「星堡（Star Castle）」。アメリカの大手不動産会社との合作による高級路線の有料老人ホームだ。

　広い敷地に庭を囲んで数棟の高層マンションが立ち並ぶその一つを訪問した。庭の案内図にはまだ建設中の棟もある。全体では優に2,200人を超すCCRCになるという。

318

1）アメリカスタイルのケアポリシー

「私たちのミッションは、高齢者に居住の場を提供し、終生の居宅介護を提供することです」

「そして管理のコンサルタントやケアを含めたソフトも開発しています」と支配人がハードとソフトを、まず説明してくれる。

入居率は90％を保持していて、他の施設を抜いて一人勝ちの様相だ。ちなみに公設では入居率6割が平均だという。

建設した棟の入居定員は219人で、自立の人が189人、要介護が30人で終末期まで住み続けられる。

現在のスタッフは100人だが、スタッフは開設前にアメリカの現地研修でCCRCのサービスノウハウをトレーニングしたという。

施設内を歩くと、ロサンゼルスあたりのCCRCを見ている感じがする。そのアメリカスタイルが売りで、「自由な暮らしのサポート」を理念にしている。

高級レストラン、ホビールーム、書道、パソコン、映画、様々なレクリエーション室、図書室も充実している。

診療所や薬局も併設で、ここで暮らしのすべてが完結できる。

2）入居費用と優雅な暮らし

自立型のゾーンは、賃貸借契約で介護型のほうは利用権契約となっている。介護が必要になった場合は、介護付きの居室に移ることも可能だ。賃貸契約の月々の賃料は、部屋の広さなどで異なるが、居室が60㎡の場合は1万1,000元（約20万円〈夫婦の場合は25万円〉）、100㎡の広さで月に1万9,000元（34万円〈夫婦なら40万円〉）で、すべてインクルーシブというから、中流から上のクラスでちょっと高収入な方たちが入居のようだ。

入居時は5万元から6万元（約100万円）の一時金が必要になる。上海の普通のサラリーマンの年金が6,000元／月と聞くと、高級感がわかる。

100㎡の部屋を見てみると、2ベッドルームに広いリビング。キッチンは最先端のアイランド型でスマート、バスルームもホテル仕

様になっている。家具付きなので手ぶらで入居できるが、自分の家具を持ち込んでもいい。

施設の問診部（診療クリニック）には、医師・看護師・薬剤師が常駐していて、入居者の健康管理や医療体制を整えている。内科、心血管系、老年科の担当医がいる。

介護付きの30床では要介護になればここで看るし、看取りもするが、中国人は最期の時は病院を選ぶ人が多いという。

館内を回っていると、英語で話しかけてきた白髪の老紳士がいた。元ドクターだという。世界中を観光で回ってきたといい、ここの生活には満足しているという。

レストランでランチをしている人はみな、外出着で着飾っていた。

支配人は「中国人は基本的に在宅志向だが、開設して３年で意識も変わってきているのを感じる。元気なうちに住まいの転居を、と考えて動くようになってきている」と高齢者の意識の変化をいう。

「ここはサービスの良さが売りで、アメリカ式のサービスで差別化している。基本的には自由な生活です」

「経営的には利用権等買取りのほうが良いが、高齢者にとっては月額の賃貸のほうが受け入れられやすい」と話す。何とも優雅な高級有料老人ホームだった。

② CCRC「新東苑・快楽家園（Evergreen Homeland）」

大手国際投資集団・新東苑による高級路線のCCRC「新東苑・快楽家園（Evergreen Homeland）」を上海郊外に訪問したのは2018年のこと。

ここは上海市民の避暑地だと紹介されるが、大きな１戸建ての別荘が立ち並ぶリゾート地の広大な一角にこのCCRCがあった。敷地面積は18ヘクタール（東京ドームなら3.8個分の広さ）で、10棟の高齢者レジデンスと老年科病院（ナーシングホーム）、劇場、農場、集会所などが点在している。

街路樹と花壇の花々に囲まれた広大な敷地内は、白い手袋をつけ

上海「新東苑・快楽家園（Evergreen Homeland）」

た運転手付きのレトロな電動カートで移動できる。

　視察中、「私は歩くわ」と次の棟に行くのに一旦歩いた私だったが、あまりの暑さと距離にカートを利用する始末だった。

　著名な建築家の設計の最新スタイルでゴージャスな造りは5つ星ホテルクラスで、富裕層のステータスを満足させるものだった。

１）コンセプトは「快楽家園　品質生活」

　玄関を入ると、そこは美術館かと思うような大きな大理石の彫刻や、アメジストなど宝石の大きな原石の置物、ゴージャスなシャンデリア、ずらりと並べられた胡蝶蘭の花に迎えられる。正面の大型ディスプレイには敷地内の案内が映る。

　しばし感嘆しながら眺めていると、CEO、COO、マネジャー、ドクターなど多数のスタッフが会議室で迎えてくれる。

　「上海文化養老総合コミュニティは、新東苑の最初のプロジェクトで2013年スタートし、2017年に開業しました。『最高の品質でサービスの享楽』をコンセプトにしています」

　新東苑は大手国際投資集団で不動産、金融から旅行まで多岐にわ

たるビジネスをしている。

「ランドスケープと建築は台北一の高層ビル101を設計した著名な建築家・李祖原氏によるものです」と誇る。

大理石の床、高級素材の木などを多用した、それでいてエコな取り組みをしているレジデンスだ。

「上海の緑の養老建築コミュニティ（CCRC）」と評され、2016年には、中国介護事業のトップ10ブランドを獲得している。

「完成度の高い"街"になっています」という。

「医養結合」で老年科病院（ナーシングホーム）と1級の社区外来クリニックを併設しているのが特徴だ。

「ここは会員制ですが、単なる住まいだけではなく機構サービス、社交文化、健康看護、医療までワンストップで持続的に提供できるコミュニティです」

「快楽学堂・エバーグリーンカレッジ」もある。高齢者のための「上海市老年大学分校」になっていて、新しい「養教結合」のモデルだという。国学、合唱、舞踏、洋画、中国絵画、チェス、ヨガ、茶道などのカルチャーセンターだ。

そして「私たちのターゲット層は前期高齢者、著名人、専門職です」と富裕層相手のビジネスだと胸を張る。

視察時、レストランで昼食をいただいたが、本格的な中国料理は味も良く、高級食材が並ぶ。野菜類はここの自営農場から毎日新鮮なものを供給しているという。

2）スマートレジデンスの入居費用

中国とアメリカンスタイルを融合した高層のレジデンスの10棟はそれぞれ特徴がある。グレードの高いものは1棟にわずか28戸の住居と、充実した共有施設「合院」（レク室、書道や絵画など文化活動、ビリヤードなどアクティビティルーム）がついているものが6棟。

さらに1棟に80戸から120戸のレジデンスのものが4棟。居室の広さは62㎡〜120㎡まで多様だが、豪華な家具がしつらえてあり、

ホテル仕様だ。

　105㎡の部屋を見学したが、玄関を入ると、広い２LDKでキッチンや部屋の明かり、冷暖房の空調などすべてAIでスマート化され、緊急対応などもしっかりモニター管理されている。

　毎日の清掃や定期的な空調、カーテン清掃、さらに健康ファイルなど安心安全が徹底している。

　「部屋の特徴は壁に角がないこと、床材にはクッションが入っており転倒や骨折予防になっている」という。「レジデンスは会員制で、有期区分所有権で購入するシステムです」

　入居者は10年、20年、50年の有期で所有権を買って入居する。たとえば安いほうの部屋だと、10年の区分所有権で約6,000万円、20年で9,000万円、50年だと１億５千万円。売買も相続も可能だという。

　月々の管理費は約24万円、３食の食事、ハウスキーピング、共有部分、シアター、ビリヤード、アトリエ、イベント等の参加料など基本的サービスコストを含む。24時間のセキュリティも充実している。

　また短期契約もあり、会員は年間20回から30回、短期滞在もできる回数券を発行している。短期利用から購入に至る人もいるという。

３）「医養結合」で１級社区クリニックと老年科病院併設

　敷地の大通りに面した側に新築されたばかりの９階建ての老年科病院（ナーシングホーム）があった。

　上海市の復旦大学付属病院や上海交通大学附属病院、上海中医薬大学付属病院など複数の３級（最上級）の高機能病院と連携している。医師の派遣も受けているようだった。

　病室は200床、VIPルームもある。１階、２階は社区の１級クリニック外来として、地域住民の一般外来（内科、外科、放射科）。

　３階から９階の真新しい病棟には、まだ入院患者がいなかったが、最新の医療機器が入っていた。内科、外科、リハビリ科、放射線科、超音波、検査科、そして中医や鍼灸科などもある。特色としてリハ

ビリと鍼灸、慢性疾患の管理などを挙げていた。

入院患者は老年科一般だが、認知症病棟や重度介護の長期療養病棟もある。

ここは医療保険適応なので、レジデンス入居者の健康状態が悪化すれば、自室からここへ移って入院療養することを想定している。

老年科病院（ナーシングホーム）

③ 中国におけるCCRCの将来展望

数か所のCCRCを訪問した中から、２か所の高級路線の高齢者レジデンス・CCRCを紹介してきたが、中国各地での発展をみると、ビジネスとしても高齢者産業が成長分野になっているのがよくわかる。

かつて「大きいことは良いことだ」という言葉があったが、中国の「スケール」は様々な意味で本当に大きい。

一方で、高齢者人口だけでもすでに２億人を優に超える中国における、高齢者ビジネスの「差別化」の状況もクリアだ。

高級・富裕層向けのCCRCと公立の養老院、民間非営利の施設を比較すると、日本以上に階層間格差の大きい中国の姿をまざまざとみる気がする。施設間格差は拡大しているという。

中国の高齢者ビジネスには日本から進出を図る企業も増えているが、アメリカスタイル、ヨーロッパスタイルと中国のグローバルな視点が、むしろそちらに向いていることも見逃せない。また、「一帯一路」戦略も見逃せないポイントになる。

ケア理論においても、オランダやスウェーデン、ドイツなどヨーロッパと交流して認知症ケアなどを発展させていると現場で言われ

たこともあった。

　しかし、「上に政策あれば下に対策あり」という有名な言葉が中国にあるが、まさにその通りの高齢者産業界のようでもあった。パワフルな民間活力もまた発展成長を遂げている。

注：CCRC（Continuing Care Retirement Community）：健康な時から入居して、
　　終生暮らす（ケア付き）高齢者住宅・コミュニティ

〈上海市の高齢者たち〉

上海市の高齢者施設「紅日」の
高齢者たち

ipadで東京にいる息子とインターネットを楽しむ90歳

VI 上海市の訪問看護介護はヨーロッパモデル

　中国では高齢者施策として在宅サービス推進を図っているが、施設系サービスに比べるとまだ発展途上にある。

　60歳以上が２億５千万人の国で、今後、訪問看護や訪問介護といった在宅サービスがどのように進んでいくのか？　日本の訪問看護制度創設にかかわった筆者としては大きな関心をもっている。

　中国の「地域看護」と言えるものとしては、農村部での「社区健康センター」や「社区看護サービスセンター」からの看護師による、地域住民への母子保健やプライマリケア、慢性疾患の管理がある。

　また都市部では大病院と連携した継続看護的なものがみられるが、日本のような訪問看護システムではない。

　上海市が2018年から介護保険で訪問看護介護を本格化したと聞いて、早速2018年６月、現地で視察した。

1 上海市の訪問看護介護ステーションは三職種で

　上海市の「訪問看護介護」は2013年に医療保険で制度化し、医師の往診、訪問診療、訪問看護を提供してきたが、2018年からは上海市介護保険で訪問看護介護のサービスを拡充している。

　「ナースステーション」は日本流に言えば訪問看護ステーションと介護事業所が合体したもので、ヨーロッパの在宅ケア（看護介護）事業所を参考にしている。

　フランスのSSIAD（在宅看護介護事業所）や、ドイツのゾチアルスタチオン（ソーシャルステーション＝在宅看護介護ステーション）、オランダの在宅ケア事業所、デンマークの在宅ケア（訪問看護介護・リハ）などと同様のスタイルの在宅ケアとなっている。

　従事する職種も、ヨーロッパの三層構造である「看護師、社会保

健アシスタントもしくは看護助手、ホームヘルパー」と同様に、中国でも「看護師、医療（処置のできる）ヘルパー、ホームヘルパー」が働いている。ステーションのスタッフの人員基準は「看護師2割、介護ヘルパー8割」と規定されている。

　日本の訪問看護ステーションは看護師のみ、訪問介護はヘルパーのみなので、中国のほうがより効率的にみえる。

　筆者は、わが国の訪問看護ステーション制度創設時には、「看護と介護の一体的ステーション」を主張してきたので、訪問看護で遅れてきた中国の合理的なシステムの全国展開に期待している。

1）訪問看護・介護の業務内容

　上海の訪問看護介護事業所は、看護師による訪問看護（臨床看護）と、身体介護と医療的ケアのできる医療ヘルパー、そしてホームヘルパーによる生活援助が提供される。

　提供されるサービス（給付対象）は42項目で、介護は27項目（①、②）、看護は15項目（③）となっている。

①基本的生活ケア（身体介護）：排泄・食事・清拭・入浴・更衣・整容・体位変換—寝返り、タッピング、褥瘡予防、移乗・移動介助、起床支援、就寝支援、服薬、自立支援、外用薬塗布、尿道カテーテル、ストーマ、薬物管理、環境整備、安全管理など

②生活援助：掃除、洗濯、買い物、ベッドメーキング、一般的調理

③常用臨床看護：浣腸、坐薬、服薬、クーリング、健康チェック、酸素吸入、血糖値、褥瘡、静脈注射、筋肉注射、皮下注射、経管栄養チューブ管理、膀胱カテーテル、胃瘻ケア、中心静脈カテーテル管理など

２）訪問回数と料金

　訪問回数と料金は、介護認定された要介護度によって異なるが、訪問回数はわが国の介護保険の介護報酬より多い設定だ。

　要介護度２級・３級（軽度者）は週に３回、４級は週に５回、重度者の５級、６級は週に７回の訪問で、いずれも滞在時間は１時間とされている。

　訪問料金はヘルパーによる生活援助は40元／1時間（約600円）、

　医療ヘルパーによる身体介護＆医療的ケアは65元／1時間（975円）、看護師による臨床看護は80元／1時間（約1,200円）となっている。高齢者の支払う利用料は、それらの１割となっている。

　在宅訪問看護介護のニーズは広がっているという。

２ 「上海福寿康在宅サービス」社の訪問看護介護

　上海の訪問看護介護のトップランナー「上海福寿康在宅サービス会社」の張CEOを本社オフィスに訪ねた。

　日本語が母国語のように上手だったので聞くと、彼は2004年に日本に大学留学、MBAを取り、日本の大手企業で介護事業に従事していた経歴の持ち主だった。

　「日本にいる時に中国の父親が脳卒中で倒れたが田舎だったので、医療も介護もなく十分な手当てができずに悔しい思いをした」と、帰国し2011年に上海で若干31歳で起業した動機を語る。

　当初は社員５人でスタートしたが、いまや1,120人の社員を抱えるまで急成長し、上海をリードする介護企業になった。

　「2011年に創業したが、2013年に上海市が制度化したので追い風になった」

　2014年には上海市内に12ステーションを展開したが、現在は29ステーションに拡大。31の全行政区に開設が目標だ。

　1,120人の職員は介護職が８割、看護師が２割、その他PT、OTなどの職員がいる。毎月150人の新人が入るという。

　「よく人材が集まりますね」と聞くと、

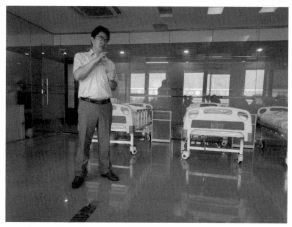

上海福寿康在宅サービス会社のトレーニングルームでCEOと

　「人は集まるが資格をもっていない、資格不足なのです」という。採用とともに自社で訓練養成する。

　自社のトレーニングルームは、介護用ベッドが数台置かれ、介護に必要な器具や家庭のシミュレーションルームもある。

　「介護保険の対象者は毎月2万人増なので、介護人材はいくらでも必要だ」と語る。

③ 今後の展望＝長江デルタ戦略

　若手事業家として日本での在宅事業の経験を基に、訪問看護介護をはじめ、併設のデイサービス、ショートステイ、訪問入浴、認知症グループホームなど次々に新事業を打ち出して、上海で大手の在宅事業者になった張氏に今後の展望を聞いた。

　「これからの在宅サービスは、中国でマーケット拡大しますか？」

　「政府の方針も施設から在宅ですから、拡大すると思う」

　「上海をみても60歳以上の高齢者は438万人、高齢者の1割が要介護者としても50万人になる。在宅の訪問看護介護のマーケットは1,000億円以上になる」と展望する張氏。

「在宅もIT化が進んでいて、サービス利用もプリペイドのチケット制だったり、訪問業務の監査もアプリでチェックするなど、スマート化している」

「それに浙江省、江蘇省など長江デルタは、人口規模が大きい。浙江省で900万人、江蘇省で1,300万人です」、まさに人口ボーナスだ。

南京市を視察した際に、大手ディベロッパーのCEOと話していてポテンシャルのある"長江デルタ戦略"に打って出ると言われたのを思い出しながら、経済成長の早く、豊かな"南部"に商機をみた気がした。

"長江デルタ"と呼ばれる浙江省、江蘇省、上海市で2,200万人を超す高齢者のマーケットは、若き経営者にも無限の夢をはぐくんでいるようだった。

発展のスピードの速い中国。在宅サービスも進化して全土にユニバーサルになる日が近いのかも知れない。

参考文献
・老いる中国、介護保険制度はどのくらい普及したのか（2018年）―15のパイロット地域の導入状況は？，ニッセイ基礎研究所保険研究部・ヘルスケアリサーチセンター片山ゆき，ニッセイ基礎研究所，動向調査レポート.

大連市の「医養結合」と高齢者ケア

大連市の高齢者政策と「医養結合」

上海から空路、大連市に向かったのは2016年の6月のこと。

上海から1時間15分くらいのフライトで大連に着くが、南と北では当然ながら空気も食も街の雰囲気も、そして政策も異なる。

大連市は緑が広がり、かつて"東洋のパリ"と言われた都市計画の雰囲気が残る美しい街だ。街には旧ロシア時代の建築物がアカシアの街路樹とともにロータリーを囲み、旧日本時代のヤマトホテルなども現存して多くの戦争の歴史を語っている。かの203高地観光の拠点でもある。

高層ビルの立ち並ぶ東北アジアの大都市は、金融や交通、物流のセンター都市として国際的な都市だ。大連港は不凍港として、昔も今も要所の軍港で、岸壁には要塞のような中国海軍の軍艦が停泊していた。

大連市は、人口594万人で60歳以上の高齢者が約130万人、高齢化率は22％になっている（2017年）。65歳以上で13.5％なので中国の中でも比較的若いほうだが、高齢化のスピードが速い。36年間の一人っ子政策の影響が大きいという。

大連市は社区（コミュニティ）による高齢者の在宅介護サービスを全国に先駆けて始めた市で、養老サービスは質量とも国内では比較的進んでいる。市政府民生部とともに養老福利協会が介護福祉業界をまとめていると聞いた。

2002年に大連市政府は「居家養老院プロジェクト」で、隣近所の助け合い精神に基づいた在宅介護のネットワークをつくるとともに、在宅介護サービスセンターをもつ居家養老院や訪問介護を「三無老

人（低所得高齢者）」に提供してきた。

最近ではアメリカ大手外資と連携した訪問介護など、一般中間層へのサービス提供を拡充しているという。

大連市では社区の「医養結合」を進める方策として、社区の１級クリニックに入所を併設、または高齢者施設に医療部分をつける、病院に介護施設を併設するなどを進めている。

その「医養結合」を展開したばかりの大連市の現場を視察した。

② 民間クリニックに併設の「大連市民楽養老院」

視察した「大連市民楽養老院」は市の中心部商業地区にあり、民間企業が開業した外来クリニックと併設の養老院である。

この建物は企業の社宅だったものを改築したもので、開院して１年が経つが初期投資はすでに回収したという（中国の高齢者施設・高齢者住宅では、普通の会社のビルやホテル、大きなレストラン、企業の社宅や寮などの改修型が案外多い。ここが日本と異なる）。

１階は社区のクリニック、２階、３階が120床の養老院（介護療養病床）になっている。

大連市でも大病院の入院日数が２週間程度と短いので、その退院後の受け皿にもなっている。入院者の４割に認知症があるという。

「大連市では約200ある高齢者施設のうち、『医養結合』型はまだわずかだが、最近では入居者が医療体制を求める傾向にあり、当施設のように１つの拠点で医療と介護が提供できるのは一石二鳥だ」と女医の院長さんが言う。

病棟内を一回りしたが、寝たきりの人が多い中、ある部屋で100

廊下での歩行訓練

歳になるという女性がいた。ちょっと耳が遠いくらいで認知症もない。

「どのくらい入院してますか？」と聞くと

「３か月くらい？」と傍らの看護師を見ながら、「ここは安心です」という。

顔の色つやも良く比較的行動も自立している様子に、ベッド一つの空間で過ごすより、自宅にいれば自由な生活があるのだろうと思いながら"空巣（独居）"高齢者の行く末を見るような気がした。

入居費用はどのようになっているのか？

入居費用は各施設で異なるが、ここでは１級の最重度で4,000元（約60,000円）、２級で3,500元、３級で2,500元と設定していた。

この費用には居住費や食費
などが込みとなっている。

③ 公立の「大連中山桂林養護院」

丘の上の閑静な街並みにある大連市立の養護院も視察した。そばには植物園があり、旧日本人街がある地区だ。

区の公的機関の事務所だった建物を改修した医養結合の施設だという。

１階は社区のクリニックで外来には歯科も併設している。また比較的規模の大きい薬局もある。

２階から３階が115床の養老院となっている。公立のメリットは医師、看護師、介護

大連中山桂林養護院

士等の医療スタッフが充実していることだという。また漢方医とリハビリが充実している。

　平均年齢は80歳を超えており、100歳の人も２人入居している。

　ここでは終末期まで介護するというが、３分の２が寝たきりで、意識レベルも低い高齢者が多く、経管栄養や胃瘻の人がずらりとベッドに並んでいた。

　日本の４半世紀前の特養のような寝たきりの多い光景で、公立と民間立の養老院のケアの差もまた歴然としていた。

「医養結合」の評価は？

　大連市養老福利協会で業界の幹部のみなさんと意見交換をした。

　養老福利協会は市政府の政策をサポートし、業界のとりまとめや海外との連携合作の窓口でもある。

　養老福利協会会長の薫氏をはじめ、市の秘書長さん、養老院の院長先生、福祉センター施設長さん、民間の在宅介護事業会社の女性社長さんたちが揃って迎えてくれる。

　薫会長は大連市の前民政局長で、日本に留学経験のある日本通で

大連市養老福利協会会長の薫氏と

日本の介護保険にも詳しい。

　今後の方向性について聞くと「協会と市政府で政策を練って進めてきている。特に力を入れたいのが在宅介護です」という。高齢者の98％は家で暮らし、要介護状態になれば家族が介護をする。高齢者施設への入居は現在は２％に過ぎないので、施設を拠点にした在宅介護サービスが必要だという。

　「在宅介護の問題点は専門スタッフがいないこと、255の社区に在宅介護サービスセンターを建設したが、人材不足の状態だ」という。

　「大連市政府の2020年までの５か年計画の目標は、施設介護を２％から５％に拡充するものだが、ネックは高齢者の購買力で、今の高齢者は年金も低いのです」

　「介護保険はないので、施設入居すれば費用は全額自費になる。政府は別の方法で高齢者に補助金などを出しているが、介護型で400元／月（6,000円）に過ぎない」。視察した大連市民楽養老院の費用は、月に2,500元（37,500円）から4,000元（60,000円）だった。

　「医養結合についてはどのように評価してますか？」薫会長の意見を聞いてみた。

　「医養結合の方向性が必ずしも良いとは思っていない。１つの法人で高齢者の囲い込みも起きる。医療プラス介護（福祉）、介護プラス医療、はそれぞれ分野が違うので難しい。緊密な連携は必要だがその連携のタイプにはいろいろあって良い。小さな福祉施設では、今の方法では医療と結合は無理だと思う」

　「病院の病床を高齢者施設にするよりは、むしろ施設側が近くの病院と契約して、医療とのシームレスな関係をつくる方向のほうが良いような気がする」と述べる。

　わが国の療養病床問題を指摘しながら、医療に福祉が取り込まれるのを危惧する社会福祉専門家から見たコメントが返ってきた。

7　上海は美味しい

　世界のどの国にもある中華料理。海外に出てその土地の料理に飽きたらふらりと中華料理屋に行く。日本人的には落ち着きますね。

　さて、上海は美味しい。

　かつてのフランス租界に見るような国際都市上海のヨーロッパと融合した料理にも魅了されますが、4大料理と言われた上海料理は、北京とは異なる味でいつも満足させられます。

　上海蟹や小龍包、鴨、紅焼肉、生麩など有名ですが、長江流域と海の魚介類などバラエティに富んだ豊富な食材を、醤油や黒酢で甘く濃厚な味が上海料理の特徴。

上海料理

　洗練のヌーベルシノワもいいけれど、老舗のお店でテーブル狭しと次々に運ばれお皿が積まれる家庭的な味には、いつも満腹状態にさせられ、紹興酒が進みます。

　そして食事の後は散歩がてら夜景の人気エリア外灘に。

　和平飯店（フェアモント・ピースホテル）のOLD JAZZ BARでJazzを楽しむ。その名の通り平均年齢80歳のオールドジャズバンドの演奏を聞きながら、1950年代の古き良き上海にタイムスリップするのも旅の醍醐味です。

【初出一覧】

本書では、初出で掲載された文章と写真の一部を大幅に加筆、改変した。他は書き下ろしたものである。

デンマーク編／イギリス編
1)【集中連載　デンマーク高齢者ケア最新情報　週刊高齢者住宅新聞】
・第一回　高齢者ケアのパラダイムシフト　2014.10.22
・第二回　人口1万4千人のドラワー市にみる「地域包括ケア」のかたち　2014.11.5
・最終回　認知症ケア最前線と高齢者住宅のチャレンジ　2014.11.22
2)【特別寄稿　イギリス・デンマークの認知症ケア・パラダイムシフトと看護職の活躍】CommunityCare　vol17　no02　2015.2　日本看護協会出版会
3)【特別寄稿　「デンマークにみる地域包括ケアシステムの実際と意識改革」】CommunityCare　vol17　no04　2015.4　日本看護協会出版会

ドイツ編
【集中連載　ドイツの介護保険事情　週刊高齢者住宅新聞】
・第一回　ドイツ介護強化法に見る大改革のパラダイムシフト　なぜ軽度者にも給付拡大したか　2017.12.27
・第二回　給付拡大をした新たな要介護度認定と給付額・家族介護支援の強化　2018.1.3,10
・第三回　「尊厳と自立支援」の高齢者施設と介護人材　2018.1.17
・第四回　「在宅緩和ケアチーム」と在宅での看取りを支えるICTクラウド　2018.1.24
・最終回　コミュニティの「多世代の家」に見る共生社会のすがた　2018.1.31

フランス編
1)【集中連載　フランスの介護と医療　最新情報　週刊　高齢者住宅新聞】
・第一回　新しい介護制度・地域包括ケアシステム「MAIA」とケアマネジャーの誕生　2015.12.16
・第二回　ブローニュ・ビアンクール市のアボンダンス高齢者医療センターに見る医療と福祉の複合体と地域包括ケア　2015.12.23
・第三回　フランスの「在宅入院」HADの在宅高度医療・訪問看護　2016.1.6
・第四回　フランスの「開業看護師」・医師の"処方箋"を軸にした在宅での多職種分業　2016.1.13
・最終回　高齢者住宅は「拠点型」に―街のたたずまいで個人の自立と公共性の融合　2016.1.20

2）【特別寄稿　フランスの新しい地域包括ケアシステムと「在宅入院」「開業看護師」の最新情報】Community Care　vol 18　no05　2016.5　日本看護協会出版会

3）【仏クレス・レオネッティ法にみる終末期医療の動向　国立緩和ケア・終末期研究所を視察して】週刊　医学界新聞　2018年11月26日　第3299号　医学書院

4）【フランスにおける終末期医療の法制化と患者の権利法　クレス・レオネッティ法と現場に見る終末期医療の実際】文化連情報　no489　2018.12　日本文化厚生農業協同組合連合会

オランダ編

1）「オランダの「ケアファーム」にみる農業とケアの融合・地域づくり　わが国の農業者と農村活性化デザインへの示唆」2019.2　文化連情報no491　日本文化厚生農業協同組合連合会

2）「フランス・オランダの高齢者ケアと看護職が創る地域包括ケア」
看護　April 2019　vol71　no5　日本看護協会出版会

フィンランド編

【集中連載　フィンランド・リトアニア視察レポート・週刊高齢者住宅新聞】
・第一回　ICT先進国フィンランドの「全世代型社会保障」の全体像　2019.11.6
・第二回　グローバル化する介護とサービス付高齢者住宅　2019.11.13
・第三回　「ラヒホイタヤ」＝医療福祉資格の統合とEU間の就労事情　2019.11.20
・第四回　ICT先進国リトアニアの高齢化への挑戦　2019.11.27

中国編

1）【集中連載　中国の医療と介護　最新情報　上海・大連視察から　週刊高齢者住宅新聞】
・第一回　「未富先老」に「介護保険導入へ」、待ったなしの高齢者介護政策
　　　　　2016.8.3,10
・第二回　上海のCCRC(高級高齢者マンション)と団地内の小規模多機能型　2016.8.17
・最終回　「医療と介護の結合」で「事業性も高い」大連の新しい高齢者施設
　　　　　2016.8.24
2）【集中連載　上海・南京　医療介護視察レポート　週刊高齢者住宅新聞】
・第一回　中国のプライマリケアとICTプラットホーム　2018.8.15
・第二回　中国の介護人材教育　2018.8.22
・第三回　大手デイベロッパーによる「長江デルタ戦略」　2018.8.29
・最終回　中国における介護保険と在宅サービスの発展　2018.9.5

ポストコロナ時代の高齢者ケアのパラダイムシフト

――故きを温めて、新しきも知れば

　旅はいつも活動の原動力を与えてくれる。海外に出かける国際便のシートに体を沈めると、これから始まる旅の期待と新しい出会いにワクワクと元気になる。そして、多様性ある人々の国々から帰国し、空港で通関した時は、旅の土産を自分たちの日常にどう活かせるのか、明日からの現場のことを考える。

　そんな繰り返しを定点観測と名付けて、80年代から足を運び続けてきたのがヨーロッパ各国の高齢者ケア先進国の現場だった。

　どの国もいつもチャレンジにあふれていて面白く、日本との比較で大いに示唆を得た。

　それらの糧を反芻しながら、医療・看護介護・社会保障をライフワークに、長年の訪問看護の現場、大学教育の場、職能団体、そして法制度や政策を作る国会議員として仕事をしてきた。

　今やニッポンは高齢化トップランナーの国、最長寿の国になった。もはや外国から学ぶものはない？　いやいやまだまだ。共有すべき教訓は多い。

　介護保険創設から20年経ち「介護の社会化」はようやく定着したが、増大する認知症のケア、終末期の看取り、緩和ケア、ケアラーやヤングケアラー支援などの法整備、そして住民参加の地域包括ケア、ICTの活用など、日本ではまだ未着手のシステムも本書では紹介してきた。今後の進展を期待したい。

　このコロナパンデミックの中で私たちが目にしたのは、国民皆保険や介護保険など全国民の制度をもつ国とそうでない国の違いである。その意味ではわが国の医療や介護システムは優れていると誇ってよい。

　ポストコロナのこれからの社会のありようを考える時、市民が自発的に参加する地域ケアとともに、ICTテクノロジーでつながりあう社会といった、リアルとデジタルの両輪が鍵になるだろう。

　幸福度No.1の国がすでに整えていた「教育」、「全世代型社会保障」そして「ICTデジタル社会」は、まさにパンデミック後のわが国の急がれるアジェンダになったと指摘しておく。

──世界はチャレンジにあふれていた

　人生100年時代の認知症や死の看取りなど、グローバルに模索が続く超高齢社会。社会保障がクオリティ・オブ・ライフと社会経済のバランスをいかにうまく折り合いをつけて、幸せのWell beingコミュニティをつくるのか?

　ケアの世界の文化や哲学にも変化が起きてほしい。隣人に利他の精神でかかわり、相互互酬や新しい関係性をつくるそんなニューノーマルに変わってほしいと願ってやまない。

　さて、いまだ終息の見えないコロナ禍で、視察で出会った皆様がどうしているのかと、一人ひとりの顔を思い浮かべながら筆を走らせた。

　本書の出版にあたっては各国の視察で一緒に旅をした仲間の皆様、フランスでは奥田七峰子さん（パリ医療通訳・日本医師会総合政策研究機構フランス駐在研究員）、イギリスの林由美さん（前ロンドン大学キングスカレッジ老年学）、ドイツの吉田恵子さん（独日通訳・東京医科歯科大学大学院非常勤講師）、中国視察では王青さん（日中福祉プランニング代表）、そして何回か企画コーディネーターとして同行した視察ツアー主催の高齢者住宅新聞社・網谷敏数さんにお礼を申し上げます。

　また、株式会社日本医療企画の林諄代表取締役、星野光彦さん、吉見知浩さんには本書出版の労に感謝を申し上げます。

2020年11月　コロナ禍の終息を願って

山崎　摩耶

●著者略歴

山崎 摩耶（やまざき・まや）

ヘルスケア・コンサルタント
日本認知症グループホーム協会顧問
元衆議院議員

1970年代半ばから制度なき時代の訪問看護に民間病院・公的機関にて従事し、訪問看護師のパイオニアとしてわが国の訪問看護制度創設に尽力、その基礎を築く。

介護保険制度創設にあたり、94年の「高齢者介護・自立支援システム研究会」をはじめ、社会保障審議会介護保険部会、介護給付費分科会、身体拘束ゼロ作戦会議、ケアマネジャー養成等多数の委員会委員として制度づくりに貢献する。

95年から2005年まで日本看護協会常任理事、日本訪問看護振興財団常務理事、全国訪問看護事業協会常務理事。06年旭川医科大学客員教授、08年岩手県立大学看護学部教授、14年から18年まで旭川大学特任教授を歴任。

09年衆議院総選挙に北海道比例で初当選。国会では主に「厚生労働委員会」「法務委員会」「憲法審査会」「青少年特別委員会」等に所属し、障がい者総合支援法や新型インフルエンザ特別措置法にはじまり、介護保険法改正、東日本大震災復興の関連法、「税と社会保障の一体改革」など社会保障、医療看護介護の法整備や課題に取り組んだ。17年の総選挙で惜敗。

著書に「やさしき長距離ランナーたち」（潮出版社・第3回潮ノンフィクション賞受賞）はじめ、「在宅ケアの知恵袋」(講談社)「看護力」(日本評論社)「日本で老いるということ」「看護の魅力」「患者とともに創る退院調整ガイドブック」「マドンナの首飾り」(以上、中央法規出版)「訪問看護ハンドブック」「ケアマネジャーバイブル」「最新訪問看護研修テキスト」(以上、日本看護協会出版会)など著書・論文多数。

●装幀
高田康稔（株式会社ensoku）

●カバー画像
@ Alfi - stock.adobe.com / @ Sergii Figurnyi - stock.
adobe.com / @ inigolaitxu - stock.adobe.com / @ Jenifoto
- stock.adobe.com / @ Mediteraneo - stock.adobe.com /
@ W PRODUCTION - stock.adobe.com / @ Production
Perig - stock.adobe.com / @ Kzenon - stock.adobe.com /
@ CCat82 - stock.adobe.com / @ steheap - stock.adobe.
com / @ luckybusiness - stock.adobe.com / @ f11photo
- stock.adobe.com / @ pillerss - stock.adobe.com / @
s4svisuals - stock.adobe.com / @ Kzenon - stock.adobe.
com / @ oneinchpunch - stock.adobe.com / @ Andrew
Mayovskyy - stock.adobe.com /

●本文デザイン・DTP
株式会社明昌堂

世界はチャレンジにあふれている
──高齢者ケアをめぐるヨーロッパ＆中国紀行

2020年12月15日　初版第1刷発行

著　者　山崎 摩耶
発行者　林 諄
発行所　株式会社日本医療企画
　　　　〒104-0032　東京都中央区八丁堀3-20-5
　　　　　　　　　　S-GATE八丁堀
　　　　TEL03-3553-2861（代表）
印刷所　図書印刷株式会社

ISBN978-4-86439-980-7 C3036
©Maya Yamazaki 2020, Printed and Bound in Japan

定価はカバーに表示しています。
本書の全部または一部の複写・複製・転訳等を禁じます。これらの許諾については、小社までご照会ください。